창작자와 편집자를 위한

저작권 매뉴얼

창작자와 편집자를 위한 저작권 매뉴얼

초판 1쇄 인쇄 2020년 12월 7일
초판 1쇄 발행 2020년 12월 11일

지은이 이승훈·황지현·서대진·이동국
발행인 김학원(한국출판인회의 회장)
편집인 김선식(한국출판인회의 저작권위원장)
책임편집 조세현
디자인 윤유정
제작·유통 다산북스
구입문의 070-7606-7401

한국출판인회의
등록 1990년 4월 10일(제16-1856호) **주소** 서울특별시 마포구 동교로22길 44
전화 02-3142-2333~6 **팩스** 02-3142-2322 **웹사이트** www.kopus.org www.editalk.org

ISBN 978-89-91691-31-5 (93010)

• 책값은 뒤표지에 있습니다.
• 파본은 구입하신 서점에서 교환해드립니다.

창작자와 편집자를 위한

저작권 매뉴얼

이승훈
황지현
서대진
이동국
지음

한국출판인회의
Korea
Publishers
Society

발간사

저자와 출판사가 함께하는 긴 동행의 약속, 저작권

창작자는 출판사와 한 종의 책을 펴내는 과정에서 출판계약서를 주고받는다. 계약 기간은 우리나라의 경우 통상 5년에서 7년이지만 독일처럼 10년을 넘는 경우도 있다. 그러나 이것은 시작일 뿐이다. 창작자의 저작물은 사후 70년까지 그 권리를 지닌다. 그러니까 창작자와 출판사의 신뢰가 두터우면 한 종의 계약은 창작자가 생존하는 내내 이어질 수도 있고, 창작자 사후 70년까지도 유지될 수 있다. 이처럼 출판계약은 창작자와 출판사 모두에게 중요한 일이기에, 저작권에 대한 이해는 필수이다.

저작권에 대한 이해와 약속은 저자와 출판사 간에만 중요한 것이 아니다. 저자와 저자, 출판사와 출판사 상호 간에도 이해가 필요하며 책을 아끼는 독자들 역시 저작권과 출판권에 대한 이해와 존중이 필요하다. 사실 저작권은 지키는 것 자체가 목적이 아니라 저작물을 더 많이 생산하고, 더 넓고 깊게 퍼트리는 것이 목적이다. 축구의 규칙을 제대로 이해하고 지킬 때 더 즐길 수 있어 축구 문화와 산업이 발전하듯 창작자와 출판사, 독자 모두 저작권과 출판권이 내포한 의미와 약속을 존중하고 지킬 때 책과 출판의 세계는 더 깊고 풍부해지며 그 다양성의 세계가 활짝 열릴 것이다.

우리나라 단행본 출판사들이 모인 한국출판인회의는 점점 디지털화, 세계화되는 출판 환경의 변화 속에서 저작권에 대한 좀 더 깊고 세심한 검토가 필요하다는 시대적 요구에 따라 2019년 저작권위원회를 신설하고 이에 대한 조사와 연구, 논의를 통해 창작자와 출판인이 꼭 알고 지켜야 할 저작권 실무 가이드의 발행을 기획했다. 이 책 『창작자와 편집자를 위한 저작권 매뉴얼』은 그간의 노력으로 얻는 첫 결실이다. 전문성에 애정과 열정을 더해 집필해 주신 이승훈·황지현·서대진·이동국 님, 꼼꼼하게 자문해 주신 김종록·박노일·박익순·우찬제·이근미·이광호·이호흥·조광희·홍영완 님, 기획에서 제작까지 모든 과정을 총괄하여 진행한 한국출판인회의 김선식 저작권위원장, 고흥식 국장, 송대호 대리, 정성을 쏟은 다산북스 편집부의 노고에 깊은 감사의 말씀을 올린다. 미진한 점들이 있지만 앞으로 변화하는 저작권 환경을 반영하여 수정·보완을 통해 정기적으로 개정해 간다면 창작자와 출판사, 독자 모두가 이해하고 존중하는 저작권 지침서로 자리 잡을 수 있으리라 기대하며, 독자 여러분의 관심과 조언을 바란다.

2020년 12월

한국출판인회의 회장 김학원

머리말

저작권은 출판과 밀접한 관련이 있다. 저작권은 창작에 대해 인정되는 권리이고, 책은 바로 창작물이 출판으로 세상에 드러나는 형태이기 때문이다. 저자와 출판사의 노고가 담겨 있는 저작물은 종이책, 전자책, 오디오북 등 여러 형태로 출판된다. 전통적인 출판 형태인 종이책이 주류를 이루고 디지털 형태의 출판인 전자책, 오디오북 등 여러 가지가 있다.

저자는 책의 원료인 원고를 쓰고 출판사는 그 원고로 책을 만든다. 그러므로 책을 완성하는 출판 과정은 저자와 출판사의 컬래버레이션(collaboration)일 수밖에 없다. 출판 과정에 참여하는 사람들은 저작권의 권리와 효력범위에 대해 알 필요가 있다. 그것은 기본적으로 맞춤법을 학습하고 있어야 하는 것과 같다. 글을 쓰는 저자나 책을 만드는 출판사 임직원이 맞춤법을 모르고 책을 만든다면 어떤 일이 벌어질까. 저작권법도 마찬가지이다. 저작물을 다루면서 저작권에 대해 잘 모르고 있다면 큰 문제이다.

시대 상황은 늘 변한다. 과거의 방식대로 출판을 하면 법적 위험에 놓일 수 있다. 예전에도 그랬으니 지금도 그렇고 앞으로도 그럴 것이라는 추측은 맞지 않다. 시대가 바뀌고 상황이 달라졌으니 출판사도 동적으로 대응해야 한다. 트렌드에 맞는 출판 기획을 좇는 일이 출판인데 정작 저작권에 소홀하고 이를 관리하지 않는다는 것은 출판업에 어울리지 않는다고 본다.

한마디로 책을 잘 출판하기 위해 저작권법을 알아야 한다는 걸 강조한다. 지금까지 아무 일도 없었다는 항변은 시대착오적이다. 사회 구성원의 권리의식이 높아지고 있는데 저작권의 행방도 모른 채 구태만 반복한다면 출판사는 온갖 비난을 받고 '화난 저자'들로부터 소송을 당하게 될 것이다.

이 책은 저자, 출판사 임직원을 위해 저작권 실무 가이드가 있어야 한다는 취지로 시작됐다. 출판업계를 곤혹스럽게 만든 일련의 사태를 겪은 후 출판 실무자를 위한 저작권 안내서가 필요하다는 문제의식을 갖고 추진하게 되었다.

이 책의 구성은 원고의 탄생, 출판계약, 편집, 외국 도서의 계약과 출간, 전자책과 오디오북, 저작권 침해와 구제 등으로 이루어져 있다. 각 내용은 해당 분야의 저작권법과 출판 실무 경험을 두루 갖춘 전문가들이 집필했다. 집필자는 다음과 같다.

이승훈: 1~3장(원고의 탄생, 출판계약, 편집)

황지현: 4장(외국 도서의 계약부터 출간까지)

서대진: 5장(전자책과 오디오북)

이동국: 6장(저작권 침해와 구제)

원고 기획과 출판 과정에 깊은 애정을 보이며 독려해 주신 김선식 한국출판인회의 저작권위원장님, 고흥식 사무국장님께 감사드린다. 뜨거운 여름, 원고 집필에 몰두한 이승훈(한국출판경영연구소 대표), 황지현(문피아 해외사업팀장), 서대진(다산북스 디지털사업본부장), 이동국(법무법인 동인 변호사)님께 고마움을 전한다. 또한 이 책이 출간되기까지 관심과 정성을 보태주신 모든 분들께 감사드리며, 특히 사단법인 한국출판인회의 김학원 회장님의 열정에 감사드린다.

2020년 12월

집필진 대표 이승훈

차례

2장 | 출판계약

3장 | 편집

4장 | 외국 도서의 계약부터 출판까지

5장 | 전자책과 오디오북

6장 | 저작권 침해와 구제

1장

원고의 탄생

1

저작권, 권리의 시작

- 저작권이 만들어진 배경과 근거

저작권은 출판사의 권리가 아니라 작품을 창작한 저작자의 권리이다. 출판사는 저작자가 창작한 저작물을 책으로 만드는 일을 한다. 저작자는 자신이 가지고 있는 저작권에 기초하여 출판사에 출판권을 설정함으로써 출판사가 책을 출판할 수 있도록 한다. 저작권자와 출판사는 출판을 하기 위해 저작물을 매개로 협력적 관계를 유지하고 있다. 이런 협력적 관계는 저작권이 소멸되거나 출판권이 종료될 때까지 존속된다. 그러므로 저작권은 책을 출판하는 데 매우 중요한 역할을 한다.

저작권법은 문화와 문화 관련 산업의 향상·발전에 이바지함을 목적으로 한다. 그 목적을 이루기 위해 저작자의 권리와 이에 인접하는 권리를 보호하고 저작물의 공정한 이용을 도모하고 있다. 즉, 저작자와 저작인접권자의 권리를 보호하는 것이 저작권법의 목적이다.

역사적으로 저작자의 권리는 인쇄술의 발달과 함께 보호되기 시작했다고 볼 수 있다. 정신적 노동에 의해 창작된 저작물에 대해 일종의 소유권과 같은 권리를 저작자에게 인정하게 된 것이다. 저작인접권자의 보호도 점차 강화되고 있다. 저작자가 창작한 저작물을 실연, 음반, 방송을 통해 연주, 가창, 상영, 재생 등의 방법으로 일반인에게 전달하기 때문에 그 역할의 중요성이 증가하기 때문이다.

저작권법의 목적

저작권법은 일반 이용자들이 저작물을 공정하게 이용할 수 있도록 도모하고 있다. 저작자와 저작인접권자만을 위한 법이 아닌 셈이다. 저작자가 창작을 하였다고 해서 그 창작물이 완전히 저작자의 것이라고 보기는 어렵다. 저작자가 그 저작물을 창작할 수 있었던 것은 인류 역사의 오랜 문화유산이 있었기에 가능한 일이다. 그러므로 학술적인 연구나 비평, 개인적인 이용에 대해 저작권자의 권리가 미치지 않도록 하여 공정한 이용이 이루어질 수 있게 하고 있다. 이것은 저작물이 창작자만의 것이 아니라 기존의 문화유산을 바탕으로 나온 것이라는 인식이 깔려 있다. 아이작 뉴턴의 말처럼 '거인의 어깨 위에 올라탄 난쟁이'라는 인식에서 출발하는 개념이다. 저작권을 대하는 겸허한 태도가 없다면 권리의식만 팽배해져 권리 과잉 상태가 될 위험이 있다. 최근 일부 저작권자들이 과도하게 권리행사를 해서 문제가 되고 있다.

최종적으로 문화와 문화 관련 산업의 향상·발전에 이바지하려는 법이 저작권법이다. 문화 관련 산업이 발전하기 위해서는 저작자의 권리를 보호하는 것뿐만 아니라 저작물의 이용이 원활하고 용이하게 하는 것도 중요하다. 저작자의 권리도 보호되고 이용자의 권리도 인정됨으로써 문화 및 문화 관련 산업이 발전할 수 있을 것이다. 하지만 이러한 목적은 저작권자의 이익과 저작물 이용자의 공정이용 사이에서 서로 충돌하고 있다. 저작물의 이용료가 비교적 높거나 이용자의 정당한 이용에까지 무리하게 저작권을 행사하는 문제가 발생하고 있다. 저작권법의 궁극적인 목적은 문화와 문화 관련 산업의 발전을 위한 것이므로 그 취지를 살펴서 권리행사가 이루어져야 한다. 자신의 입장만 강조하면 저작권 분쟁이 속출하게 되어 혼란스러운 상태가 될 것이기 때문이다.

저작권 권리의 시작

저작권은 무체물인 창작물에 대해 인정되는 권리이다. 유체물을 보호하는 소유권에 비해 저작권의 역사는 짧다. 우리나라는 고려와 조선 시대에 활자인쇄를 이용하여 많은 책이 간행되었다. 목판 인쇄 방식으로 간행된 서책이 널리 통용되고 있었지만 이것은 책이 유통된 것이지 무체재산인 저작권을 보호하는 것으로 보기는 어렵다.

오늘날의 저작권 제도는 영국에서 세계 최초로 제정된 저작권법에서 시작됐고 이로 인해 저작권 제도가 성립되었다고 보고 있다. 15세기 유럽에 인쇄술이 보급되고 다량으로 책이 출판되면서 특정 출판업자만이 출판할 수 있도록 특권을 부여했다. 이것이 '출판특권제도'이다. 인쇄설비 등에 자금을 투자한 인쇄업자를 보호하는 특권인 셈이다. 그 후 출판특권업자의 출판물이 무단으로 복제, 유통되자 영국의 서적출판업조합은 투자 보호를 요구하게 되었고, 결국 1710년 영국 앤 여왕법으로 확정되었다. 이 법은 일정 기간 동안 인쇄된 복제물에 대한 권리를 저작자 등에게 귀속시켜 학문의 진흥을 목적으로 하는 것이었다.

우리나라는 1945년 해방 이후 대한민국이 성립되었지만 미군정청의 칙령에 따라 일본 저작권법이 시행되었다. 1948년 대한민국 정부가 수립되면서 1957년에 우리나라 저작권법이 제정되었다(『저작권법의 이론과 현실』, 박성호,

2006년). 우리나라 저작권법은 초기에 일본 법을 베꼈지만 차차 우리 저작 환경과 시대 상황을 반영하여 개정을 거듭하면서 오늘날에 이르게 되었다.

저작권 보호 근거

저작권이라는 권리를 정당화하는 근거에는 여러 가지 이론이 있다. 대표적인 것이 자연권 이론과 인센티브 이론이다. 자연권 이론은 사람이라면 누구나 자신의 생명을 보유하는 자연권을 가지기 때문에 그 노동으로 인하여 생긴 것도 소유물이 된다는 이론이다. 이것은 노동에 의해 정당화되거나 또는 인격에 의해 정당화되는 이론으로 나뉘게 된다. 작품은 노동의 결과물이므로 저작자는 그 저작물에 대해 소유권을 자연적으로 갖는다는 뜻이다. 헤겔의 인격 이론에 따르면 저작물은 저작자의 정신적 산물이고, 저작자의 인격에서 나온 것이므로 저작권은 그 저작자에게 속한다고 보았다.

인센티브 이론은 저작권이란 창작물을 만들도록 유인하는 경제적 인센티브라고 보았다. 저작권이라는 인센티브가 주어짐으로써 저작자들이 보다 창작에 전념하게 되어 더 많은 저작물들이 나오게 된다는 것이다. 이것은 결국 문화의 향상·발전에 기여하는 저작권 제도의 취지로 귀결된다.

자연권 이론과 인센티브 이론은 상호 상생적인 관계로 보는 것이 일반적이다. 권리 자체를 정당화하는 근거로 존재하지만 동시에 공익 목적으로 저작권을 제한할 수 있는 근거로도 사용된다. 저작권이라는 권리가 무한정 인정될 수 있는 것은 아니기 때문이다. 저작권은 문화의 발전 속에서 보호되는 것이므로 공익적인 목적으로 사용될 때에는 저작권이 제한되는 한계가 분명히 존재한다. 모든 권리가 그렇듯이 제한 없이 최대치로 행사되거나 일방적인 권리행사는 저작권법의 취지를 몰각시킬 수 있는 위험성이 도사리고 있다.

법적 특징

저작권은 저작자가 창작한 무체물인 저작물을 보호하는 권리이다. 저작인격권과 저작재산권으로 구성되어 있다. 저작인격권은 저작자의 인격적 이익을, 저작재산권은 저작자의 재산적 이익을 보호하기 위함이다.

저작권은 물권은 아니지만 무체물에 대한 지배권으로서 물권에 준하여 취급된다. 가장 큰 특징은 소유권과 다르다는 점이다. 저작권은 소유권과 유사한 물권적 권리이지만, 소유권은 물건을 보호대상으로 하고 저작권은 무체물인 저작물을 보호대상으로 하는 점이 다르다. 엄밀하게 보면 책 자체는 물품이지 저작물은 아니다. 책을 저작물로 혼동하면 저작권은 이해하기 어려운 개념이 된다.

저작권과 소유권의 구별

어떤 사람이 책을 구입해서 읽은 다음 너무나 좋아서 주위 사람들에게 선물을 하기로 했다. 그런데 책값이 부담스러워 자신의 책을 복사, 제본해서 선물했다고 가정해 보자. 어떤 문제가 있을까. 책이 마음에 들어 주위 사람들에게 선물하려는 것까지는 좋은데 복사해서 나눠 준 데에는 뭔가 문제가 있어 보일 것이다. 자기가 산 책을 복사하는 건데 뭐가 문제냐고 할지 모르겠다. 내가 산 책을 내 맘대로 하지 못한다는 것이 불합리하다고 생각될 수도 있을 것 같다.

책을 쓴 사람은 저자이고 저자에게는 그 책에 대한 저작권이 있다. 책을 산 사람은 독자이고 그 독자에게는 그 책에 대한 소유권이 있다. 어떤 책의 소유권을 가지고 있을 때 소유자가 마음대로 책을 복사해도 될까. 여기서 저작권과 소유권의 차이가 발생한다.

저작권은 소유권과 다르다. 사람들에게 익숙한 권리는 소유권이다. 여기서 소유권의 대상은 손에 잡히는 물건인 책이다. 그러나 저작권은 눈에 보이지 않는 권리이며 과연 그런 권리가 있기나 한 것인지 의구심이 들기도 한다. 소유권과 저작권은 구별이 된다. 책의 소유권은 구입한 사람에게 있지만 그 책의 저작권은 여전히 저작권자에게 있다. 책의 소유권자는 그 책을 읽거나 찢거나 오려 붙이기를 해도 상관없다. 다른 사람에게 팔거나 줘도 된다. 소유자의 것이기 때문이다. 하지만 책의 내용이 너무 좋아서 다른 사람과 공유하고 싶은 마음으로 책을 복사하여 많은 사람들에게 나눠 준다면 그것은 자신의 책을 나눠 주는 것이 아니라 저작자의 저작물을 나눠 주는 결과가 된다. 책은 구입한 사람에게 소유권이 있지만 그 책의 저작권은 여전히 저작권자에게 남아 있기 때문이다.

복사업체에 복사를 맡기는 경우도 마찬가지이다. 복사비를 지불했다고 해서 정당화되는 것이 아니다. 복사비는 저자에게 지급한 저작권료가 아니라 복사업체에 지불한 복사비라는 사실을 간과해서는 안 된다. 그러므로 내가 산 책은 내 것이지만 동시에 저작권자의 것이기도 하다.

그렇다면 책의 일부분을 복사해도 될까. 복사된 분량이 많다면 저작권법 위반이 될 수도 있다. 자신이 서점에서 구입한 책이라도 많은 분량을 복사한다면 저작자의 권리를 침해할 수 있기 때문이다. 분량은 정량적으로 정해져 있지 않다. 한두 페이지 복사했다고 해서 곧바로 저작권 침해가 되는 것은 아니다.

저작권 때문에 책값이 비싸지고 저작물을 자유롭게 사

용하지 못한다는 주장은 일견 그럴듯해 보인다. 그러나 저작권을 보호하지 않는다면 저자들은 경제적인 이익을 창출할 수 없으므로 양질의 저작물을 창작하려 하지 않게 될 것이다. 출판사도 마찬가지이다. 꼭 필요한 책을 한 권 사서 친구들끼리 복사해서 사용하거나 스캔해서 파일로 무료 배포한다면 책은 판매되지 않아서 출판사 경영이 위태롭게 된다. 좋은 책을 지속적으로 읽고 싶다면 저작권을 보호해야 할 필요가 있다.

저작권법이 다소 어려운 이유가 있다. 저작권법은 법학 분야에 속하고 법학은 특성상 사회과학이다. 즉, 사회 현상에 관한 영역을 다루는 학문이다. 사회 현상은 1+1=2가 아니라 1.5나 3이 결과값으로 제시되는 경우가 있다. 반면 기계공학은 자연과학을 기초로 하는 공학의 영역이다. 대개 1+1=2라는 답이 딱 떨어진다. 이런 차이를 이해하지 못하면 공학과 법학은 영영 이해할 수 없는 학문이 된다. 사회과학을 '과학'의 영역으로 끌어올린 것이 논리학과 통계학 등이다. 논리적인 흐름 속에서 판단을 하고 통계로 확실성을 측정하는 것이다. 하지만 법적인 문제는 이럴 수도 있고 저럴 수도 있는 경우가 있다. 그래서 법원이 판결을 내려주는 것이다. 기준도 없이 오락가락하는 것이 아니라 일정한 기준 속에서 판단하는 것이다. 어떤 문제에 대해 사람들의 반응은 제각각이지만 전체로 보면 일정한 패턴으로 움직이기 때문에 '거의 그렇다'라는 결론을 내릴 수 있게 된다.

저작권에 관한 반응은 다양하다. 저작권에 관해 이야기를 하다 보면 끝에 가서 나오는 말이 '옛날에는 안 그랬는데…'이다. 사실 인터넷이 없던 시절에는 저작권법을 크게 신경 쓸 일이 없었다. 저작권법은 존재했지만 저작권에 대해 아는 사람도 거의 없었고, 인터넷이 없으니 인터넷을 통한 침해 문제도 발생하지 않았다. 책을 종이로 복사하는 정도가 대표적인 침해 유형이었고 복사를 한다고 해서 많은 사람에게 퍼질 위험도 적었다.

하지만 인터넷 시대가 되면서 상황은 확 바뀌었다. 무단복제가 손쉽게 대량으로 일어날 수 있는 환경이 조성된 것이다. 기업이 투자하여 개발한 프로그램을 인터넷 사이트에 올려놓아 누구나 다운로드하여 파일을 받을 수 있도록 하는 경우가 늘어났다. 좋은 것을 다른 사람과 나누는데 왜 그러느냐는 볼멘소리도 여기저기서 들려왔다. 문제는 인터넷에 올려놓은 파일이 100% 자신의 것이 아니라는 데 있었다. 예를 들어 '한글워드 프로그램' 파일을 구입해서 웹 게시판에 올려놓아 누구나 내려받게 했을 때, 그 프로그램은 게시판에 올린 사람이 구입을 한 프로그램이지만 그 사람이 만든 것은 아니다. 정당하게 돈을 주고 산 프로그램일지라도 그 프로그램을 사용할 수 있는 권한만 있는 것이지 다른 사람에게 복사해서 나눠 줘도 되는 것은 아니다. 소유에 대한 개념이 저작권에 그대로 적용될 수 없는데 사람들은 자기 손안에 있는 프로그램을 자신의 것으로 잘못 인식하고 있었다.

저작권법이 없다면 과연 좋기만 할까. 저작권법이 없다면 이런 문제는 발생하지 않을 것이다. 법으로 보호하는 권리가 없기 때문에 누구나 저작물을 복사해서 사용할 수 있고, 인터넷 게시판에 올려놓아 누구나 사용할 수 있게 하는 나눔(?)도 펼칠 수 있다. 저작권법이 없다면 저작권 침해에 시달릴 위험도, 돈 주고 저작물을 사는 일도 사라질 것이다.

반면 이런 일도 생길 것이다. 어떤 출판사가 열심히 전자책을 만들어서 출판하려고 한다. 그런데 누군가 한 카피(1 copy)만 구매한 후에 인터넷에 올려놓고 무료로 받아 가라고 열심히 퍼나르고 있다. 당신이 그 출판사의 입장이라면 기분이 어떨까? 당신이 힘들게 만든 전자책을 누군가 허락도 없이 무상 배포한다면 몹시 부당한 일이라고 생각할 것이다. 이런 문제를 해결하려고 만든 것이 저작권법이다.

저작권법은 손으로 만질 수 없는 '저작권'을 보호하는 법이다. 우리가 익숙하게 알고 있는 권리는 대개 손으로 쥘 수 있는 물건에 관한 것들이다. 서점에 가서 책을 훔치면 형법상 '절도죄'에 해당된다. 다른 사람의 물건을 훔쳤기 때문이다. 그런데 책을 전부 복사해서 갖는다면 책을 훔친 것은 아니다. 이 경우에는 절도죄가 아니라 저작물에 관한 권리를 침해한 죄에 해당될 수 있다.

모든 법에는 그 목적이 있다. 성가신 것처럼 보이는 저작권법을 만든 데에도 목적이 있다. 저작자의 권리를 보호하고 저작자가 만든 저작물을 공정하게 이용할 수 있도록 하기 위해 만들었다. 저작물과 저작자의 권리를 보호하면 보다 많은 창작물들이 생겨날 것이고 결과적으로 문화산업이 발전할 수 있다. 문화와 관련된 산업이 발전하려면 저작권법은 필수적으로 필요하다. 저작권을 보호하지 않으면 더 많은 사람들이 무료로 저작물을 사용할 수 있으니 더 좋을 것이란 생각을 할 수도 있다. 하지만 그렇게 되면 새로운 저작물을 만들어내려는 사람보다 기존의 저작물을 그냥 이용하려는 사람이 더 많을 것이다. 결국 새로운 저작물은 점점 줄어들게 될 것이다. 취미로 저작물을 만드는 사람만 남게 될 것이고 가치 있는 저작물은 찾아보기 힘들 수밖에 없다. 그렇기 때문에 저작권법으로 저작자의 권리를 보호하려는 것이다.

공정한 이용 도모

저작권법은 저작자만을 위한 법이 아니다. 저작물 이용자를 위한 영역도 있다. 저작물의 공정한 이용을 도모하기 위한 영역이다. 저작물의 공정이용에 해당하면 저작자의 권리가 제한된다. 이 경우 이용자가 저작물을 자유롭게 이용할 수 있다.

저작권법은 저작권의 제한 규정과 공정이용 규정을 두고 있다. 규정의 취지에는 차이가 있지만 저작물을 자유롭게 이용할 수 있다는 점에서 유사하다.

저작자가 저작물을 창작할 때 완전히 저작자 개인의 창작은 있을 수가 없다. 다른 사람의 저작물을 참조하여 창작을 하게 된다. 저작물을 대할 때 기본적으로 창작물이 인류의 오랜 문화유산을 바탕으로 만들어졌다는 인식을 하는 것이다. 저작자가 자신이 창작한 저작물에 대해 아무리 자기 것이라고 우겨도 그 안에는 이미 과거의 문화유산이 깃들어 있고 다른 사람의 영향을 받았다고 보는 것이다. 그러므로 저작물은 100% 저작자의 것이 아니라 일정한 경우에는 다른 사람의 저작물 이용을 인정하는 것이다.

현재 우리나라에서는 공정이용보다는 저작권자의 권리 보호에 더 치중하고 있는 듯하다. 저작권 보호와 더불어 저작물의 공정한 이용도 넓게 인정된다면 저작권법의 목적인 문화 발전에 보다 기여할 수 있을 것이다. 지나치게 저작권의 권리행사만 강조한다면 크리스마스 때 길거리에서 크리스마스 캐럴이 사라진 것처럼 각박한 세상이 될지도 모를 일이다.

2

어떤 책을 기획할까?

- 저작물의 성립 요건

아직 원고가 없는 상태에서 출판 기획을 하는 경우 편집자는 작가와 원고 집필 방향과 내용 등을 논의하게 된다. 존재하지 않는 미래의 원고에 관해 출판계약을 해야 하므로 보다 세심한 주의가 필요하다. 저작권 관점에서 출판 기획안을 검토해야 하기 때문이다.

출판 기획이란 어떤 책을 만들지 아이디어를 내고 이를 내용으로 만들어 책으로 구체화하는 작업이라고 볼 수 있다. 아직 출간되지 않은 다양한 책을 만들기 위해 책 내용의 소재가 될 만한 거리를 찾아서 독자의 관심사와 이해도에 따라 내용을 구성하고 편집 과정을 통해 재배치하여 결과물인 책을 만들어내는 모든 과정을 출판 기획이라고 한다.

이 과정에서 원고를 쓸 사람을 찾게 된다. 원고를 쓰는 사람을 출판계에서는 '저자'라고 한다. 저작권법에서는 '저작자'라고 부른다. 이 과정에서 저작권법은 어떻게 적용되고 어떻게 권리가 형성되는 것일까. 이를 명확하게 이해하기 위해서는 '저작물'이 무엇인지 분명히 알 필요가 있다.

저작권법 제2조 제1호에서 저작물을 정의하고 있다. 저작물이란 인간의 사상 또는 감정을 표현한 창작물을 말한다. 시대가 변화하고 기술이 발달함에 따라 문화적인 활동이 다양해졌다. 저작권법이 보호대상으로 삼는 범위는 점점 확대되고 있는데 저작권법은 변화하는 상황을 일일이 반영하기 어려운 특성을 반영하여 포괄적으로 규정을 하고 있다.

정의 규정은 법이 보호하고 규율하기 위해 정한 범위이다. 정의 규정에 맞지 않으면 법으로 보호하지 않는다. 저작물의 정의 규정에 따라 인간의 사상 또는 감정, 외부적 표현, 창작성을 저작물의 세 가지 성립 요건으로 보는 것이 일반적이다. 즉, 이 세 가지 사항을 저작물의 정의 규정으로 정했기 때문에 이 정의 규정에 어긋나는 것은 저작권법으로 보호하는 저작물이 아니다. 성립 요건을 갖추지 못한 것은 저작물로 인정되지 못한다. 저작권을 정확히 알기 위해 이 부분을 제대로 이해할 필요가 있다.

저작물의 성립 요건 1: 인간의 사상 또는 감정

인간의 사상 또는 감정은 인간의 지적 활동을 통해서 만들어지는 것에 내재되어 있다고 본다. 사상 또는 감정 없이 만들어지는 산물은 거의 없다고 볼 수 있다. 다만 수준 높은 사상 또는 감정이 필요한 것인지에 대해서는 논란이 있었다. 저작권법으로 보호하기 위해서는 고도의 문화적 수준을 자랑하는 놀라운 수준의 사상 또는 감정을 요구해야 한다고 생각할 수 있다. 하지만 여기서 말하는 사상 또는 감정의 정도는 저작자의 정신활동에서 나온 것이면 충분하므로 높은 수준을 요구하는 것은 아니다.

인간의 사상 또는 감정을 통하지 않은 것에는 어떤 것들이 있을까. 대표적인 것에 자연물이 있다. 자연 경치는 인간의 사상 또는 감정이 들어 있다고 보기 어렵다. 예를 들어 남산, 흔들바위, 백록담 같은 자연물 자체는 저작물의 성립 요건을 충족하지 않으므로 저작권이 없다고 본다. 자연물은 우연적으로 만들어진 것이므로 저작물로 성립하지 않는다.

단순한 사실 그 자체도 저작물로 성립하지 않는다. 예를 들어 역사적 사실 자체는 저작권 인정이 어렵다. 조선 말 대한제국의 마지막 황녀 덕혜옹주에 관한 소설이 있다고 가정하자. 덕혜옹주가 존재한 것은 역사적 사실이다. 그가 일본에 끌려가 살게 된 것, 독살의 위협을 느껴 마시는 물조차지니고 학교에 다닌 것은 역사적 사실이므로 저작권이 없다. 그러나 이러한 역사적 사실을 바탕으로 소설적 상상을 더해 만들어진 소설책은 저작물로 성립한다. 그 소설책을 이루는 여러 내용들 중에서 역사적 사실을 뺀 나머지가 저작물로 성립하게 될 것이다.

출판계에서 간혹 역사적 사실 자체와 역사소설을 구분하지 못해 법률적 다툼이 발생하고 있다. 서로 저작권 위반이라고 주장하는데 출판 전문가 집단의 저작권 인식 수준을 보여주는 단적인 예라고 생각한다. 출판계는 저작권법 학습을 통해 반복되는 법적 분쟁의 악순환에서 벗어나야 한다.

저작물의 성립 요건 2: 외부적 표현

사상과 감정은 밖으로 표현되어야 한다. 생각만으로는 저작물이라고 볼 수 없다. 아무리 작가가 엄청난 이야기를 구상하고 편집자가 대단한 책을 기획하더라도 외부로 표현하지 않고 마음속으로만 간직하고 있다면 저작물로 성립하지 않는다. 예를 들어 라면을 끓이며 드는 생각을 에세이로 써서 외부로 표현하면 저작물로 성립할 수 있다. 하지만 라면을 끓여 먹으면서 에세이 쓸 생각을 하다가 라면만 먹고 그만두면 결국 '외부로 표현'한 저작물이 없으므로 저작물로 성립되지 않는다. 생각만 한 것은 저작물이라고 볼 수 없다. 라면을 끓이며 드는 생각을 두툼한 원고로 써 내려갈 때 비로소 저작물로 성립된다고 본다.

아이디어-표현 이분법

저작권법으로 보호하는 표현이 무엇인지 정확히 알아보기 위해 아이디어-표현 이분법을 사용한다. 저작물을 아이디어와 표현으로 나누어 아이디어는 여러 사람이 자유롭게 사용할 수 있는 영역으로 보고 표현만을 저작권으로 보호한다. 아이디어가 같거나 비슷해도 그 표현이 다르다면 저작권 침해가 성립되지 않는다. 그러나 하나의 저작물에서 아이디어와 표현이 쉽게 구분되지 않을 수 있어서 분쟁이 발생할 수 있다. 예를 들어 편집부 기획회의를 통해 다이어트에 관한 책을 출판하기로 했을 때, 운동요법에 관해 다룰지, 식이요법에 관해 다룰지 결정하는 과정이 아이디어이다. 운동요법 쪽으로 방향을 정했을 때 피트니스 클럽 사용법 같은 기구 운동에 대해 쓸지 아니면 달리기처럼 유산소 운동에 대해 쓸지 회의하는 내용들이 아이디어가 된다. 아이디어는 다양하게 나올 수 있고 겹칠 수도 있으므로 저작권 인정을 받기가 어렵다.

아이디어-표현의 합체

아이디어와 표현이 합체를 이루는 경우가 있다. 아이디

어와 표현이 서로 밀접한 관계에 있어 이를 도저히 구분하지 못하는 경우, 즉 어떤 아이디어는 그 표현 이외에 다른 방식으로 표현할 수 없을 때 아이디어와 표현이 합체되었다고 본다. 이런 경우에 표현을 보호하면 결과적으로 아이디어까지 보호하게 된다. 아이디어와 표현이 합체되었을 때는 보호받지 못하는 저작물이 된다.

사실상 표준

처음에는 창작성 있는 저작물이었으나 '사실상 표준'이 되어버린 경우도 저작권 보호가 되지 않는다. 컴퓨터 키보드의 자판 배열이나 컴퓨터프로그램의 메뉴 배치 같은 것은 최초로 만들었을 때에는 획기적인 것이었다. 그러나 많은 사람들이 사용함으로써 사실상 표준이 되어버려 자유로운 사용을 허용해 줘야 할 필요성이 있어서 저작권법으로 보호하지 않게 되었다. 초기에는 창작성이 인정되었지만 시간이 흘러 창작성이 사라진 경우에는 최초로 창작한 저작자가 억울할 수도 있다. 그래서 저작권 관리가 필요하다.

필수장면 이론

'필수장면'의 경우도 보호되지 않는다. 특히 소설과 같은 어문저작물의 경우, 등장인물의 전형적인 성격을 나타내는 표현 등은 필수적인 장면으로 보아 저작권 인정이 어렵다. 역사소설에서 흔히 찾아볼 수 있는 역사적 배경에서 오는 동일한 표현들은 어느 저작물에서든 필수적으로 사용될 수 있다. 예를 들어 3·1만세운동을 묘사한 장면에서 태극기를 흔들며 뛰어다니는 장면은 필수장면에 해당될 수 있다. 이런 필수적인 장면은 다른 표현 방법을 찾기 어렵다. 또 임진왜란을 배경으로 드라마를 제작하는데 거북선이 등장한다거나 이순신 장군의 전사 장면이 나오는 것은 그 시대적 배경에서 필수적인 등장 요소들이다. 이런 필수적인 장면은 저작권으로 보호되지 않는다. 물론 필수장면을 제외한 나머지 부분에 창작성이 있는 표현은 저작권으로 보호된다.

저작물의 성립 요건 3: 창작성

저작권법으로 보호받는 저작물이 되려면 창작성이 있어야 한다. 창작성이 없다면 저작권으로 보호받지 못한다. 창작성이란 저자의 개성이 책에 드러나 있으면 된다. 즉, 저자의 독창성이 책에 표현되어 드러나 있다면 창작성이 인정된다. 우리나라 대법원(대법원 1995. 11. 14. 선고 94도2238 판결)에서도 창작성에 대한 판결을 하여 의미를 명확히 하고 있다. 저작권에서 말하는 창작성이란 완전한 의미의 독창성을 말하는 것은 아니다. 단지 어떠한 작품이 남의 것을 단순히 모방한 것이 아니고 작자 자신의 독자적인 사상 또는 감정의 표현을 담고 있음을 의미한다. 이러한 요건을 충족하기 위해서는 저작물에 그 저작자 나름대로의 정신적 노력의 소산으로서의 특성이 부여되어 있고 다른 저작자의 기존 작품과 구별할 수 있을 정도이면 충분하다. 우연히 유사한 책이 나오더라도 상호 베끼지 않았다면 저작권을 보호받을 수 있다.

여기서 구별해야 할 것은 '노력'과 '창작성'의 차이점이다. 창작성이 있어야 저작권이 인정되는 것이지 노력에 대해 저작권을 인정하는 것은 아니라는 점이다. 출판사 종사자들은 출판사에서 많은 일을 한다. 일을 할 때 많은 노력이 들어간다. 많은 노력이 들어가더라도 창작성이 없다면 저작권은 인정되지 않는다. 예를 들어 저자의 초고에 엄청나게 공을 들이고 노력하여 맞춤법에 맞게 오타를 수정했더라도 그 과정에 창작적인 부분이 없다면 저작권은 인정되지 않는다. 창작을 할 때에는 반드시 노력이 뒤따르게 된다. 하지만 노력이 반드시 창작성으로 이어지는 것은 아니기 때문이다.

누가 하더라도 동일한 결과가 나오는 것도 창작성이 인정되지 않는다. 예를 들어 종이접기 방법의 경우 누가 하더라도 종이접기 결과물이 동일하게 나올 수밖에 없을 때는 창작성을 인정할 수 없게 된다.

교재를 출판하는 출판사들은 입시문제가 저작권법상 보호되는 저작물에 해당되는지 늘 궁금해한다. 대입 본고사가 시행된 연세대, 고려대, 서강대, 성균관대의 입시문제에 관해 저작물성 여부가 문제됐다. 입시문제는 역사적인 사실이나 자연과학적인 원리에 대한 인식의 정도나 외국어의 해독 능력 등을 묻는 것이었다. 교과서, 참고서, 기타 교재의 일정한 부분을 발췌하거나 변형하여 구성된 문제이다. 역사적 사실이나 과학적 원리에는 저작권이 없다. 설령 그렇더라도 출제위원들이 우수한 인재를 선발하기 위해 정신적인 노력과 고심 끝에 남의 것을 베끼지 아니하고 문제를 출제하였고, 그 출제한 문제의 질문 표현이나 제시된 여러 개의 답안의 표현에 최소한도의 창작성이 인정될 수 있다. 최소한의 창작성이 인정된다면 이를 저작권법에 의해 보호되는 저작물로 보는 데 아무런 지장이 없다고 할 것이다. 이처럼 대학 본고사 문제가 이러한 창작물로서의 요건을 갖추었음이 명백하다고 판결(대법원 1997. 11. 25. 선고 97도2227 판결)되었다.

창작성의 정도

창작성은 어느 정도 있어야 하는 것인가에 대해 논의가 있다. 창작성의 정도는 해석에 따라 달라지게 된다. 고도의 창작성을 갖추어야 저작권을 인정할 것인지 아니면 낮은 수준의 창작성도 보호가 가능한지에 의문을 갖게 된다.

창작성의 정도는 저자 자신의 작품으로서 남의 것을 베끼지 않았다는 것과 최소한도의 창작성이 있다는 것을 의미한다. 따라서 작품의 수준이 높아야 할 필요는 없지만 저작권법의 보호를 받을 가치가 있는 정도의 최소한의 창작성은 요구된다. 그러므로 단편적인 어구나 계약서의 양식 등과 같이 누가 하더라도 같거나 비슷할 수밖에 없는 것은 최소한도의 창작성을 인정받기가 쉽지 않다.

작품 안에 들어 있는 추상적인 아이디어의 내용이나 과학 공식과 같은 과학 원리, 역사적인 사실들은 저자가 창작한 것이라 할 수 없으므로 저작권이 인정되지 않는다. 책 속에 이런 내용들이 포함되어 있더라도 저작권은 추상적인 아이디어의 내용 그 자체에는 미치지 아니하고 그 내용을 나타내는 상세하고 구체적인 표현에만 효력이 미친다.

저작권법에서는 "인간의 사상 또는 감정을 표현한 창작물"이라는 저작물 정의 규정에 어긋나면 저작권법으로 보호하지 않는다. 법으로 보호하지 않는다는 것은 그 작품을 마음대로 써도 처벌받지 않고 법적인 책임이 없다는 것을 의미한다. 예를 들어 등산을 하면서 시원한 공기를 마음껏 마신다고 해서 비용을 지불해야 하는 것은 아니다. 하지만 산에 있는 나무를 뽑아 가지고 오면 산림을 훼손한 것이 되어 법적인 책임을 져야 한다. 저작권법으로 보호되지 않는 것이라면 시원한 공기처럼 자유롭게 이용해도 된다는 걸 의미한다.

'인간'의 사상 또는 감정이 표현되어야 하므로 인간이 아닌 동물이 우연히 그린 그림이나 소리는 저작권법상 저작물이 아니다. 동물의 울음소리 그 자체는 저작물이 아니지만 동물 울음소리를 이용해 어떤 창작곡을 만들었다면 저작물로 인정될 수가 있다. '인간의 사상 또는 창작'이 들어 있기 때문이다. 동물의 기묘한 발자국은 화석이나 자료로서 가치는 있겠지만 저작권법상 보호받는 저작물은 아니다. 간혹 해외 토픽에 보면 동물을 훈련시켜 추상화를 그리는 장면이 나온다. 코끼리가 붓을 들고 이리저리 칠하면 뭔가 그림 비슷한 것이 완성되는데 엄밀하게 보면 인간이 창작한 것이 아니다.

저작물에 들어 있어야 할 '사상과 감정'은 고도의 예술성을 말하는 것은 아니다. 초등학생이 그린 서툰 그림에도 사상과 감정이 존재한다고 본다. 하지만 네모, 세모, 원 같은 도형 그 자체에는 '사상과 감정'이 들어 있다고 보기 어렵다. 이런 기하학적인 도형이더라도 여러 개를 배열하여 창작성 있는 작품을 만들었다면 '사상과 감정'이 없다고 보기는 어렵다. 약간의 '사상 또는 감정'만 있어도 저작권법으로 보호받을 수 있기 때문이다.

3

저작물로 인정되지 않는 것들

책은 많은 내용을 담고 있다. 글, 사진, 그림 등 여러 가지 콘텐츠가 책을 구성하고 있다. 책으로 만들었다고 해도 책 속의 내용 중에 저작물로 인정되지 않는 것들이 있다. 창작성이 인정되지 않는 것들이 바로 그것이다. 창작성 없는 내용까지 저작권으로 보호할 수 없기 때문이다. 일반적으로 책에 있는 모든 것들이 저작권으로 보호될 것이라고 생각하기 쉬운데 그렇지 않다. 예를 들어 한국사에 관한 책의 경우, 역사적 사실을 나열한 대목에는 창작성이 없고, 그 사실을 설명하면서 나타낸 저자의 독창적 표현만 저작권이 있는 부분이 된다.

아이디어와 표현을 구분함으로써 저작물의 보호범위

를 확인해 볼 수 있다. 아이디어는 저작권으로 보호하지 않고 표현만 보호가 된다. 아이디어는 누구나 사용해야 되는 것이므로 아이디어를 저작권으로 보호하지 않고 있다. 만약 아이디어를 보호하게 된다면 출판할 수 있는 책의 종류는 대폭 축소될 것이다. 예를 들어 4차 산업혁명 시대에 직업이 어떻게 바뀔 것인가에 관한 아이디어로 책을 만들었을 때, 이러한 아이디어가 저작권으로 보호된다면 4차 산업혁명과 직업에 관한 다른 책은 만들 수 없게 된다. 왜냐하면 그런 책은 저작권 위반이 될 것이기 때문이다. 이렇게 되면 저작권이 문화 발전을 저해하는 족쇄가 될 수 있다. 그래서 아이디어에 저작권 보호를 하기 어렵다.

물론 괜찮은 아이디어를 생각해 내는 일은 대단히 어렵다. 하지만 아이디어를 보호한다면 출판의 다양성을 해치는 부정적 결과를 가져올 것이다. 아이디어와 표현을 구분하는 일은 정도의 문제이므로 아이디어가 표현으로 변해가는 과정 중에서 어느 과정이 될 때 표현이라고 볼 수 있는지 결정해야 하는데 이는 대단히 어려운 일이다. 일반적으로 책의 경우 주제, 추상적인 배경, 전형적인 사건, 사건의 전개 등은 아이디어에 속한다고 본다.

반대로 생각해 보면 이러한 아이디어에 해당하는 부분을 책에서 제외해 본다면 결국 남은 글들이 창작적인 부분이 된다고 볼 수 있다. 실무적으로 책의 본문에서 어느 부분이 창작적인지 확인하는 과정을 거치면 표절시비 같은 분쟁을 줄일 수 있다.

드라마 시놉시스와 만화 스토리

드라마의 개요라고 할 수 있는 시놉시스와 만화를 그리는 데 기본이 되는 스토리는 저작권 인정을 받을 수 있을까. 드라마 〈태왕사신기〉의 시놉시스가 유사한 소재를 다룬 만화 〈바람의 나라〉의 저작권을 침해하였는지 여부가 문제가 되었다. 고구려라는 역사적 배경, 사신, 부도, 신시라는 신화적 소재, 영토 확장이나 국가적 이상의 추구라는 주제 등 아이디어의 영역에 속하는 요소를 공통으로 표현하고 있다. 하지만 그 등장인물이나 주변인물과의 관계 설정, 사건 전개 등 저작권에 의해 보호받는 창작적인 표현 형식에서는 만화와 드라마 시놉시스 사이에 내재하는 예술의 존재 양식과 표현 기법의 차이를 감안하더라도 실질적으로 유사하지 않다. 시놉시스는 대개 짧고 저작권을 인정할 만한 구체적인 표현이 들어 있지 않아 저작권 자체가 인정되지 않았다.

A 저작자가 B 저작자의 저작권을 침해했다고 주장하기 위해서는 주관적 요건으로 A 저작자가 B 저작자의 저작물에 의거해 저작물을 제작했어야 하고, 객관적 요건으로 두 저작물 사이에 실질적 유사성이 인정되어야 한다. 이때의

의거관계는 이를 입증할 직접증거에 의해 인정될 수도 있고, 직접증거가 없거나 부족한 경우라도 A 저작자가 B 저작자의 저작물에 대한 접근 기회, 즉 이를 보거나 접할 상당한 가능성이 있었음이 인정되면 추인될 수 있다.

저작권의 보호대상은 학문과 예술에 관해 사람의 정신적 노력으로 얻은 사상 또는 감정을 말, 문자, 음, 색 등에 의해 구체적으로 외부에 표현한 창작적인 표현 형식이고, 표현되어 있는 내용, 즉 아이디어나 이론 등의 사상 및 감정 그 자체는 설사 그것이 독창성, 신규성이 있다 하더라도 원칙적으로 저작권의 보호대상이 되지 않는다. 그러므로 저작권의 침해 여부를 가리기 위해 두 저작물 사이에 실질적인 유사성이 있는가를 판단함에 있어서도 창작적인 표현형식에 해당하는 것만을 가지고 대비해야 한다.

어문저작물의 유사성

어문저작물에서 서로 다른 두 가지 형태의 유사성을 생각해 볼 수 있는데, 하나는 부분적·문언적 유사성이고 다른 하나는 포괄적·비문언적 유사성이다. 전자는 저작물 속의 특정한 행이나 절 또는 기타 세부적인 부분이 복제된 경우를 말함에 비해, 후자는 저작물 속의 근본적인 본질 또는 구조를 복제함으로써 두 저작물 사이에 비록 문장 대 문장으로 대응되는 유사성은 없어도 전체적으로 포괄적인 유사성이 있다고 할 수 있는 경우를 말한다. 이 두 가지 유사성 중 어느 하나가 있는 경우에는 실질적 유사성이 있는 경우에 해당한다.

드라마 시놉시스가 단순한 아이디어 차원을 넘어 각 등장인물들의 성격과 그들 상호 간의 상관관계, 대략적인 줄거리, 에피소드 등을 포함하고 있다면 그 자체로 독자적인 완성된 저작물로 존재할 수 있다. 시놉시스가 어떤 만화와 실질적인 유사성이 인정된다면 바로 저작권 침해가 인정된다. 하지만 시놉시스가 시나리오, 드라마의 형태로 다음 단계의 저작물들을 예상하고 있다는 이유만으로 실질적 유사성 판단의 대상이 되지 않는다거나 판단 기준을 완화해야 한다는 근거는 인정되지 않는다(서울중앙지방법원 2007. 7. 13. 선고 2006나16757 판결).

트위터 같은 짧은 글의 저작권

짧은 글에도 저작권이 있는지 여부가 늘 문제되고 있다. 소설가 이외수의 트윗글을 무단으로 엮어 전자책을 낸 출판사 대표가 벌금형을 선고받았다. 해당 출판사는 이외수 작가의 트윗글 56개를 무단 복제 후 『이외수 어록 24억짜리 언어의 연금술』이라는 전자책 파일을 만들었다.

서울남부지법은 이외수 작가의 트위터 게시글을 무단으로 사용한 혐의(저작권법 위반 혐의)로 기소된 출판사 대표 김모 씨에게 벌금 500만 원, 해당 출판사에 벌금 1000만 원을 선고했다.

사실관계를 살펴보면, 피고인은 2012년 2월경 피해자 이외수가 자신의 트위터에 게시한 "변명을 많이 할수록 발전은 느려지고 반성을 많이 할수록 발전은 빨라진다"라는 글을 비롯하여 총 56개의 트위터 글을 무단 복제하여 『이외수 어록 24억짜리 언어의 연금술』이라는 제목의 전자책 파일을 만들었다.

법원은 "트윗글이 140자 이내이긴 하나 짧은 글귀 안에도 삶의 본질을 꿰뚫는 촌철살인의 표현과 약자들의 아픔을 해학으로 풀어내는 독창적 표현 형식이 포함된 것이 대부분"이라며 "트윗글을 이외수 작가의 저작물로 보는 것이 옳다"라고 판시했다.

또 "트윗글의 자유로운 이용은 트위터라는 공간 안에서만 허용돼야 한다"며 "김씨는 트윗글을 자신의 애플리케이션과 사업체를 홍보하는 상업적 목적으로 이용했다"라고 덧붙였다.

일반적으로 트위터 글은 140자 이내라는 제한이 있고 신변잡기적인 일상 표현도 많으며, 문제된 이 사건 트윗글 중에도 문구가 짧고 의미가 단순한 것이 있기는 하다. 그러나 이외수의 그러한 트윗글조차도 짧은 글귀 속에서 삶의 본질을 꿰뚫는 촌철살인의 표현이나 시대와 현실을 풍자하고 약자들의 아픔을 해학으로 풀어내는 독창적인 표현 형식이 포함되어 있는 것이 대부분이다. 그리고 각 글귀마다 이외수 특유의 함축적이면서도 역설적인 문체가 사용되어 그의 개성을 드러내기에 충분한 사실을 인정할 수 있다. 따라서 이 사건에서 이외수의 트윗글은 전체적으로 이외수의 사상 또는 감정이 표현된 글로서 저작물이라 보는 것이 타당하다고 판단하였다.

소셜 네트워크인 트위터의 약관 규정과 이용 관행에 따라 누구나 트위터에 올려진 글을 열람, 저장, 재전송할 수 있다는 것은 분명하다. 그러나 자유로운 이용은 트위터라는 소셜 네트워크의 공간 안에서 트위터의 약관에 의한 이용 방법의 한도 내에서만 허용된 것으로 보아야 한다.

이 사건과 같이 트위터상에서 열람할 수 있는 각종 저작물을 트위터라는 공간 밖에서 전자책 형태의 독자적인 파일로 복제, 전송하는 것까지 허용하는 것은 아니라고 판단하였다. 이 사건의 피고인은 전자책 파일을 무료로 제공하고 있기는 하나, 이를 자신이 운영하는 스마트폰 애플리케이션 서비스에 수록하면서 자신의 애플리케이션 자체를 홍보하거나 특정 사업체를 광고했다는 사실을 인정할 수 있다. 이는 보도·비평·교육·연구 목적이라기보다는 출판업을 경영하는 피고인이 영리의 목적으로 상업적으로 이용한 것이다.

또한 이외수 트위터 글의 네 가지 특징을 나타내는 한 단어로 된 소제목하에 각 장마다 짧은 해설을 제시한 후 각각 15개 내외의 이외수의 글을 쭉 예시하고 있을 뿐이어서 피고인의 독창적인 저작물에 이외수의 글귀를 정당한 범위 안에서 일부 인용한 것이라 보기도 어렵다(서울남부지방법원 2013. 5. 9. 선고 2012고정4449 판결).

4

출판 관련 저작물의 종류

저작권법상 인정되는 저작물은 여러 종류가 있다. 예시이므로 다른 종류의 저작물이 얼마든지 더 있을 수 있으며 예시되어 있지 않다고 무조건 저작물이 아니라고 할 수는 없다.

어문저작물

소설·시·논문·강연·연설·각본 등 문자의 형태로 표현된 저작물이 어문저작물이다. 강연이나 연설과 같이 말로 하는 구술도 저작물이다. 카탈로그나 팸플릿도 창작성이 있다면 저작물로 인정될 수 있다. 그러나 단순한 구호나 표어, 슬로건, 제호 등은 저작물성을 인정받기 어렵다.

음악저작물

음에 의해 표현된 저작물이 음악저작물이다. 음의 표현 방식은 악기든 목소리든 어느 것이나 가능하다. 그러므로 악기 연주, 노래, 오페라 등 여러 형태가 음악저작물이 된다. 또한 노래의 가사는 어문저작물이 될 수 있다. 음의 표현이 악보로 기재되어 있어야 음악저작물로 성립하는 것은 아니다. 악보는 음의 기록 수단이므로 독립적으로 음악저작물이라고 보기는 어려운 점이 있다. 음악저작물은 리듬, 멜로디, 화음 등으로 이루어져 있는데 인간이 들을 수 있는 영역과 선호하는 리듬, 멜로디, 화음이 제한되어 있어서 표현하는 데 한계가 있을 수밖에 없어서 표절시비가 끊이지 않고 있다.

연극저작물

연극저작물이란 연극 및 무용·무언극 등 동작에 의해 인간의 사상과 감정을 표현한 저작물을 말한다. 연극의 경우 희곡은 어문저작물로 보호받는다. 배우들의 연기는 희곡을 실연하는 것이므로 배우는 실연자이고 저작인접권으로 보호된다. 연극저작물이란 희곡이나 배우의 연기가 아니라 동작의 형태, 안무 등을 의미한다. 발레의 안무도 연극저작물로 보호된다. 다만 스포츠 경기를 위한 것은 일반적으로 저작물성을 인정하지 않는다.

미술저작물

미술저작물이란 회화·서예·조각·판화·공예·응용미술저작물 등 색이나 형상에 의해 표현된 저작물을 말한다. 연극이나 뮤지컬의 무대장치는 별도로 미술저작물에 속하며 만화도 미술저작물이다. 넥타이 디자인과 같은 응용미술저작물은 대개 디자인보호법으로 보호되며 일반적으로 저작권법에 의해 보호되지 않는다. 다만 그 자체가 물품과 분리하여 하나의 독립적인 가치를 지닌 창작물이라면 저작물로 보호될 수도 있다.

건축저작물

건축물·건축을 위한 모형 및 설계도서 등이 건축저작물

이다. 저작물은 동일성이 유지되는 것을 기본으로 하고 있으나 건축물의 경우 본질적인 변경이 아니라면 증개축이 가능하다. 건축물에서 보호받는 부분은 공간 배치, 외부의 전체적인 디자인 등이다. 아파트의 평면설계도처럼 내부 편의성을 높이기 위한 공간 배치는 기능적 요소이므로 저작권법의 보호대상이 될 수 없다. 설계도는 도형저작물이면서 설계대로 시공하면 건축물이 되므로 건축저작물에도 속한다.

사진저작물

사진저작물이란 정지된 영상을 표현한 저작물이다. 연속된 영상은 사진저작물이 아니라 영상저작물이 된다. 사진을 찍는 사람의 주관적인 판단에 의한 피사체 선택, 앵글 설정, 빛의 양, 셔터 속도 등 여러 효과에 의해 결정되므로 사진저작물은 창작성이 인정된다. 그러나 인물의 증명사진처럼 사진 찍는 사람의 창작성이 드러나지 않는 사진의 경우 저작물성이 인정되지 않는다. 햄 제품 자체만 찍은 사진의 저작물성을 인정하지 않은 판례도 있다.

광고용 카탈로그를 제작하기 위해 사용되는 제품 사진은 저작권이 없다고 하는데 사실일까. A 사진사가 어떤 식품 회사가 제조, 판매하는 햄 제품에 대한 광고용 카탈로그의 제작을 의뢰받고 햄 제품의 사진을 촬영했다. 촬영한 사진은 두 가지 종류였다. 하나는 햄 제품 자체를 촬영한 '제품 사진'이고, 다른 하나는 이러한 햄 제품을 다른 장식물이나 과일, 술병 등과 조화롭게 배치하여 촬영함으로써 제품의 이미지를 부각시켜 광고의 효과를 극대화하기 위한 '이미지 사진'이었다.

사진저작물은 피사체의 선정, 구도의 설정, 빛의 방향과 양의 조절, 카메라 각도의 설정, 셔터의 속도, 셔터 찬스의 포착, 기타 촬영 방법, 현상 및 인화 등의 과정에서 촬영자의 개성과 창조성이 인정되어야 저작권법에 의해 보호되는 저작물에 해당된다. 법원은 광고용 카탈로그의 제작을 위해 제품 자체만을 충실하게 표현한 '제품 사진'의 창작성을 인정하지 않았다. 그러나 햄 제품과 다른 장식물들을 배치한 '이미지 사진'은 저작물성을 인정하여 손해배상을 인정했다.

결국 사진도 창작성이 있어야 저작권이 인정된다. 창작성이 없는 사진까지 보호할 필요가 없기 때문이다. 출판에 사용하는 사진도 마찬가지이다. 책에 수록되었지만 창작성이 없는 사진이라면 저작권은 인정되지 않는다.

사진에 관한 재미있는 사례가 있다. 성형외과의 홈페이지에 실린 모발이식수술 치료 전후의 사진과 온라인에서 환자와 상담한 내용을 무단으로 사용한 경우이다. 의사 자신이 치료한 환자의 임상 사례인 것처럼 방송에서 그 사진을 제시하고 또한 자신이 스스로 상담한 내용처럼 자신의 홈페이지 온라인 상담코너에 그대로 옮겨 수록하는 방법으로 이용한 사람의 행위가 저작권 침해 행위에 해당하는지 문제가 된 사건이다.

당사자는 수년간 모발이식수술을 전문으로 연구, 시술해 온 모발이식 분야에 종사하는 성형외과 전문의사로 알려졌다. ○○성형외과 ○○모발이식센터를 운영하고 있고, 이를 소개하는 홈페이지도 운영하고 있다. 소송을 당한 피고는 산부인과 전문의로서 XX성형외과를 운영하며 홈페이지를 운영하였다. 병원 홈페이지에 수술 전, 수술 후 사진을 게재한 것과 홈페이지 게시판에 상담한 글이 저작권법으로 보호받을 수 있는 저작물인지 문제가 됐다.

모발이식 전후의 환자 사진은 모발치료의 효과를 나타내려는 실용적 목적으로 촬영된 것이므로 피사체의 선정, 촬영 방법 등에서 촬영자의 개성과 창조성이 인정되지 않아 사진저작물로 볼 수 없다고 법원은 판결하였다. 또한 홈페이지에서 온라인으로 환자와 상담한 내용을 적은 글은 상담 내용을 표현하는 방법이 한정되어 있어 누구라도 그러한 내용을 표현할 경우 유사하게 표현할 수밖에 없으므로 저작자의 개성과 창조성이 드러난 어문저작물로 볼 수 없다고 판결하였다.

다만 병원 홈페이지에 게시된 사진과 글에 저작물성이

없다고 해서 무단으로 사용해도 된다는 것은 아니다. 이 사건에서 피고의 행위는 경쟁관계에 있는 원고의 수년간의 연구 성과와 임상 경험에 편승하여 부정하게 스스로의 이익을 꾀할 목적으로 이를 이용한 것이다. 공정하고 자유로운 경쟁원리에 의해 성립하는 거래사회에서 현저하게 불공정한 수단을 사용함으로써 사회적으로 허용되는 한도를 넘어 법적으로 보호할 가치가 있는 원고의 영업활동상 이익을 위법하게 침해하는 것으로서 불법행위에 해당한다.

출판물도 유사하게 생각해 볼 수 있다. 어떤 출판사의 노하우가 담겨 있는 사진이나 독자의 인터넷 게시글을 다른 출판사에서 그대로 가져다 사용한다면 불법 사용이 될 수 있을 것이다.

영상저작물

영상저작물은 연속적인 영상이 수록된 창작물로서 그 영상을 기계 또는 전자장치로 재생하여 볼 수 있거나 보고 들을 수 있는 것을 말한다. 음이 수반되어 있는지는 상관없다. 서로 관련된 연속적인 영상을 기계 또는 전자장치로 볼 수 있는 것이 영상저작물이다. 영상저작물 제작에는 많은 참여자들이 있고 각자의 권리나 이해관계가 얽혀 있기에 저작권법에서는 영상저작물의 제작자에 관한 특례규정을 두고 있다.

도형저작물

지도·도표·설계도·약도·모형 등 도형에 의해 표현된 저작물이다. 건축물의 설계도는 건축저작물이면서 동시에 도형저작물이 될 수 있다. 대부분 간단한 도형은 창작성이 없어서 저작권이 없다. 하지만 지도와 같이 복잡한 도형의 집합체인 경우엔 상황이 다르다.

여행서에 지도를 수록할 때 저작권 문제가 없을지 판단해야 한다. 지도가 저작물성이 있는지 논란이 있었다. 일반적으로 지도는 지표상의 산맥·하천 등의 자연적 현상과 도로·도시·건물 등의 인문적 현상을 표시한다. 일정한 축적으로 미리 약속한 특정 기호를 사용하여 객관적으로 표현한 것이 지도이다.

지도상에 표현되는 자연적 현상과 인문적 현상은 사실 그 자체이므로 저작권의 보호대상이 아니다. 지도의 창작성 유무에 대한 판단에서는 지도의 내용이 되는 자연적 현상과 인문적 현상을 종래와 다른 새로운 방식으로 표현하였는지 여부와 그 표현된 내용의 취사선택에 창작성이 있는지 여부가 기준이 된다. 한편 지도의 표현 방식에 있어서도 미리 약속된 특정 기호를 사용해야 하는 등 상당한 제한

이 있다. 동일한 지역을 대상으로 할 경우 그 내용 자체는 어느 정도 유사성을 가질 수밖에 없다.

지도의 창작성에 대해 인정할 수 있는 근거사실을 다음과 같이 판단할 수 있다. 지도에서 전국을 권역으로 나누어 각 권역마다 다른 색상을 부여하고 각 권역을 다시 구획으로 나누어 구획순으로 세부지도를 편제하였다. 속표지 상반부에 천연색 고속도로 사진을 배경으로 제호와 출판사를 표시하고, 하반부에 지도에 사용된 기호를 설명하는 범례를 표시한 점, 권말에 찾아보기 면을 만들어 지명, 관공서 등 주요 기관의 지도상의 위치와 전화번호를 수록하면서 찾아보기 다음에 전국의 호텔 목록과 전국 유명 음식점 안내를 수록한 점, 각 구획 면의 좌우 상단 모서리에는 그 구획이 속하는 권역의 색상을 바탕색으로 사각형을 만들어 사각형 안에 구획번호를 역상으로 표시하고, 그 옆에 지명을 흑색으로 표시하면서, 각 구획 면의 상하좌우 여백 중앙에 굵은 화살표를 하고 화살표의 중앙에 연속되는 지역의 구획번호를 표시하고, 하단 여백 우측 끝부분에 그 구획의 위치를 도해식으로 표시한 점, 각 구획 면의 가로·세로를 각각 나누어 좌표로 설정한 다음 구획 면 가장자리에 테두리를 둘러 그 위에 각 좌표를 표시한 점, 도로의 구간거리를 표시한 점, 지표상의 자연적·인문적 현상을 표시하는 기호에 있어, 도로의 경우 도로 종류에 따라 각각 다른 색상을 사용하고, 주유소, 사적 등 주요 장소 및 관광지 등은 색상이 있는 약기호로 표현한 점, 서울에서 각 시·군까지의 거리를 시군거리표로 표현한 점, 건물의 표시를 실형으로 표시하고, 건물의 용도별로 색상을 구분한 점, 아파트의 동별로 ○○아파트 평수를 표기한 점 등의 표현 방식 등이다.

지도에서 표현 방식이나 표현 내용의 취사선택도 국내외에서 보편적으로 통용되는 기호의 형태를 약간 변형시킨 것에 불과하다면 창작성을 인정할 수 없다. 그러므로 지도에 있는 특유의 창작적 표현을 모방하지 않은 한 저작권 문제는 발생하지 않는다. 책을 제작할 때 편집자는 이러한 지도의 특성을 파악하고 저작권이 있는지를 판단하여 사용해야 한다.

컴퓨터프로그램저작물

컴퓨터프로그램저작물은 특정한 결과를 얻기 위하여 컴퓨터 등 정보처리능력을 가진 장치 내에서 사용한다. 컴퓨터 내에서 직접 또는 간접으로 사용되는 일련의 지시·명령으로 표현된 창작물을 말한다. 과거에는 컴퓨터프로그램보호법이 별도로 존재하였으나 2009년 7월 시행되는 저작권법부터 컴퓨터프로그램보호법이 저작권법에 통합되었다.

2차적 저작물과 편집저작물

2차적 저작물이란 원저작물을 번역, 변형 등을 하여 작성한 저작물로서 창작성이 부가되어 있어서 원저작물과는 별개로 보호된다. 편집저작물은 편집물 중에서 그 소재의 선택, 배열 또는 구성에 창작성이 있는 저작물을 말한다. 이것저것 짜깁기한 것을 편집저작물로 오해하는 경우가 자주 발생하고 있다. 편집물의 소재 자체에는 창작성이 없어도 배열에 창작성이 있다면 편집저작물로 보호될 수 있다.

양식 등 기능적 저작물을 사용할 때에도 주의가 필요하다. 기능적인 저작물의 표현을 보호하면 그와 연관된 아이디어도 보호되는 결과가 될 수 있다. 대차대조표와 같은 상업용 서식은 정보를 기록하도록 고안된 것인데 그 자체로는 아무 정보를 제공하지 않으므로 저작권의 보호를 받기 어렵다. 만약 저작권의 보호를 받는다 하더라도 저작자와 동일한 표현을 사용한 경우에만 저작권 침해를 인정할 수 있을 것이다. 서식이나 양식의 표현 방법이 제한적이므로 이러한 기능적 저작물의 저작권은 쉽게 인정받기 어렵다.

토익과 같은 영어 교재에 사용할 사진을 전부 새로 찍기 어려워서 인터넷에서 올라와 있는 이미지 사진들을 다운받아서 사용하려고 한다면 사진과 어문저작물을 동시에 검토해야 한다. 저자가 보내온 원고에 국내외의 인터넷 무료 사이트를 검색하여 다운로드받은 사진이 포함되어 있다면 소스의 출처를 일일이 확인해야 한다. 영어 교재는 어문저작물인데 일반적으로 텍스트를 기본으로 하고 있으며 그림이 글과 결합되어 있는 형태가 많다. 글과 그림은 서로 분리해서 사용이 가능하므로 영어 교재는 글과 그림이 결합된 결합저작물로 볼 수 있다. 분리가 가능한 결합저작물에서 글은 쓴 사람이, 그림이나 사진은 그것을 실제 그리거나 찍은 사람이 저작권을 갖게 된다.

인터넷에 있는 사진을 다운로드하거나 복사해서 사용하는 경우들이 자주 발생한다. 이러한 사진도 저작권자를 찾아보면 대부분 존재한다. 인터넷 무료 사진 공유 사이트에 있는 사진이더라도 상업적인 목적으로 이용할 때 무료로 써도 되는지 알아보아야 한다. 대개 개인적인 용도로 비영리적일 때에만 무료 사용을 허용하고 있기 때문이다. 만약 저작자가 누구인지 도저히 알 수 없는 상황이라면 법정허락제도를 이용할 수 있다. 일정한 요건이 맞으면 법정허락을 신청할 수 있다. 법정허락을 받으면 사용료에 해당하는 보상금을 저작권위원회에 지급하고 저작물을 이용할 수 있다.

5

캐릭터는 보호받을 수 있을까

저작권법에서 말하는 캐릭터는 일반적으로 떠올리는 인형이나 팬시제품, 캐릭터 상품을 의미하는 것이 아니다. 캐릭터란 가공의 인물, 실재 인물, 동물 등을 모두 포괄하는 용어이다. 만화, 텔레비전, 영화, 신문, 잡지 등 대중이 접하는 매체를 통해 등장하는 가공적인 또는 실재하는 인물, 동물 등의 형상과 명칭을 뜻하는 것이다. 애니메이션, 소설 등에 등장하는 인물이나 동물의 용모, 자태, 성격, 이름, 명칭 등 쉽게 인식할 수 있는 개성적인 특징을 지칭한다. 결국 등장인물의 외모나 이야기 등에 의해 만들어진 독창적인 개성, 이미지들이 총체적으로 아이덴티티를 구성하는 것이라고 할 수 있다. 주로 시각적 요소, 청각적 요소, 성격적 요소, 명칭으로 구성된다.

미술저작물에서는 캐릭터의 시각적인 요소가 두드러지게 나타난다. 만화에 등장하는 캐릭터를 생각하면 시각적인 요소가 강하게 나타난다. 캐릭터가 등장하는 만화라는 미술저작물에서 미술저작물과는 별개로 캐릭터 자체에 대해서 독자적인 저작물성을 인정할 수 있는지에 대해 논란이 있었다. 만화에 나오는 캐릭터는 만화가 저작물로 보호되므로 그 속에서 전체적으로 보호가 이루어지는데, 캐릭터 자체를 따로 떼어 독자적인 보호의 대상으로 볼 수 있는지는 쉽게 판단하기 어렵다. 캐릭터 자체의 저작물성을 독립적으로 판단해야 하기 때문이다.

캐릭터가 중요한 이유는 고객흡인력 때문이다. 고객흡인력이란 영업의 명성, 평판과 영업과 관련해서 고객을 끌어들이는 힘이다. 일반 공중에 의해 쉽게 인식되는 본질적이며 개성적인 특성을 말한다.

일반적으로 캐릭터라는 용어를 넓게 사용하고 있지만 저작권 관점에서는 캐릭터를 좁은 의미로 보고 있다. 캐릭터와 캐릭터 상품은 다른 것인데 의미를 혼동하는 경우도 발생하고 있다. 캐릭터는 구체적인 표현으로부터 감지되는 추상적인 관념이며, 그 자체가 구체적인 표현이 아닌 경우에는 저작권 인정을 받기 어렵다.

캐릭터는 그 자체의 저작물성 논의가 중요한 것이라기보다 성공한 작품의 후속작이 지속적으로 시리즈로 만들어지고 캐릭터 관련 상품화 시장이 커지면서 캐릭터를 독자적으로 보호할 수 있는 범위가 어디까지인지 논란이 된 것이다.

우리나라에서는 어문 캐릭터의 저작권은 거의 인정되지 않는다. 시각적인 캐릭터에 대해서는 일부 저작권을 인정한 경우도 있고, 동화책 『구름빵』의 사례처럼 캐릭터에 관하여 독자적인 저작권을 인정하지 않은 경우도 있다.

『구름빵』 사건에서 저자는 동화 『구름빵』의 캐릭터에 대해 저작권을 주장하였으나 법원은 동화 『구름빵』의 저작권과 별개로 캐릭터 저작권이 저작자에게 유보되어 있다고 볼 수 없으며 캐릭터 저작권은 동화 『구름빵』 저작권의 일부로서 출판사에 양도되었다고 보는 것이 타당하다고 했다. 앞서 동화작가는 저작인격권을 제외하고, 2차적 저작물 작성권을 포함한 저작물에 관한 일체의 권리를 출판사에 양도하였다. 그림책의 경우 어문저작물, 미술저작물, 캐릭터저작물 등이 결합되어 있는데, 이런 경우 저작물 일체를 양도·양수한 것으로 보는 것이 타당하다고 판결했다. 그리고 그림책의 경우 2차적 저작물을 작성할 시 원저작물의 캐릭터의 사용 및 변형을 수반하게 되므로 2차적 저작물 작성권을 양도하면서 캐릭터 저작권은 양도하지 않았다고 보기는 어렵다고 판단했다.

6

편집저작물이란 무엇인가

K출판사에 근무하는 A 편집주간은 해외 출판사가 저작권을 소유하고 있는 『19세기 클래식의 세계』의 한국 내 출판 계약을 하고 한국어 번역본을 출판하였다. 이 책의 내용은 19세기의 고전음악 분야에서의 중요 사건과 사실을 연대순으로 선택, 배열하여 10년 단위로 분류하였다. 또한 음악 분야가 아닌 문학, 미술, 공연 등 다른 항목도 대비한 연표를 간략하게 수록하였다.

한편 B 편집자가 근무하는 P 출판사에서 『클래식의 바다』란 책에 연표를 사용했는데 이 연표에는 음악 분야와 관련 분야에서의 역사적으로 중요한 사건과 사실을 수록하였고 항목의 일부가 K출판사가 출판한 책과 일치하였다.

A 편집주간은 B 편집자가 근무하는 P 출판사에 편집저작권 침해를 주장하려고 한다. 이 주장이 타당한지 판단하려고 대책회의를 열었다.

편집저작물의 의미

편집은 짜깁기가 아니다. 편집저작물도 다른 사람의 작품을 짜깁기한 것이 아니다. 편집저작물이란 편집물로서 그 소재의 선택·배열 또는 구성에 창작성이 있는 것을 말한다. 편집물이란 저작물이나 부호·문자·음·영상 그 밖의 형태의 자료의 집합물을 말하며 데이터베이스를 포함한다. 즉, 소재나 데이터 자체에는 창작성이 없더라도 각종 데이터의 선택, 배열, 구성에 창작성이 있다면 편집저작물이 된다. 편집저작물에 대해 편집물이 저작물로서 보호받으려면 일정한 목적을 가지고 소재를 수집·분류·선택하고 배열하여 편집물을 작성하는 행위에 창작성이 있어야 한다. 또한 보호받을 가치가 있는 정도의 최소한의 창작성은 있어야 한다.

편집저작물 중 소재의 선택이나 배열에 관하여 창작성이 있는 부분을 이용하면 반드시 전부를 이용하지 않더라도 저작권 침해를 인정할 수 있다. 고전음악 분야에서의 연표는 음악 분야에서 역사적으로 중요한 과거의 사실 또는 사건 등을 수집하고 이를 간결하게 정리하여 연대순으로 배열한 것이다. 연표 속 각각의 항목은 단순한 사실을 소재로 사용한 것이므로 누가 사용하더라도 동일 또는 유사하게 표현될 수밖에 없다. 그러므로 단순한 사실을 소재로 한 항목은 표현이 아니라 아이디어에 불과하므로 창작성이 없다. 그러나 소재의 선택이나 배열은 표현에 해당하므로 이것에 창작성이 있다면 편집저작물로 보호가 가능하다.

K출판사에서 출판한 책의 연표는 음악 분야 연표를 작성할 때 흔히 사용하는 구성 방식이다. 음악 분야와 관련 분야의 역사적 사건과 사실을 함께 수록한 배열이나 구성 방식에서 저작물로 보호받을 정도의 창작성을 갖추고 있다고 보기 어렵다. 결국 연도순으로 단순히 사건을 나열한 책은 편집저작물의 창작성을 인정하기 어렵기 때문에 유사한 책이 출판되더라도 저작권 위반의 책임을 물을 수 없다. 연도순으로 나열하는 방식은 아이디어의 영역이라고 보기 때문이다.

영어 교재를 편집할 때도 주의할 점이 있다. H출판사는 영어 교재를 만들고 참신한 교육 방식을 개발하였다. 영어 글자카드를 이용한 순차적 교육 방식인데 저작권으로 보호를 받을 수 있을까.

어떤 편집 출판물이 편집저작물로서 보호를 받으려면 일정한 방침 혹은 목적을 가지고 소재를 수집, 분류, 선택하고 배열하여 편집물을 작성하는 행위에 창작성이 있어야 한다. 아이디어나 이론 등의 사상 및 감정 그 자체는 설사 그것이 독창성, 신규성이 있다 하더라도 소설의 스토리 등의 경우를 제외하고는 원칙적으로 저작물이 될 수 없어 저작권법의 보호대상이 되지 않는다.

유사한 사건 중에서 한글 교육교재에 관한 판례를 보면, '두리두리'라는 한글 교육교재와 '신기한 한글나라'라는 한글 교육교재가 각각 제작, 판매되고 있었는데 한글 교육교재는 그 소재인 글자교육카드의 선택 또는 배열에 창작성이 있다고 할 수 없어서 이를 편집저작물로 볼 수 없다고 하였다. 또한 한글 교육교재가 채택하고 있는 순차적 교육 방식이라는 것은 아이디어에 불과하여 저작물로서 보호받을 수 없다고 판결하였다(대법원 1996. 6. 14. 선고 96다6264 판결).

결국 영어 교재도 마찬가지로 볼 수 있다. 유치원생 또는 초등학교 저학년용 영어 교재의 경우 알파벳, 단어 등을 단순히 나열하여 제작한 책들을 볼 수 있다. 이러한 방식은 아이디어에 불과하므로 유사한 방식으로 편집한 다른 출판사의 책들이 있어도 저작권 침해 책임을 묻기는 어렵다.

7

2차적 저작물과 출판물의 관계

출판물 중에서 2차적 저작물과 가장 많이 관련된 것이 해외도서의 번역물이다. 그리고 원작 소설을 기반으로 만든 영화가 2차적 저작물이 된다. 번역서는 책이지만 영화는 영상저작물이므로 이용하는 형태가 다르다.

출판물과 2차적 저작물은 구별이 된다. 실무적으로 2차적 저작물 작성권이 중요하다. 왜냐하면 2차적 저작물 작성권은 하나의 기본이 되는 콘텐츠를 이용하여 여러 가지 다른 형태로 변형시킬 수 있는 권리이기 때문이다.

2차적 저작물이란 원저작물을 번역·편곡·변형·각색·영상제작 등의 방법으로 작성한 창작물을 말하며, 독자적인 저작물로서 보호된다. 예를 들어 국내 출판사가 외국 서적을 라이선스 계약해서 국내에 출간하려는 경우 번역되어 출판된 책이 원래의 외국 서적에 대해 2차적 저작물이 된다. 번역은 단순한 외국어 해석이 아니라 제2의 창작이라고 할 만큼 언어의 선택과 문장 해석에 번역자의 창작 과정을 거치는 작업이기 때문에 인정되는 권리이다.

사실 영어로 된 원작을 한국어로 번역하려는 경우 원작자와 출판계약을 한다는 의미는 원작을 계약하여 번역물을 출판한다는 2차적 저작물 작성 계약이 되는 셈이다.

2차적 저작물의 보호는 그 원저작물의 저작자의 권리에 영향을 미치지 않는다. 즉, 별개의 권리로 각각 보호된다. 원서와 번역서는 각각 독립적으로 권리가 존재하며 각각 저작권법의 보호를 받는다는 의미이다. 다만 2차적 저작물인 번역서는 원저작물을 이용하는 관계에 있으므로 번역물을 작성하려면 원저작자의 허락을 얻어야 한다. 여기서 말하는 허락은 일반적으로 출판계약이 된다. 원저작자의 동의를 받지 않아도 2차적 저작물로 성립하지만 동의 없이 2차적 저작물을 작성하는 것은 원저작자의 권리침해에 해당될 수 있다.

저작자는 그의 저작물을 원저작물로 하는 2차적 저작물을 작성하여 이용할 권리를 가진다. 이 권리는 복제권과 더불어 저작재산권의 중요한 권리이다. 동화책을 완성한 저작자가 그 동화를 기반으로 한 시나리오 작성, 뮤지컬 제작 등에 저작재산권을 행사할 수 있다. 동화에 수록된 주인공 삽화가 인기를 끈다면 캐릭터 상품 개발을 할 수 있으며, 이에 대해 역시 권리행사가 가능하다. 기술 발달에 따라 새로운 이용 형태가 나타날 수도 있고 저작자가 예상하지 못한 새로운 방법으로 이용할 수 있으므로 저작권자에게 2차적 저작물 작성권은 상당히 중요한 권리이다. 새로운 매체의 등장이나 영역의 확장에 따라 저작권 침해의 소지가 크므로 많은 분쟁이 벌어지는 권리이기도 하다.

원저작물의 저작권 보호기간이 만료한 경우라도 2차적 저작물의 성립에 영향이 없다. 외국 서적을 번역한 책이 국내 유통 중에 원저작물인 외국 서적의 저작권 보호기간이 만료되더라도 번역서는 2차적 저작물로서 별도로 보호받을 수 있다. 예를 들어 저작권 보호기간이 만료된 생텍쥐페리의 소설 『어린왕자』를 어느 번역자가 다시 번역하였다고 한다면 그 번역물은 원저작물의 저작권이 소멸되었더라도 원저작물과 상관없이 별도의 저작물로서 저작권법으로 보호된다. 원저작물과 2차적 저작물은 별개이기 때문이다.

2차적 저작물의 요건: 실질적 변형

2차적 저작물로 성립하려면 원저작물에 기초하여 실질적 변형(substantial variation)이 있어야 한다. 다른 저작물과 마찬가지로 창작성을 필요로 하며, 기존의 원저작물을 이용하여 변형을 가해 새로운 저작물을 만들어내는 것을 말한다. 예를 들어 소설 『춘향전』을 원저작물로 하여 이를 각색한 후 영화 〈춘향전〉을 제작한다면 영화가 2차적 저작물이 되는 것이다. 이때 사건의 구성과 전개, 등장인물의 교차 등에 실질적 유사성이 있어야 2차적 저작물로 인정된다. 만약 영화 〈춘향전〉이 소설 『춘향전』과 춘향에 관한 이야기라는 소재만 같을 뿐 벌어지는 사건의 플롯이나 전개 과정이 다르다면 영화 〈춘향전〉은 소설 『춘향전』의 2차적 저작물이 아니라 별개의 독립적인 저작물이 된다.

즉, 2차적 저작물로 인정되기 위해서는 원저작물과 비교하여 실질적 변형이 있어야 한다. 어문저작물인 소설의 경우 맞춤법을 바뀐 표기법에 따라 고치거나 용어를 약간 변형하는 정도라면 사회통념상 별개의 저작물이라고 보기 어렵다. 근대소설을 현대 표기법에 맞게 수정하는 것은 동일한 저작물이지 2차적 저작물은 아니다. 기존 저작물의 복제물에 가까운 것이며 실질적 변형이 없어서 2차적 저작물로 보기 어렵다.

2차적 저작물에 대한 판단이 중요한 이유는 2차적 저작물을 침해당한 경우 침해물이 원저작물인지 2차적 저작물인지에 따라 손해배상을 받을 수 있는 주체가 달라질 수 있기 때문이다. 2차적 저작물은 원저작물을 기초로 만들어졌지만 새로운 창작성이 추가되었기 때문에 원저작물과는 독립적으로 보호할 만한 가치가 있다. 2차적 저작물을 보호한다고 해서 원저작권자의 권리가 줄어드는 것은 아니다.

원저작물, 2차적 저작물, 독립저작물의 구별

원저작물에 대한 사소한 변형은 원저작물과 동일하다고 볼 수 있다. 원저작물과 비교하여 실질적 변형이 일어났을 때 비로소 2차적 저작물이 되는 것이다. 만약 실질적 변형을 일으킨 저작물이 원저작물을 떠올릴 수 없을 정도로 심하게 변형되었다면 2차적 저작물이 아니라 독립된 별개의 저작물로 인정받을 수 있다.

원저작물, 2차적 저작물, 독립저작물 구별은 간단하지 않지만 시장의 경쟁적 관계, 대체가능성, 본질적 특징을 직접 느낄 수 있는지 여부에 따라 구별된다. 원저작물에 가해진 변형이 커서 원저작물의 본질적 특성을 감지할 수 없다면 2차적 저작물이 아니라 별개의 독립적인 저작물로 인정될 수 있다.

시장적 경쟁관계

2차적 저작물과 독립저작물을 구별하는 또 다른 기준으로 서로 '시장적 경쟁관계'에 있는지 여부가 있다. 시장적 경쟁관계에 있다는 것은 어떤 저작물을 구매할 때 원저작물의 수요가 줄어들며 대체되는 경우를 말한다. 예를 들어 인기 소설을 영화화하였을 때 소설을 읽은 사람이 반드시 영화를 본다고 할 수 없지만, 소설 〈해리포터〉와 영화 〈해리포터〉처럼 같은 내용인 경우 서로 시장적 경쟁관계에 있다고 볼 수 있다. 일반적으로 2차적 저작물은 원저작물과 시장적 경쟁관계에 있다고 볼 수 있지만 독립된 별개의 저작물은 원저작물과 시장적 경쟁관계에 있다고 보지 않는다.

우리나라 법원은 어떤 저작물이 2차적 저작물로 보호받기 위하여 원저작물을 기초로 하되 원저작물과 실질적 유사성을 유지하고 이것에 사회통념상 새로운 저작물이 될 수 있을 정도의 수정·증감을 가하여 새로운 창작성을 부가해야 한다고 판결하고 있다. 그러므로 2차적 저작권의 침해 여부를 판단함에 있어서는 원저작물에 새롭게 부가한 창작적인 표현 형식에 해당하는 것만을 가지고 대비하여 판단하게 된다.

유능한 편집자라면 출판계약을 할 때 2차적 저작물 작성권을 반드시 고려해야 한다. 저작자로부터 저작재산권 전부를 양도받는 경우라도 2차적 저작물 작성권의 양도 특약이 없다면 이 2차적 저작물 작성권은 원저작자에게 여전히 남아 있게 된다. 이는 저작권자를 두텁게 보호하기 위해 저작권법에 정해놓은 것이다. 새로운 이용 형태나 매체가 출현할 경우 저작권자는 2차적 저작물 작성권을 행사하여 이익을 보호할 수 있다. 만약 출판사가 저작권자로부터 저작권을 양도받을 때에는 번역, 각색 등의 2차적 저작물 작성권까지 양도받는다는 특약을 명시해야 완전하게 양도받았다고 볼 수 있다.

다만 저작권자를 보호하기 위해 저작권법에 2차적 저작물 작성권에 관한 규정까지 두었는데 출판사가 일방적으로 2차적 저작물 작성권을 양도받게 되면 법적인 분쟁이 발생할 수 있다. 심하면 관련 법에 따라 출판계약 자체가 무효화될 수 있다. 2차적 저작권 작성에 관하여 출판사와 저작자가 합의하지 못하면 출판계약서에 기재할 수 없다. 그러므로 계약을 담당하는 편집자는 출판계약서상에 기재된 2차적 저작물 작성권 부분을 저자에게 잘 설명하고 협의할 필요가 있다.

2차적 저작물과 저작물의 2차적 사용

저작물의 2차적 사용은 2차적 저작물 작성과 다른 것이다. 출판사에서 이것을 구분하지 않고 업무를 하는 바람에 저작자와 엉뚱한 분쟁을 일으키고 있다. 저작물의 2차적 사용은 출판물 자체를 그대로 다른 곳에 사용하는 경우를 말한다. 재수록 허락이 가장 대표적인 경우이다. 재수록은 원저작물에서 변형 사용이 아니므로 2차적 저작물이 아니라 저작물의 2차적 사용이 된다.

8

저작권의 보호기간

저작권은 저작자가 생존한 기간을 포함하여 사망 후 70년까지 보호된다. 보호기간이 만료되면 저작권은 소멸한다. 저작권이 소멸된 저작물은 누구나 자유롭게 사용할 수 있다. 이른바 공유의 영역에 들어가는 것이다.

저작재산권을 포기해도 저작권은 소멸한다. 저작권이 유효하게 존재하는 경우에는 저작권자가 저작권을 행사하지 않는다고 해서 저작권이 소멸시효에 걸려 소멸되는 것은 아니다. 다만 손해배상청구는 민법상 그 손해 및 가해자를 안 날로부터 3년 또는 그 침해 행위가 있은 날로부터 10년이 경과하면 소멸된다. 침해자가 받은 이익에 대해 부당이득반환을 청구할 수 있는 기간도 10년이다.

저작재산권의 보호기간

보호기간은 저작재산권에 적용되며 원칙적으로 저작자가 생존하는 동안과 사망한 후 70년간 존속한다. 공동저작물의 저작재산권은 맨 마지막으로 사망한 저작자가 사망한 후 70년간 존속한다. 공동저작자가 여러 명이고 그중 한 명이 다른 저자들에 비해 아주 오랜동안 생존한다면 실질적으로 저작권 보호기간은 길어지게 된다.

무명 또는 이명 저작물의 보호기간은 기간 계산의 기준이 다소 다르다. 이명은 저자의 실명 이외에 호, 닉네임, 별칭 등을 말한다. 무명 또는 널리 알려지지 아니한 이명이 표시된 저작물의 저작재산권은 공표된 때부터 70년간 존속한다. 즉, 공표 시기를 기준으로 정하고 있다. 다만 이 기간 내에 저작자가 사망한 지 70년이 지났다고 인정할 만한 정당한 사유가 발생한 경우에는 그 저작재산권은 저작자가 사망한 후 70년이 지났다고 인정되는 때에 소멸한 것으로 본다.

무명이나 이명으로 공표한 책은 실명으로 출판한 경우와 다르게 보호기간을 정하고 있다. 만약 저작자가 사망한 지 70년 기간 이내에 저작자의 실명 또는 널리 알려진 이명이 밝혀진 경우, 그 기간 이내에 저작자의 실명 등록이 있는 경우는 원칙적으로 저작자가 생존하는 동안과 사망한 후 70년간 존속한다.

연속적으로 발행하는 계속적 간행물 등의 공표 시기는 책·호 또는 회 등으로 공표하는 저작물의 경우에는 매책·매호 또는 매회 등의 공표 시로 하고, 일부분씩 순차적으로 공표하여 완성하는 저작물의 경우에는 최종 부분의 공표 시로 한다.

연속 간행물이나 시리즈 책의 경우 가장 마지막 책을 출판한 것을 기준으로 보호기간을 정하게 된다는 뜻이다. 여기서 말하는 시리즈는 소설 『태백산맥』처럼 전권이 하나의 책으로 인정되는 경우를 의미한다. 일부분씩 순차적으로 공표하여 전부를 완성하는 저작물의 계속되어야 할 부분이 최근의 공표 시기부터 3년이 경과되어도 공표되지 아니하는 경우에는 이미 공표된 맨 뒤의 부분을 최종 부분으로 본다.

보호기간의 계산은 저작자의 사망을 기준으로 기산한다. 사망한 다음 날부터 70년이 아니라 사망한 다음 해부터 70년이 되는 해의 12월 31일에 소멸한다. 공표한 때부터 기산하는 경우도 있다. 업무상 저작물의 경우에는 공표한 때로부터 70년까지 보호된다. 공동저작물의 경우 공동저작자 중 가장 최후에 사망하는 사람을 기준으로 기산한다. 보호기간 측면에서 보면 공동저작물이 유리할 수도 있다. 가장 늦게까지 생존한 저작자가 있다면 그를 기준으로 기간을 계산하기 때문이다.

과거에는 우리나라에서 저작권 보호기간이 70년이 아니라 50년으로 규정되어 있었다. 과거의 저작권 규정에 의해 저작권이 소멸된 저작물은 보호기간이 70년으로 늘어났다고 하여 이미 소멸된 권리가 부활하는 것은 아니다. 일단 소멸된 권리는 없는 것이 되므로 되살아나지는 않는다.

국가마다 저작권 보호기간이 상이하다. 해외도서의 판권(출판권) 계약 시 그 국가의 보호기간을 확인할 필요가 있다. 우리나라는 70년이므로 그 외국에서 70년을 초과해 보호하더라도 우리나라에서는 적용되지 않는다. 간혹 저작권이 만료된 저작물을 판권 계약하는 웃지 못할 일도 발생하고 있다.

2장

출판계약

Copyright

1

누가 계약의 주체인가
- 저작권자와 출판사

편집자로서 출판계약 업무까지 해야 하는 경우 누가 저작권자인지, 원고를 제공한 사람이 저작권자가 맞는지 먼저 파악해야 한다. 당연히 저작권자라고 생각하고 출판계약을 진행해서는 안 된다. 출판계약은 권리가 있는 당사자끼리 출판에 합의하여 체결하는 계약이다. 반드시 저작권자와 계약을 해야 하므로 저작권이 무엇인지 저작권자는 누구인지 자세히 살펴볼 필요가 있다.

소설을 쓰는 소설가를 저자라고 하며 저자의 창작물인 소설은 저작물이다. 저자는 저작권법에서 저작자라고 부른다. 그림을 그리는 화가는 저작자가 되며 화가의 작품이 저작물이다. 일러스트 파일을 작업하는 디자이너도 저작자가 되며 결과물인 일러스트 파일은 저작물이다. 이렇게 무엇인가를 창작적으로 만들어내는 사람을 저작자라고 부르며 그 창작물을 저작물이라고 부른다. 저작권이란 바로 저작물에 대한 저작자의 권리를 말한다. 저작자는 자신의 저작물에 대해 권리가 있다.

저작권이란 저작물을 창작한 저작자의 권리이다. 명확해 보이는데 일부 출판 편집자는 저작권을 출판사의 권리로 오해하고 있기도 하다. 저작권법은 기본적으로 저작자를 보호하는 법이다.

저작권은 여러 가지 권리의 총집합이며, 크게 두 가지로 분류하면 저작인격권과 저작재산권으로 구성되어 있다. 저작인격권은 저작자의 인격을 보호하려는 권리이다. 저작물은 저작자의 브레인 차일드(Brain-Child)라고 할 정도로 저작자와 동일시하는 경향이 있다. 일반적으로 저작물에는 저작자를 표시하는데 다른 사람이 유사한 저작물에 마치 자신이 저작한 것처럼 저작자로 표시하는 경우가 있다. 이 경우는 '표절'이라고 하는데 저작권 침해는 물론이며 도덕적인 비난을 포함하는 표현이다.

표절 여부를 판단하여 출판된 책이 다른 책의 내용을 무단으로 베껴서 저작권을 침해했을 때 저작자는 저작권 침해에 대한 법적 책임을 져야 한다. 상황에 따라 출판사도 저작자와 함께 공동 책임을 질 수 있다. 무조건 저작자에게만 책임이 있는 것은 아니다. 저작물의 내용에 대한 저작권 책임은 일차적으로 저작자에게 있다. 저작자가 저작권을 위반하는 경우 출판사는 책임지지 않는다는 조항을 계약서에 삽입하기도 한다. 그렇더라도 그 출판물에 고의 또는 과실이 있다면 출판사도 공동 책임을 질 수 있다.

저작재산권은 저작자의 창작물이 가지는 재산적 가치를 보호하려는 권리이다. 저작자는 저작물을 발행하여 재산적인 이득을 얻을 수 있다. 저작인격권과 저작재산권 중에서 저작재산권만 다른 사람에게 양도가 가능하다. 그러므로 저작재산권이 양도되면 저작자와 저작권자는 달라질 수 있다. 저작인격권은 일신전속적 성질이 있어서 양도가 불가능하다.

저작자

저작자는 누구일까. 당연히 저작물을 창작한 사람이 저작자이다. 하지만 저작물 중에는 누구를 저작자로 해야 하는지 모호한 경우가 있다. 결정적 아이디어를 제공한 사람, 자료를 수집하여 정리해 준 사람, 교정과 교열을 한 편집자, 보조 작가 등등 창작에 참여하는 많은 사람들이 모두 저작자가 되는지 구분하는 것은 중요하다. 왜냐하면 저작자에게만 저작권이 인정되기 때문이다.

아이디어 제공자, 의뢰자, 대작가, 감수자

창작에 아이디어를 제공한 사람은 창작자가 아니므로 저작자가 아니다. 결정적인 아이디어를 제공하였더라도 저작자는 될 수 없다. 자료를 조사, 수집해 준 사람도 창작에 직접적으로 기여한 바가 없으므로 저작자가 아니다. 보조자, 조수는 저작자의 창작에 도움이 되기는 하나 저작물 자체의 창작에 기여한 사람이라고 볼 수 없다. 교정과 교열을 한 편집자도 저작권이 인정되지 않는다. 창작을 의뢰한 자는 저작자가 아니다. 감수자는 실제로 감수하면서 원고를 수정하거나 가필하였다면 창작자가 될 수 있다.

저작자를 다른 사람으로 하기로 합의한 대필작가는 실제 창작자이므로 저작자이다. 예를 들어, 모 기업체의 회장이 자서전을 출간하려는데 도무지 정리가 안 되고 글도 써지지 않아서 대필작가를 이용해 자서전을 쓰려고 한다. 다만 대필작가의 양해 아래 글을 쓴 저자를 대필작가가 아닌 회장의 이름으로 하기로 정하였다. 이런 경우 저작자는 누구일까.

대필은 출판계의 오랜 관행이지만 저작권법상 저작자는 실제로 창작한 사람이 저작자가 된다. 이것은 저작권법의 기본 원칙이다. 저작자를 다른 사람으로 기재하더라도 실제로 창작한 사람인 대필작가가 저작자가 된다. 다만 회장의 명의로 출간된 자서전은 저작자 추정 규정에 의해 저작자로 표시된 회장이 저작자로 추정되는데 대필작가가 사실을 입증하여 실제 저작자를 자신으로 변경할 수 있다.

대작은 출판계의 공공연한 비밀인 듯싶다. 하지만 저작권법에는 실제로 창작한 사람이 저작자가 되는 창작자 원칙이 있다. 정당한 비용을 지불하고 원고를 작성한 후 필요에 따라 저작자를 다른 사람으로 바꾸어도 실제로 글을 쓴 사람이 저작자이다. 이러한 대작을 누설하지 않겠다고 각서를 써도 저작자는 바뀌지 않는다. 오히려 대작한 원저작자는 자신이 창작한 것임을 입증하여 저작자로 인정받을 수 있다.

계약서에는 계약의 당사자인 갑과 을을 표시하는데 법인과 계약을 할 때는 법인의 실체를 파악해야 한다. 법인등기부 등본을 떼어 보면 법인에 관한 등기사항들을 확인할 수 있다. 현재 대표이사가 누구인지 영업주소는 어디인지 확인할 수 있다. 대표이사가 바뀌어도 계약의 이행 책임이 회사에 있다면 그 회사를 상대로 계약 내용을 이행해 달라고 요구할 수 있다. 그런데 그 회사를 다니는 개인과 계약한다면 그 회사와 무관한 계약이다.

회사와 계약을 할 때에는 법인인감을 찍는 것이 원칙이다. 회사와의 계약이므로 개인도장이 아닌 법인인감을 찍어야 한다.

법인과 거래 시 가장 많이 발생하는 계약 문제는 그 회사에서 계약 내용에 대해 권한이 없는 직원과 계약서를 작성했을 때 발생한다. 실무적으로 회사 대표와 일일이 계약을 하지 않기 때문에 발생하는 것인데 실제로 자주 발생하는 문제이다. 회사에서 그 직원은 그런 권한이 없기 때문에 회사가 책임을 못 지겠다고 나오는 경우이다. 이럴 때 법적으로는 계약을 늘 그러한 방식으로 하였는지, 계약 장소는 어디인지, 권한 유무를 확인해 보았는지 등 여러 상황을 종합적으로 검토하여 회사가 계약한 것으로 볼 수 있을 때 그 회사에 책임이 있다.

저작권이 없는 사람과의 계약은 무효이다. 저작권자라고 하면서 계약하자는 사람이 있을 때 정말로 그에게 저작권이 있는지 확인해야 한다. 저작권이 없거나 저작권이 있더라도 저작권신탁단체에 신탁을 한 저작권자는 저작권을 행사할 수 없다. 특히 저작권신탁단체에 저작권을 신탁한 경우에는 신탁단체만이 저작권을 행사할 수 있다. 저작자라고 해서 저작권을 무조건 행사할 수 있는 것이 아니다.

저작권신탁관리업은 저작재산권자나 저작인접권자의 권리를 신탁받아 저작권을 관리하는 것을 말한다. 신탁관리를 하게 되면 법률상 신탁을 받은 업체로 권리가 이전하게 되며 대외적으로도 신탁관리업체가 권리자로 인정된다. 신탁단체는 저작권자를 대리하여 소송까지 할 수 있는 권한을 지닌다. 신탁단체에 저작권을 신탁한 저작자와 계약을 하게 되면 계약은 무효가 된다.

2

출판계약에서 주의할 문제

- 업무상 저작물

디자인팀에서 근무하다 퇴사한 K팀장은 현재 프리랜서 디자이너로 다른 업체에서 일하고 있다. 그런데 퇴사하기 전에 작업했던 일러스트 파일을 모두 가지고 퇴사한 것 같다. 우리 회사에서 작업했던 일러스트 파일을 그대로 다른 회사에서 사용하고 있다. 연락해 보니 K팀장은 자신이 디자인한 것이기 때문에 저작권이 자기에게 있다고 했다. 사실일까.

저작권법에서는 원칙적으로 창작자가 저작자가 되지만 이 원칙에 예외가 있다. 창작자가 회사에 고용된 직원일 경우 업무상 저작물에 해당될 수 있으며 그런 경우 그 회사가 저작권을 갖게 된다. 저작권법은 법인, 단체, 그 밖의 사용자가 기획을 하고 그 법인에서 근무하는 사람이 업무상 작성하는 저작물을 업무상 저작물로 정하고 있다. 별도의 계약이 없는 한 그 법인이 저작자가 된다. 실질적으로 창작을 하는 것은 사람, 즉 자연인이다. 법적으로 인정되는 회사(법인)는 실체가 있는 것이 아니므로 회사가 창작을 하여 책을 내거나 디자인을 한다는 것은 그 회사의 구성원(자연인)이 저작활동을 하는 것이다. 업무상 저작물은 예외적인 것이므로 법원도 법 적용을 할 때 제한적으로 해석하고 확대하거나 유추적용하지 않고 있다.

디자인팀에서 근무했던 K팀장이 제작했던 일러스트레이션 파일은 업무상 제작한 것이 분명하고 그 출판사 직원으로 근무한 것이 명백하므로 그 일러스트레이션 파일은 업무상 저작물이다. 그러므로 출판사가 저작권자이다. 퇴사한 K팀장이 그 일러스트레이션 파일을 그 출판사의 허락 없이 사용한다면 저작권 침해가 될 수 있다. 저작권이나 특허권 같은 지적재산권이 근무 중에 발생할 때에는 권리를 어떻게 할 것인지 근로계약서에 명시하거나 저작권법 교육을 통해 불필요한 분쟁을 예방하는 것이 좋다.

업무상 저작물로 인정받기 위한 조건

업무상 저작물이 되려면 첫째, 법인, 단체, 그 밖의 사용자가 저작물의 작성에 관하여 기획해야 한다. 둘째, 법인 등의 업무에 종사하는 사람에 의해 작성되어야 한다. 업무에 종사한다는 것은 사용관계가 있는 것을 의미한다. 사용관계란 사용자와 근로자 사이에 실질적인 지휘, 감독관계가 있는 것을 말하는데 위탁, 도급계약의 경우는 포함하지 않는다. 셋째, 업무상 작성하는 저작물이어야 한다. 그 저작물의 작성 자체가 업무와 관련되어 있어야 하는 것이다. 넷째, 법인 등의 명의로 공표되어야 하며, 다섯째, 계약 또는 근무규칙 등에 다르게 정하지 않을 것이 요구된다.

업무상 저작물로 인정되면 실제로 창작한 사람이 아닌 법인 등 사용자가 저작자로 되며 저작인격권과 저작재산권까지도 귀속되는 것으로 본다. 보호기간은 '공표된 때로부터' 70년간이다. 다만 창작한 때로부터 70년 이내에 공표되지 않은 때는 창작한 때부터 70년간 존속하는 것으로 본다. 업무상 저작물은 개인이 창작한 저작물과 차이가 있으며 업무상 저작물로 인정이 되면 그 회사가 저작권을 갖게 된다.

3

여러 저자와 계약하는 경우 저작권 문제

편집자로서 공동저자를 상대하는 일은 평소 업무보다 몇 배로 어렵다는 사실을 경험적으로 알고 있을 것이다. 모든 저자에게 일일이 연락하는 일뿐만 아니라 저작권 관계도 파악하여 문제없도록 처리해야 하기 때문이다.

저작자가 여러 명인 경우 권리관계가 복잡해진다. 출판계약을 할 때 세심한 주의가 필요하다. 저작자 수에 따라 단독·공동 저작물로 구분할 수 있다. 하나의 출판물 작성에 관여한 저작자가 한 명이면 단독저작물이고, 여러 명이면 공동저작물이 된다. 단독저작물의 경우는 문제되지 않으나 공동저작물의 경우 저작인격권과 재산권 행사에 원칙적으로 공동저작권자 전원의 합의가 필요하다. 합의가 안 되면 권리관계가 복잡해진다. 출판을 못 하게 되는 경우도 발생할 수 있다.

공동저작물과 결합저작물

저작자가 두 명 이상 존재한다는 점에서 공동저작물과 유사한 결합저작물이 있다. 공동저작물과 결합저작물의 구분은 일반적으로 저작물의 분리 이용 가능성에 따라 나눌 수 있다. 예를 들어 여행사진집의 경우 사진과 에세이 글이 함께 내용을 구성하는 경우, 사진은 A라는 사진작가가 찍고 글은 B가 썼다면 저작자가 두 명이 된다. 사진과 글은 분리하여 이용이 가능하므로 여행사진집은 결합저작물이다. 반면 전부 글로 이루어져 있고 공동저작자 중 누가 어느 부분을 창작했는지 명확하지 않거나 창작한 부분을 분리하면 이용할 수 없는 출판물이 될 때에는 공동저작물이 된다.

즉, '공동저작물'이란 '2인 이상이 공동으로 창작한 저작물로서 각자의 기여한 부분을 분리하여 이용할 수 없는 것'을 말한다. 희곡이나 방송용 대본의 경우 공동창작을 하는 경우가 많이 있다. 공동창작의 경우 창작자가 여러 명이다 보니 권리관계가 복잡해질 우려가 있다.

공동저작물과 결합저작물을 구별하는 이유는 저작권의 행사 방법이 다르기 때문이다. 공동저작물의 저작권 행사는 공동저작자 전원의 합의가 있어야 한다. 다른 저작재산권자의 동의가 없으면 공동저작물에 대한 지분을 양도할 수도 없고 질권을 설정할 수도 없다. 그러나 결합저작물의 경우는 각각의 저작자가 자신이 창작한 부분에 대해 각자 저작권 행사를 할 수 있다.

만화스토리작가와 만화가가 완성한 만화가 공동저작물이 되는지 문제가 되었다. 만화스토리작가가 스토리를 창작하여 시나리오 또는 콘티 형식으로 만화가에게 제공하고 만화가는 이에 기초하여 다양한 모양과 형식으로 장면을 구분하여 배치하는 등 그림 작업을 하여 만화를 완성했는데 누구에게 저작권이 있는지 분쟁이 발생한 것이다. 법원은 그 만화를 만화스토리작가와 만화가가 이를 만들기 위해 공동창작의 의사를 가지고 각각 맡은 부분의 창작을 함으로써 주제, 스토리와 그 연출 방법, 그림 등의 유기적인 결합으로 완성되었으므로 각 기여 부분을 분리하여 이용할 수 없는 공동저작물이라고 판단하였다.

이처럼 공동저작물은 2인 이상이 공동으로 창작한 저작물로서 각자의 기여한 부분을 분리하여 이용할 수 없는 것을 말한다. 여기에서 '공동의 창작 행위'는 공동창작의 의사를 가지고 공동저작자 모두 창작에 참여하는 것을 의미한다. 다만 시간과 장소를 같이해야만 하는 것은 아니고 다른 시간과 다른 장소에서도 공동저작자들이 공동창작의 의사를 가지고 각자 맡은 부분의 창작을 하여 각 기여 부분을 분리하여 이용할 수 없는 저작물이 되면 공동저작물에 해당한다. 각 기여 부분을 분리하여 이용할 수 없는 것은 그 분리가 불가능한 경우뿐만 아니라 분리할 수는 있지만 현실적으로 그 분리 이용이 불가능한 경우도 포함한다.

4

저작자의 권리

– 저작인격권

저작인격권은 저작재산권과 다른 속성이 있다. 저작재산권은 재산권이므로 다른 사람에게 팔거나 빌려주어서 재산적인 이득을 얻을 수 있다. 그러나 저작인격권은 저작자의 인격에 관한 권리이므로 일신전속적인 성질을 띠게 된다. 일신전속적이라는 것은 몸에 전적으로 속해 있어서 별도로 분리하여 양도할 수 없으며 사망하면 소멸되는 권리를 뜻한다. 저작인격권을 침해한다는 것은 저작자에 대한 명예훼손이 될 수 있다. 저작자가 사망하면 저작인격권은 소멸하게 되지만 일정한 경우에 '사망 후 인격권'이 인정된다.

공표권

최초로 공표할 수 있는 권리가 공표권이다. 저작자에게는 자신의 저작물을 공표할 것인지 결정할 수 있는 권리가 있다. 이 권리를 공표권이라고 하는데 저작물을 일반인들에게 공개하거나 발행하여 배포하는 것이 공표이다. 저작자가 저작물을 미공표 상태로 둘 수 있고 적절하게 공표 시기를 조절함으로써 저작물의 가치를 높일 수도 있다. 제3자가 무단으로 미공표 저작물을 공표하면 저작자의 공표권을 침해한 것이 된다. 일단 공표된 저작물은 미공표 상태로 되돌릴 수 없다. 즉, 일회성 권리인 셈이다.

공표권은 저작물이 미공표 상태일 때만 문제가 된다. 저작자가 미공표 저작물을 양도한 때에는 양도받은 사람에게 공표되지 않은 저작물의 출판권 설정 등을 한 경우 공표를 동의한 것으로 추정한다. 만약 저작물이 양도되었는데 저작자가 계속하여 공표권 행사를 주장하면 저작물 양수인은 저작물 이용에 큰 제약을 받게 되어 문제가 되므로 공표에 동의한 것으로 추정하는 법 규정을 둔 것이다.

2차적 저작물의 경우 원저작자의 동의를 얻어 작성된 2차적 저작물 또는 편집 저작물이 공표된 경우에는 그 원저작물도 공표된 것으로 간주된다. 원저작자의 동의 없이 2차적 저작물을 만들어 공표하였다면 원저작자의 공표권도 침해한 것이 된다.

2010년, 미국 대입시험인 SAT 시험문제가 학원강사들에 의해 유출된 사건이 발생한 적이 있다. 영어학원에서는 유사한 사건이 간혹 발생하고 있다. 모 영어학원 강사가 실제 토플시험을 보면서 문제를 베껴 와 수강생들에게 배포한 것이다. 미국에 저작권등록 된 토플 시험문제를 저작권자의 허락 없이 잡지와 단행본 등에 복제하여 사용하는 것은 저작권 침해 행위에 해당된다.

특히 시험문제가 외부에 공표된 것인지 여부가 논란이 되었는데, 공표란 저작물을 공연, 방송 또는 전시, 그 밖의 방법으로 일반 공중에게 공개하는 경우와 저작물을 발행하는 경우를 말한다. 토플 시험 주관기관은 토플 시험 응시생들에게 문제지의 소지, 유출을 허용하지 않고서 그대로 회수하였다. 이처럼 제한된 범위의 응시생들이 토플 시험을 치르는 행위만으로는 이를 공표라고 할 수 없다.

성명표시권

저작자는 자신이 창작한 저작물에 대해 자신의 실명이나 필명과 같은 이명을 표시할 권리가 있다. 저작자 이름을 표시함으로써 누가 저작자인지 밝히게 된다. 창작물은 정신적 자식이라고 할 정도이므로 저작자 표시는 저작자의 인격적 이익과 매우 밀접한 관계가 있다. 성명은 실명으로 표시할 수도 있고, 예명, 아명, 필명, 아호, 약칭 등등 여러 가지 방법으로 표시할 수도 있다. 저작물을 이용하는 사람은 그 저작자의 특별한 의사표시가 없는 때에는 저작자가 표시한 실명 또는 이명을 표시하면 된다. 저작자의 동의나 승낙 없이 그 성명을 표시하지 않았거나 다른 사람의 이름을 표시하여 그 저작물을 무단 복제한 자에 정신적 손해의 배상을 청구할 수 있다.

음악을 연주하거나 CD를 틀어서 노래를 들려주는 경우 성명표시를 일일이 할 수 없는 경우가 있다. 쇼핑 매장에서 음악을 들려주는 경우 일일이 곡의 제목이나 작사가, 작곡가를 알린다면 매장 분위기를 망칠 수 있어 곤란할 때가 있다. 이처럼 저작물의 성질이나 그 이용 목적 및 이용 형태에 비추어 부득이하다고 인정될 경우에는 저작자명을 생략할 수 있다. 연주회의 경우에는 팸플릿에 표시할 수 있다.

출판물의 경우는 특별히 표시하기 어려운 경우를 상상하기 어렵다. 음악과 다르므로 일일이 성명표시를 해야 한다. 오디오북이라면 음악과 유사하므로 부득이한 경우인지 아닌지 구체적인 상황에 따라 달라질 수 있다.

동일성유지권

저작자는 그의 저작물의 내용·형식 및 제호의 동일성을

유지할 권리가 있다. 저작물의 수정이나 증감은 저작자만이 할 수 있다. 저작자의 동의 없이 수정이나 증감된 저작물이 원저작물보다 더 좋아진다고 해도 동일성유지권 침해를 피할 수는 없다. 편집자가 저작자의 동의 없이 진행하는 이른바 '과도한 편집'은 동일성유지권에 관한 문제를 일으킬 수 있다. 단순한 오자, 탈자를 고치는 것은 동일성에 손상을 주지 않는다고 보는 것이 일반적이다. 저작물의 제목을 바꾸거나 내용의 중요한 일부분을 바꾸는 것은 동일성유지권 침해가 될 수 있다.

책에 수록하는 사진의 경우 원본을 그대로 사용하는 때에는 큰 문제가 없겠지만 책 표지에 사용하거나 다른 사진들과 배치하는 과정에서 크기를 변형한다거나 색감을 맞추기 위해 톤을 조절하는 경우가 있다. 이 경우 원본을 왜곡하거나 심한 변형을 일으키면 역시 동일성유지권이 문제될 수 있다.

저작권자의 동일성유지권이 제한되는 경우도 있다. 학교 교육 목적상 부득이한 경우, 그 밖에 저작물의 성질에 비추어 부득이한 경우에 저작자의 동일성유지권이 제한된다.

저작자 사망 후 인격권 보호

저작자가 사망한 후에 저작물을 이용하려는 사람은 그

저작자가 생존해 있었더라면 저작인격권의 침해가 될 행위를 해서는 안 된다. 저작인격권은 일신전속적인 성질에 따라 저작자의 사망과 동시에 소멸되지만 저작자의 인격적 이익보호를 위해 그 유족들에게 일정한 권리를 인정하고 있다. 다만 유족들이 청구할 수 있는 것은 침해금지나 명예회복을 위한 조치이며 손해배상청구는 인정되지 않는다.

작가가 현실의 인물과 사건을 서술할지라도 소설 속에서의 현실은 문학적 창작이 된다. 소설에서 모델이 된 사람의 명예를 훼손하는 경우에는 명예훼손 또는 인격권 침해를 이유로 그 소설의 출판금지를 구할 수 있다. 그 모델이 된 사람이 이미 사망한 경우에도 그 유족이 명예훼손 또는 인격권 침해를 이유로 그 금지를 구할 수 있다. 왜냐하면 인간은 적어도 사후에 명예를 중대하게 훼손시키는 일을 당하지 않을 것으로 기대될 때 살아 있는 동안 헌법상의 인간의 존엄과 가치가 보장되기 때문이다.

그러나 소설에서 개인의 명예가 훼손되거나 인격권이 침해되었다는 이유로 그 출판금지를 구하는 경우에는 헌법상 예술의 자유와 출판의 자유가 보장되어 있는 점에 비추어 볼 때 그 침해의 유형과 정도를 고려하여 개인의 명예가 중대하게 훼손된 경우에만 이를 인정해야 할 것이다.

소설 『무궁화꽃이 피었습니다』는 핵물리학자인 이휘소를 모델로 한 소설로서 이휘소에 대해 전반적으로 매우 긍정적으로 묘사하고 있다. 소설을 읽는 우리나라 독자들로

하여금 이휘소에 대해 존경과 흠모의 정을 불러일으킨다고 할 수 있다. 소설에서 이휘소 또는 그를 모델로 한 주인공의 모습이 이휘소의 실제 생활과 달리 묘사되어 유족들의 주관적인 감정에서 부분적으로 이휘소의 명예가 훼손되었다고 여겨질지라도 소설의 전체 내용에 비추어 사회통념상 이휘소의 명예가 훼손되었다고 볼 수도 없었다. 또한 작가들에게 이휘소의 명예를 훼손시키려는 의사가 있었다고 볼 수도 없다. 이휘소는 뛰어난 물리학자이자 우리나라 국민들에게 많은 귀감이 될 수 있는 사람으로서 공적 인물이 되었다고 할 것이다. 이러한 경우 이휘소와 유족들은 그들의 생활상이 공표되는 것을 어느 정도 인정해야 한다. 그러므로 이휘소나 유족들의 인격권 또는 프라이버시가 침해되었다고 볼 수도 없다(서울중앙지방법원 1995. 6. 23. 선고 94카합9230 판결).

출판 기획을 하다 보면 마케팅을 위해 공표 시기를 조절하거나 저작자의 이름을 다른 유명한 사람으로 대체하고 싶은 충동이 일어나게 된다. 공표권은 음반의 출시나 영화 개봉 시기 또는 서적의 출간 시기를 조절하여 홍보가 효과적으로 되도록 하는 데 필요한 권리이다. 공표에 대해 저작자가 크게 반대하는 경우는 드물다. 하지만 저작자의 이름을 바꾸는 일은 저자에게는 상당히 중요한 일이므로 각별한 주의가 필요하다.

저작자의 동일성유지권 때문에 책에 필요한 수정을 가하지 못할 수도 있다. 저자의 부족한 실력을 보충하거나 콘셉트에 따른 변경이 필요한 때에 편집자가 앞장서서 과감하게 수정하다가 저작자와 큰 충돌이 발생할 수 있다. 그러므로 사전에 미리 양해를 구하거나 계약 당시에 상호 협의에 의해 책 내용이 수정될 수 있다는 것을 계약 내용에 포함시키는 것이 좋다. 이미지 사진의 경우 웹사이트나 책에 실을 때 전체적인 톤을 맞추는 경우가 있다. 색조가 약간 변한 것에 대해 저작자와 상의하지 않으면 저작권 침해가 될 소지가 있다. 유명 사진작가의 사진을 다룰 때 간혹 발생할 수 있는 분쟁이다.

저작자 사망 후 인격권에 관해서는 크게 문제가 되지 않으나 논란이 된 "제임스딘" 사건이 유명하다. ㈜좋은사람들의 속옷 브랜드로 사용된 "제임스딘"에 대해 미국의 영화배우 제임스 딘 유족 측에서 문제를 제기해 왔다. 결국 이 사건은 속옷 이름과 영화배우 이름이 같지만 사후 인격권을 침해할 정도가 아니라는 판결이 났다.

우리 시대를 풍미했던 유명 인사가 사망한 후 책을 출간하거나 고인이 된 유명 인사의 이름을 상품명으로 쓰고 싶을 때 어떤 문제가 발생할 수 있는지 실력 있는 편집자라면 저작권을 충분히 고려해야 한다. 살아 있는 유명인의 책을 출판하는 경우에는 말할 것도 없다.

5

저작자의 권리
- 저작재산권

저작자는 저작물을 다른 사람이 이용할 수 있게 함으로써 경제적 이익을 얻을 수 있다. 저작물을 이용하게 하는 방법에는 저작재산권의 양도 또는 이용허락이 있다. 저작재산권의 양도는 양 당사자의 의사표시만으로 효력이 발생한다. 어떤 저작물의 저작권을 양도하고 양도받겠다는 뜻을 밝히면 저작권은 양도되는 것이다.

등록을 하지 않아도 양도효력이 발생하지만 양도사실을 등록하지 않으면 선의의 제3자에게 대항하지 못한다. 여기서 '선의의 제3자'는 착한 사람을 말하는 것이 아니라 이중양도 사실을 모르는 제3자를 말한다. '대항하지 못한다'는 뜻은 그 제3자에게 자신이 먼저 저작권을 양도받았다고 주장하지 못한다는 의미이다. 이것은 저작재산권을 이중 양도하는 경우 먼저 등록되어 있는 사람을 보호한다는 뜻이다. 실제로 저작자가 저작권을 어떤 사람에게 양도한 후 나중에 또 다른 사람에게도 양도할 수 있다. 이것을 이중양도라고 하는데 저작권법상 저작권 양도를 먼저 등록한 사람에게 권리를 인정한다.

저작재산권을 구성하는 각각의 권리를 나누어 일부를 양도하는 것도 가능하며 지분권의 양도도 가능하다. 경우에 따라서는 시간적 제한이나 장소적 제한을 두고 양도가 가능한데 이렇게 되면 계약의 성격상 이용허락으로 볼 수 있는 경우도 있다. 저작재산권은 재산권이므로 담보권 설정도 가능하다.

복제권

저작권자는 복제할 권리를 갖는다. 복제란 종이 복사, CD나 DVD 또는 하드 디스크와 같은 전자적 기록매체의 복사, 인쇄, 건축설계도대로 시공하는 등의 방법으로 동일한 내용의 저작물을 다수 만들어내는 것을 말한다. 재산권적인 의미로서 가장 기본적인 권리라고 볼 수 있다. 책을 출판한다면 원작을 그대로 인쇄하는 과정을 거치는데 이것이 복제이다. 저작권법상으로 복제가 되려면 유형물에 고정이 될 것이 필요하다. 저자의 원고를 책으로 출판하는 과정이 곧 복제이다.

공연권

희곡의 경우 어문저작물인데 그 내용으로 공연을 할 수 있다. 저작물을 이용하여 공연을 할 수 있는 권리가 공연권이다. 노래방에서 노래방기기의 음원에 따라 노래를 부르는 것도 공연에 해당한다. 출판물을 이용하여 낭독을 하는 일도 공연에 해당한다. 유튜브나 팟캐스트에서 책을 읽어주는 사람들이 점점 늘어나고 있다. 책의 일부를 낭독하는 일에는 저작권 문제가 없겠지만 책 전부를 읽는 행위에는 저작권 위반의 문제가 있다.

A출판사는 자사에서 출판한 토익 책으로 학원에서 강의를 하면서 웹사이트에 동영상 강의도 올리는 강사를 발견하였다. 영어 교재가 홍보되고 많이 팔리는 것은 좋은데 그 강사가 허락도 받지 않은 채 A출판사의 영어 교재로 동영상 강의를 해도 되는지 궁금해졌다. 게다가 토익 책 저자도 동영상 강의를 학원 사이트에서 온라인 서비스하고 있어서 저작권 침해가 아닌지 문의하였다.

저작권자의 허락 없이 동영상 강의를 제작하여 온라인 서비스하는 것은 저작권법 위반이 될 수 있다. 원저작자의 책을 사용해서 저자가 홍보되는 효과가 다소 있더라도 저작권 침해가 된다. 저작권의 여러 권리 중에서 어떤 권리의 침해일까. 책을 그대로 낭독하는 것은 공연권 위반이 될 수 있다. 그리고 책 내용을 동영상으로 제작하였으므로 2차적 저작물 작성권 침해가 될 수 있다. 저작자는 책과 그 책을 이용한 강의에 대해 권리가 있다.

책뿐만 아니라 강사들의 강의, 강의 자료 그리고 강의 교재에는 저작권이 있다. 다른 유명 강사의 강의를 듣고 그대로 따라 하며 강의하던 사람이 저작권 위반으로 처벌받은 적도 있다.

저작권자는 저작물의 공연권을 갖는다. 공연이란 저작물 또는 실연·음반·방송을 상연·연주·가창·구연·낭독·상영·재생 그 밖의 방법으로 공중에게 공개하는 것을 말한다. 강의나 강연도 공연에 해당되며 이러한 공연을 촬영하여 만든 동영상을 실행시켜서 일반인들에게 공개하는 것도 공연에 해당한다. 음악 CD를 재생하여 음악을 들려주는 것도 역시 공연에 해당한다.

여기서 '공중에게 공개하는 것'이란 불특정 다수인과 일부 특정 다수인에게 공개하는 것을 말한다. 공개된 장소에서 불특정 다수인을 대상으로 하거나 가족과 같은 개인적인 관계에 있는 범위를 넘어서는 특정 다수인을 대상으로 저작물을 공개하는 것이 공연에 해당된다. 일반 공중에게 공개한다는 뜻은 불특정인 누구에게나 요금을 내는 정도

외에 다른 제한 없이 공개된 장소 또는 통상적인 가족 및 친지의 범위를 넘는 다수인이 모여 있는 장소에서 저작물을 공개하는 것을 말한다.

책을 그대로 읽어주는 행위가 공연이므로 유튜브와 같이 공개적인 사이트에서 허락 없이 책을 그대로 읽는 행위는 저작자의 공연권을 위반할 수 있다. 유튜버가 우리 출판사 책을 읽어주면 마냥 좋아할 수도 없다. 저작권 침해도 막아야 하기 때문이다.

공중송신권

저작자는 공중송신권을 갖는다. 공중송신이란 저작물, 실연·음반·방송 또는 데이터베이스 등을 여러 사람들이 수신하거나 접근하게 할 목적으로 무선 또는 유선통신의 방법에 의해 송신하거나 이용에 제공하는 것을 말한다. 공중송신은 방송, 전송, 디지털음성송신 등을 포함하는 개념이다. 여기서 '공중'이란 하늘이나 허공을 뜻하는 것이 아니라 불특정 다수인과 일부 특정 다수인을 말한다.

방송국에서 영화 한 편을 시청할 수 있도록 송출하는 것은 '방송'이고 VOD서비스를 이용하여 영화를 볼 수 있게 하는 것은 '전송'에 해당된다. 방송은 동시성이 있어서 어떤 특정한 시간에만 영화를 볼 수 있는 것이고, 전송은 언제든 주문하여 영화를 볼 수 있도록 하는 것이다. 지상파방송, 케이블방송, DMB 등이 방송에 속하고 VOD, 인터넷 다시 보기, 인터넷 영화 서비스 등은 전송에 해당된다. 개인의 인터넷라디오방송, 팟캐스트 같은 것은 디지털 음성 송신 형태에 해당된다. 과거에는 나뉘어 있던 이 모든 권리가 공중송신권으로 묶였다. 저작권법이 바뀐 지 오래되었지만 여전히 '전송권' 같은 용어를 사용하는 출판계약서도 있다.

전시권

저작자는 미술저작물등의 원본이나 그 복제물을 전시할 권리를 가진다. 미술저작물등이란 사진, 건축물, 그림, 조각 기타 미술저작물들을 말한다. 저작자는 다른 사람에게 미술저작물등을 전시할 수 있도록 허락할 수 있는데, 바로 전시권이 있기 때문이다.

미공표 미술저작물의 원본을 양도, 판매한 때에는 그 상대방에게 저작물의 원본 방식에 의한 공표를 동의한 것으로 추정한다. 원본 방식의 공표란 원본 그림을 전시하는 것을 말하는 것이며 그림을 도록으로 만들거나 원본 전시가 아닌 다른 방식의 전시는 포함되지 않는다.

도서관에서 책을 전시하는 행사를 자주 한다. 책은 미술저작물로 취급하지 않는다. 도서관 이용자를 위한 책 전시를 하는데 도서관이 저작자나 출판사의 허락을 굳이 받아야 할 필요는 없다. 출판사 입장에서도 책을 도서관에 전시하는 데 굳이 반대할 이유도 없다.

배포권

저작자는 저작물의 원본이나 그 복제물을 배포할 권리를 가진다. 다만 '최초판매 이론'에 의해 저작물의 원본이나 그 복제물이 당해 저작재산권자의 허락을 받아 판매 등의 방법으로 거래에 제공된 경우 저작권자의 배포권이 제한된다. 즉, 정당하게 구입한 경우에는 저작권자의 권리가 소진된다는 의미이다.

복제와 배포는 다른 의미가 있다. 만약 책을 출판하면 복제가 되고 그 복제된 책을 다른 사람에게 팔면 배포가 된다. 이와 다르게 전자책을 출판하여 온라인 서비스를 하는 것은 공중송신에 해당한다. 저작권법상 배포는 유형물에만 해당한다.

대여권

저작자는 저작물의 원본이나 그 복제물이 그 저작재산

권자의 허락을 받아 판매 등의 방법으로 거래에 제공된 경우라도 상업용 음반을 영리를 목적으로 대여할 권리를 가진다. 대여권의 대상이 되는 것은 상업용 음반이나 프로그램만 인정되고 있다. 만화, 소설책, DVD와 같이 대여업이 일반적인 경우는 서로의 이해관계가 대립되고 있어서 대여권이 인정되지 않고 있다. 도서관에 비치된 책이나 영상물을 일반인이 대출하는 경우 저작권자에게는 그만큼 판매 기회가 줄어들게 되는 문제가 있다. 이에 대해 보상금을 주는 '공공대출권 제도'가 있는데 영국, 독일 등에서는 시행되고 있지만 우리나라는 도입하지 않고 있다.

2차적 저작물 작성권

2차적 저작물이란 저작자가 창작한 원작을 바탕으로 드라마, 영화 등 새로운 형태의 저작물로 변형한 저작물을 말한다. 2차적 저작물을 작성할 수 있도록 허락해 줄 수 있는 권리도 저작자에게 있다. 만약 출판사가 2차적 저작물에 관한 이용허락이나 저작권 징수 등을 하려고 한다면 저작자의 위임을 받아야 한다. 관련 업무를 출판사에 위임하면 발생한 수익에 대해 저작권자와 출판사가 수익 배분을 하게 된다. 관행적으로 출판사에서 저작자를 대신하여 저작권료를 징수하는데 저작자와 분쟁이 자주 발생하고 있다. 출판계약을 통해서 권리관계를 명확히 할 필요가 있다.

저작권법에서는 저작자의 2차적 저작물 작성권에 대해 저작자에게 유리하게 규정하고 있다. 저작재산권의 양도계약 시 '저작재산권 전부를 양도하는 경우에 특약이 없는 때에는 2차적 저작물을 작성하여 이용할 권리는 포함되지 아니한 것으로 추정한다'라고 정하고 있다(저작권법 제45조 제2항). 아직 창작되지 않은 2차적 저작물에 관한 부분까지 출판사에 양도되는 것으로 본다면 저작자에게 매우 불공정하다는 것이 공정거래위원회의 입장이기도 하다. 즉, 저작자가 더 나은 조건으로 제3자와 계약할 수 있는 권리를 미리 박탈하는 결과가 되기 때문이다.

문화체육관광부의 보도자료에 따르면, 창작물의 가치 제고와 창작자의 공정한 권익 확보를 위해 저작권법 전부 개정을 추진 중에 있다. 모든 콘텐츠 산업의 원천인 창작의 가치를 높이고 창작자가 저작물의 이용과 유통 시장에서 소외받지 않도록, 창작자가 저작권을 이용자에게 양도한 경우라 하더라도, 창작자와 저작물 이용자(저작권을 양도받은 자) 간의 수익이 크게 불균형한 상황이 된다면 창작자가 계약을 변경하거나 추가적인 보상을 청구할 수 있는 권리(일명 추가 보상 청구권) 도입을 검토하고 있다고 발표했다. 다만 저작물 이용자의 안정성이 흔들리지 않도록 일정 기간 내에만 청구할 수 있도록 하는 등 제한을 두는 것을 함께 검토하고 있다(문화체육관광부 보도자료 2020. 7. 1).

6

출판권과 배타적발행권

출판은 글이나 그림 또는 사진 등으로 구성된 저작물을 복제, 배포하는 것이므로 저작재산권자의 경제적 이익과 밀접한 관련이 있다. 저작권자가 출판사와 출판계약을 할 때 '계약 자유의 원칙'에 따라 공정한 거래질서 및 선량한 풍속에 위반되는 계약 내용이 아닌 한 어떠한 조건으로도 계약을 할 수 있다. 일반적으로 출판허락계약과 출판권 설정계약이 있는데 저작권법에서 말하는 출판권은 출판허락계약이 아닌 출판권 설정계약에서 발생하는 것을 의미한다. 출판권 설정을 등록하면 제3자에 대해서도 대항할 수 있는 효력이 발생한다.

출판권자의 의무

저작물을 복제·배포할 권리를 가진 복제권자는 그 저작물을 인쇄 그 밖에 이와 유사한 방법으로 문서 또는 도화로 발행하고자 하는 자에 대해 이를 출판할 권리(출판권)를 설정할 수 있다. 출판권을 설정받은 출판권자는 그 출판권의 목적인 저작물을 원작 그대로 출판할 권리를 가진다. '원작 그대로'의 의미는 개작을 못 한다는 것이지 오자, 탈자 등은 수정할 수 있다.

출판권자는 특약이 없는 때에는 출판권의 목적인 저작물을 복제하기 위하여 필요한 원고 또는 이에 상당하는 물건을 받은 날부터 9월 이내에 이를 출판해야 한다. 9개월 이내에 출판하지 못할 사정이 있는 경우 별도로 저작권자와 출판사가 합의하여 정하면 된다. 별도로 정함이 없는 때에는 관행에 따라 그 저작물을 계속하여 출판해야 하며 각 출판물에 복제권자의 표지를 해야 한다.

출판권자가 저작물을 다시 출판하는 경우에 저작자는 정당한 범위 안에서 그 저작물의 내용을 수정하거나 증감할 수 있다. 출판권자는 그때마다 미리 저작자에게 그 사실을 알려야 한다. 미리 알리지 않으면 처벌받을 수 있다.

출판권은 특약이 없는 때에는 맨 처음 출판한 날로부터 3년간 존속한다. 복제권자는 출판권 존속기간 중 그 출판권의 목적인 저작물의 저작자가 사망한 때에는 저작자를 위하여 저작물을 전집 그 밖의 편집물에 수록하거나 전집 그 밖의 편집물의 일부인 저작물을 분리하여 이를 따로 출판할 수 있다.

저작권자의 권리

복제권자는 출판권자가 원고를 받은 날부터 9월 이내에 이를 출판하지 않거나 계속 출판하지 않을 시, 6월 이상의 기간을 정하여 그 이행을 최고하고 그 기간 내에 이행하지 아니하는 때에는 출판권의 소멸을 통고할 수 있다. 만약 출판권자가 출판이 불가능하거나 출판할 의사가 없음이 명백한 경우에는 즉시 출판권의 소멸을 통고할 수 있다. 이렇게 출판권의 소멸을 통고한 경우에는 출판권자가 통고를 받은 때에 출판권이 소멸한 것으로 본다.

출판권이 그 존속기간의 만료 그 밖의 사유로 소멸된 경우에는 그 출판권을 가지고 있던 자는 특약이 있거나 출판권의 존속기간 중 복제권자에게 그 저작물의 출판에 따른 대가를 지급하고 그 대가에 상응하는 부수의 출판물을 배포하는 경우를 제외하고는 그 출판권의 존속기간 중 만들어진 출판물을 배포할 수 없다. 출판권은 복제권자의 동의 없이 양도할 수 없다.

배타적발행권은 한미 FTA 체결로 인하여 2011년에 신설되었다. 저작물을 발행하거나 복제·전송하는 방법으로 이용하고자 하는 자에게 배타적 권리를 부여하였다. 전자책을 온라인상에서 전자출판하여 유통하려는 자에게 준물권적 권리를 인정하게 되었다.

전자책이 출현함에 따라 기존 종이책 출판을 전제로 한 출판권에 관한 저작권법 규정과 별도로 전자책 등을 발행하는 데 필요한 권리를 설정할 수 있도록 신설한 것이다. 세부 사항은 출판권과 동일하며 규율하는 범위는 종이책이 아니라 온라인으로 서비스되거나 CD 등 유형물로 저장 서비스되는 전자책 등이다.

7

저작권이 제한되는 경우

정치인의 연설 사용

정치인의 연설을 출판하려고 할 때 저작권이 제한되는지 확인해야 한다. 정치인의 공개적인 연설을 책으로 수록하는 일이 흔하다. 공개적으로 행한 정치적 연설 및 법정·국회 또는 지방의회에서 공개적으로 행한 진술은 어떠한 방법으로도 이용할 수 있다. 국민의 알권리 충족 차원에서 많은 사람들에게 전달되어야 할 필요가 있어서 규정되었다. 이용 방법의 제한이 없으므로 동일성이 유지되는 범위 안에서 연설을 번역하거나 복제하여 출판해도 저작재산권이 문제되지 않다. 다만 동일한 저작자의 연설이나 진술을 편집하여 이용하는 경우에는 저작재산권이 제한되지 않으므로 이용허락을 받아야 한다. 편집을 하면서 원문의 의미가 제대로 전달되지 않고 왜곡될 수 있기 때문이다. 이것은 정치인의 연설이므로 유명인의 연설은 해당되지 않는다.

서거한 전직 대통령의 연설 중에서 핵심적인 부분을 모아서 기념출판을 하려고 하는데 TV에 방송된 것이고 유튜브에도 올라와 있으니 그냥 책으로 만들고 싶은 충동이 생길 수 있다. 우선적으로 판단할 것은 저작권이 유효한지 여부이다. 연설자가 사망하였으므로 저작권의 보호기간은 사망 후 70년까지이다. 아직 70년이 경과되지 않았다면 저작권은 유효하다. 공개적으로 행하는 정치적 연설은 저작권법에 의해 저작재산권이 제한되므로 누구나 사용 가능하다. 다만 동일한 저작자의 연설이나 진술을 편집하여 이용하려면 이용허락을 받아야 한다. 연설의 핵심적인 부분을 모아서 출판한다고 하였으므로 편집물을 만들려는 것으로 추정된다. 그러므로 이 경우는 동일한 저작자의 연설이나 진술을 편집하여 이용하려는 경우에 해당되므로 이용허락을 받아야 한다. 저작자의 인격적 이익을 보호하기 위한 것이다.

그런데 핵심적인 연설이 담긴 부분만 편집하여 출판하려고 할 때 연설자가 이미 사망하였으므로 누구의 허락을 받아야 할까. 저작재산권은 재산적 가치가 있는 것으로서 상속이 된다. 그러므로 유족들에게 이용허락을 받아야 하는 것이 원칙이다.

시사보도를 위한 사용

시사보도를 위해 저작물을 이용할 수 있다. 방송·신문 그 밖의 방법에 의해 시사보도를 하는 경우에 그 과정에서 보이거나 들리는 저작물은 보도를 위한 정당한 범위 안에서 복제·배포·공연 또는 공중송신할 수 있다. 언론에서 뉴스를 보도하는 경우 취재 과정에서 저작물이 보이거나 들릴 수 있는데 정당한 범위 내에서 허용된다. 예를 들어 TV에서 보령 머드축제를 보도하면서 축제 현장에서 들려오는 음악이 함께 방송되거나 인터뷰하는 사람 뒤로 미술작품이나 공연 장면이 부득이하게 보이는 경우가 있을 수 있다. 이렇게 시사보도에 필요한 범위 내에서 이러한 저작물을 복제·배포·공연 또는 공중송신할 수 있다. 시사보도하는 과정에서 우발적으로 보이거나 들리는 저작물에 대해 원활한 이용을 허용하기 위해 규정한 것이다.

책 출판은 시사보도가 아니므로 해당되지 않는다. 출판도 시사보도처럼 생각해서 아이돌 스타의 사진을 무단으로 사용한 책이 있었는데 결국 법원에서 저작권 침해 판결을 받았다.

시각장애인을 위한 사용

시각장애인 등을 위해 저작물을 복제할 수 있다. 공표된 저작물은 시각장애인 등을 위하여 점자로 복제·배포할 수 있다. 영리를 목적으로 하더라도 점자로 복제·배포할 수 있다. 시각장애인 등의 복리 증진을 목적으로 하는 시설은 비영리로 시각장애인의 이용에 제공하기 위해 공표된 어문 저작물을 녹음하거나 시각장애인 등을 위한 전용 기록 방식으로 복제·배포 또는 전송할 수 있다. 오디오북과 같은 음성 녹음물이 시각장애인에게 비영리적으로 제공될 때에만 자유이용이 가능한 것이지 영리적인 목적이거나 또는 일반인을 위한 녹음물인 경우에는 저작권자의 이용허락을 받아야 한다.

법적으로 보호받지 못하는 저작물

아래와 같이 법적으로 보호받지 못하는 저작물도 있다. 저작권법으로 보호받지 못하는 저작물은 자유사용이 가능하다. 공공의 이익을 위해 일정한 저작물을 저작권법의 보호를 받지 못하는 저작물로 규정하고 있다.

① 헌법·법률·조약·명령·조례 및 규칙

② 국가 또는 지방자치단체의 고시·공고·훈령

③ 법원의 판결·결정·명령 및 심판에 의한 의결·결정

④ 국가 또는 지방자치단체가 작성한 제1~3호에 규정된 것의 편집물 또는 번역물

⑤ 사실 전달에 불과한 시사보도

5호에서 사실 전달에 불과한 시사보도는 보호되지 않지만 모든 신문기사가 해당하는 것은 아니므로 주의가 필요하다.

'사실 전달에 불과한 시사보도'의 의미

법을 해석할 때 그 취지에 따라 해석을 해야 한다. 상식적인 수준에서 해석을 하면 오해할 수 있다. 이것은 저작권법 조항 중에서 흔히 착오를 일으키는 규정이다. 신문기사는 대부분 사실 전달이므로 보호받지 못하는 저작물이라고 믿는 사람들이 많다. 신문은 사설, 칼럼, 보도사진, 투고문, 기사 등 여러 가지 콘텐츠를 포함하고 있다. 칼럼이나 논평, 독자들의 기고문 같은 것은 저작물로 인정받는 데는 거의 논란이 없다. 다만 기자들이 작성하는 기사의 경우 사실 전달이므로 저작권법상 보호받지 못하는 저작물이라고 생각하는 사람들이 많다. 이 규정에서 말하는 사실 전달에 불과한 것은 부고, 인사동정과 같은 간단한 사건의 단순한 사실

보도인 경우를 말한다. 육하원칙에 의한 사실만 단순히 나열한 경우를 말하는데, 주식 시세는 해당이 되지만 주식 분석 기사는 해당되지 않는다.

시사보도는 여러 가지 정보를 정확하고 신속하게 전달하기 위해서 간결하고 정형적인 표현을 사용하는 것이 일반적이다. 시사보도에 창작적인 요소가 개입될 여지가 적다는 특징을 고려한 것이다. 독창적이고 개성 있는 표현 수준에 이르지 않고 단순히 '사실 전달에 불과한 시사보도'는 저작권법의 보호대상에서 제외된다.

여기서 중요한 점은 '단순히 사실 전달에 불과한' 보도만 해당된다는 점이다. 단순히 사실 전달이 아니라 분석 기사나 기자의 평가, 논평 등이 포함되어 있으면 창작성이 인정되어 저작권 보호를 받는 저작물이 된다. 신문이나 방송 뉴스를 보면 사실 전달과 함께 분석 기사를 동반하는 방식이 일반적이다. 같은 뉴스 안에서도 사실 전달 부분과 분석 기사 부분은 구분할 수 있으므로 책에 뉴스 기사를 수록할 때 주의가 필요하다.

시험문제로 복제

비영리적인 경우 시험문제로 복제할 수 있다. 학교의 입학시험 그 밖에 학식 및 기능에 관한 시험 또는 검정을 위하여 필요한 경우에는 그 목적을 위하여 정당한 범위에서 공표된 저작물을 복제·배포 또는 공중송신할 수 있다. 다만 영리를 목적으로 하는 경우에는 별도의 이용허락을 받아야 한다.

시험문제의 경우 시험이라는 특성상 비밀을 유지해야 하고, 사전에 이용허락을 받기 곤란하므로 비영리적인 시험문제라면 저작권자의 사용수익권을 크게 해치지 않는다고 보아 자유이용을 허용하고 있다. 시험에 이용할 수 있는 저작물은 공표된 것으로서 시험 목적에 필요한 정당한 범위 내에서 이용해야 한다. 대형 입시학원에서 영리를 목적으로 시험을 치르는 경우는 해당되지 않는다.

8

다른 출판물의 인용

공표된 저작물을 정당하게 인용하는 경우 출처 표시를 하고 인용할 수 있다. 공표된 저작물은 보도·비평·교육·연구 등을 위해서는 정당한 범위 안에서 공정한 관행에 합치되게 이를 인용할 수 있다(저작권법 제28조). 출처의 표시는 저작물의 이용 상황에 따라 합리적이라고 인정되는 방법으로 해야 하며, 저작자의 실명 또는 이명(필명)이 표시된 저작물인 경우에는 그 실명 또는 이명(필명)을 명시해야 한다.

공표된 저작물을 정당한 범위 안에서 공정한 관행에 따라 인용하는 경우에는 저작재산권자의 허락이 없어도 인용이 가능하다. 상업적 이익을 목적으로 하는 경우라도 인용이 가능하다. 보도·비평·교육·연구 등은 인용의 예시일 뿐

이외에도 정당한 범위 안에서 공정한 관행에 따라 인용이 가능하다.

실무적인 문제는 정당한 범위가 어느 정도까지인지 몇 페이지를 사용해야 문제가 안 되는지, 공정한 관행은 무엇인지 등이 불명확하다는 데에 있다. 정당한 범위란 인용하는 내용이 주가 되고 인용되는 내용이 종적인 위치에 있어야 한다. 즉, 질적으로나 양적으로 주종관계에 있어야 하는데 인용되는 분량이 인용하는 부분보다 많거나 과다한 인용은 공정한 인용으로 볼 수 없다. 인용되는 부분이 과다하여 시장 수요를 대체할 정도가 된다면 주종관계에 있다거나 공정한 관행에 따라서 인용했다고 보기 어렵다. 인용되는 내용이 많다면 정당한 범위의 인용이 아니라 저작물의 이용이 될 수 있기 때문이다. 예를 들어 김수영 시인의 시를 분석한 책이 있을 때 시 자체의 연구를 위해 한 줄씩 기재하고 그 의미를 쓰거나, 연구한 논문이나 또는 자신의 시문학 이론을 뒷받침하기 위해 그 시를 부분적으로 이용할 수 있는데 이러한 인용 형태는 공정한 인용이 될 수 있다.

인용과 이용의 차이

주의해야 할 것은 '인용'과 '이용'의 차이점이다. 저작권법 제28조에서 말하는 것은 정당한 범위 안에서의 공정한 인용이다. 인용은 자기의 주장을 뒷받침하기 위해 다른 저작물의 일부를 끌어다 쓰는 것이므로 자기의 주장이나 글이 주요한 부분이 된다. 반면 이용이란 타인의 저작물을 일부이든 전부이든 그 형태와 목적에 따라 사용하는 것을 말한다.

공정한 관행이 무엇인지 정해놓은 것이 없으므로 판례를 보고 유추하거나 최종적으로 법원의 판단에 따라 결정될 수밖에 없다. 법원의 판단이란 소송을 의미한다. 공정한 관행이 무엇인지 알아내기 위해 일일이 소송을 한다면 지극히 불행한 일이 아닐 수 없다. 또한 공정한 관행이란 찾기 어렵다. 대개 관행은 부정적이며 고질적인 문제를 일으키기 때문이다. 기존 관행 중에서 보존하고 지켜져야 할 관행이 있는지 출판업계가 잘 찾아야 할 것이다.

출처 표시만 하면 정당한 사용이 되는 것일까. 그렇지 않다. 출처 표시는 필수 사항이지만 출처 표시를 했다고 해서 모든 책임에서 벗어나는 것은 아니다. 출처 표시를 하면 침해가 아니라고 오해하는 사람들이 상당히 많다. 물론 출처를 표시한다면 복사해서 사용해도 좋다는 표시를 해놓은 글은 마음대로 사용해도 저작권 침해가 되지 않는다.

인용할 때에도 몇 가지 조건이 있다. 인용하려는 저작물은 공표된 것이어야 한다. 토플시험(PBT)과 같이 문제지를 외부에 유출하지 않고 시험문제를 제한적으로 공개하고 제한된 응시생에게 시험을 치르는 것은 공표되었다고 볼 수 없다. 이렇게 보안이 유지된 상태의 시험문제는 공표되지 않은 것이므로 자유롭게 '인용'할 수 없다.

인용은 정당한 범위 내여야 한다. 정당한 범위라는 것은 세 장 이하를 인용하면 정당하다는 식으로 정해져 있지 않다. 사회통념에 의해 판단을 하게 되며 인용하는 저작물과 인용되는 저작물이 양적인 주종관계에 있는지뿐만 아니라 질적으로도 주종관계에 있는지 판단하게 된다. 인용되는 저작물의 양이 지나치게 많아 원저작물에 대한 시장의 수요를 대체할 정도가 된다면 정당한 인용으로 보기 어렵다.

인용의 목적과 방법이 공정한 관행에 합치해야 한다. 저작물을 이용하는 분야의 관행이 존재하는지도 확인이 필요하다. 학술 논문의 경우 자신의 연구논문을 뒷받침하기 위한 자료로 관련 연구 분야의 다른 저작자의 저작물을 인용하는 것은 일반적인 관행이다. 그러나 상업적인 성격이 강한 광고를 제작하면서 이용허락 없이 저작권이 있는 음악이나 배경 사진을 사용했다면 공정한 관행에 의한 사용으로 보기 어렵다.

인용하는 방법도 공정한 관행에 합치해야 한다. 즉, 인용되는 부분을 마치 자신의 저작물인 듯 보이게 해서는 안 된다. 출처를 표시해야 하고 함부로 수정하거나 변경하여 동일성을 훼손해서도 안 된다.

검색용 책 표지 이미지 파일

서점의 웹사이트를 보면 책 이미지가 조그맣게 나오고 클릭하면 원본이 나타나는 것을 볼 수 있다. 이것을 섬네일 이미지라고 하는데 포털사이트들이 섬네일 이미지의 형태로 검색 결과를 보여주기 시작하면서 게시된 사진들이 원 사진의 저작권을 침해한 것인지 문제가 된 적이 있다.

사이트에서 제공된 사진은 사진작가의 개인 홈페이지에서 이미 공표된 것이었다. 섬네일 이미지를 제공한 주요 목적은 보다 나은 검색 서비스를 제공하기 위해 이미지를 축소된 형태로 목록화하여 검색 서비스 이용에 제공하는 것이지 사진을 예술작품으로서 전시하거나 판매하기 위해 사이트에 게시한 것이 아니었다. 사진작가의 사진작품은 심미적이고 예술적인 목적을 가지고 있다고 할 수 있는 반면, 사이트에 이미지화된 사진작품의 크기는 원본에 비해 훨씬 작은 가로 3㎝, 세로 2.5㎝ 정도였다. 이를 클릭하는 경우 독립된 창으로 뜬다고 하더라도 가로 4㎝, 세로 3㎝ 정도로 확대될 뿐이고 원본 사진과 같은 크기로 확대한 후 보정 작업을 거친다 하더라도 열화현상으로 작품으로서의 사진을 감상하기는 어렵다. 그러므로 사진작가의 사진을 그 본질적인 면에서 사용한 것으로는 보기 어렵다. 검색 사이트의 섬네일 이미지에 기재된 주소를 통해 여러 홈페이지를 거쳐 순차적으로 링크됨으로써 이용자들을 결국 사진작가의 홈페이지로 끌어들이게 되는 만큼 이미지 검색에 제공하기 위하여 압축된 크기의 이미지로 게시한 것이 작품사진에 대한 수요를 줄이고 저작권 침해의 가능성을 높이는 것으로 보기도 어렵다.

섬네일 이미지의 사용은 검색 사이트를 이용하는 사용자들에게 보다 완결된 정보를 제공하기 위한 공익적 측면이 강한 점 등을 종합해 보면, 이러한 사용은 정당한 범위 안에서 공정한 관행에 합치되게 사용한 것으로 볼 수 있다.

이것은 책 소개를 위해 책 표지 이미지를 작게 사용하는 것에도 적용해 볼 수 있다. 책 표지는 저작물이지만 책 소개를 위한 섬네일 이미지 등으로 이용하는 것은 공정한 이용이라고 볼 수 있다.

책, 논문 등에 다른 책에 있는 사진과 표를 넣으면서 이용허락을 받지 않고 사용해도 되는지 문제가 된다. 사진은 세계 여러 도시의 경관을 찍은 것이고, 표는 각 도시의 성폭력 사건 분포에 관한 수치이다. 원저자에게 연락을 해서 사용허락을 받기가 번거로운데 꼭 허락을 받고 사용해야 되는지 고민될 때가 있다. 재수록이나 인용을 하는 경우가 이에 해당한다.

학위논문이나 책에 다른 저작자의 사진이나 글, 표 등을 인용할 수 있다. 정당한 범위 내의 적절한 분량이라면 위법하지 않은 정당한 인용에 해당된다. 정당한 인용 방식으로 사용하면 원작자에게 연락해 허락을 받을 필요도 없다. 도시 경관 사진은 창작성이 있을 가능성이 높기 때문에 반드시 원저작자의 허락을 받고 사용하는 것이 불필요한 오해를 막을 수 있다. 표의 경우에는 단순한 사건 분포에 관한 것인지 아니면 표를 편집저작물로 볼 수 있을 정도로 수치의 배열 또는 분류에 창작성이 있는지 별도로 검토해야 한다. 단순히 사건 수만 나열된 표라면 보호받는 저작물이 아닐 수 있다.

다른 사람의 저작물에 대해 이용허락을 받지 않아도 정당한 범위 내에서 보도, 비평, 교육, 연구 등을 할 수 있다. 상업적으로 이용할 때도 정당한 범위 내라면 허용된다. 다만 상업적일 때에는 정당한 범위를 비영리적일 때보다 좁게 보는 것이 일반적이다. 학위논문이나 책은 비평이나 연구에 해당되어 허락을 받지 않고 사용할 수 있다. 다만 사진과 표의 특성상 전부를 인용해야 하므로 정당한 범위의 인용인지가 문제될 수도 있다.

인용을 할 때 주의할 점은 반드시 원저작자의 성명과 출처를 명시해야 한다는 점이다. 원저작자에게는 자신의 성명을 표시할 권리가 있기 때문이다. 성명을 잘못 표시하면 저작인격권 침해가 될 수 있다.

9

사적복제의 범위

개인적 이용을 위해 출판물을 '사적복제'할 수 있다. 공표된 저작물을 영리를 목적으로 하지 아니하고 개인적으로 이용하거나 가정 및 이에 준하는 한정된 범위 안에서 이용하는 경우에는 그 이용자는 이를 복제할 수 있다. 다만 공중의 사용에 제공하기 위해 설치된 복사기기, 스캐너, 사진기 등에 의한 복제는 허용되지 않는다.

즉, 공표된 출판물을 비영리적 목적으로 개인적으로 이용하거나 가정과 같이 한정된 범위 안에서 이용하는 경우에는 자유롭게 복제할 수 있다. 다만 누구나 사용할 수 있도록 설치된 복사기기, 스캐너, 사진기 등에 의한 복제는 사적 이용으로 볼 수 없다(저작권법 제30조). 한정된 공간에서 개인적인 책 이용까지 규제하기 어렵고 지극히 개인적인 용도의 사용은 허용하여 저작물의 이용을 자유롭게 하기 위함이다.

원래는 저작재산권 침해에 해당하는 것이지만 개인적인 영역에서 개인적인 활동의 자유를 보장하고, 저작물 이용자에게 저작권을 행사하는 것이 비용도 많이 드는 문제를 고려한 것이다.

사적복제란 혼자 힘으로 스스로 복사하는 것이 아니라 개인이 저작물을 집에 있는 복사기를 이용하여 비영리적으로 사용하는 것을 말한다. 복제의 수단과 방법은 제한이 없으나 전문적으로 복사를 해주는 영업소나 여러 사람들이 사용할 수 있도록 설치된 복사기기에서 복제하는 것은 허용되지 않는다. 개인적인 또는 가정적인 이용이므로 출처 명시의무도 면제된다.

예외적인 허용이므로 사적복제도 제한 사항이 있다. 공표된 저작물만 해당이 되며 영리를 목적으로 하지 않아야 한다. 개인적으로 복제해서 판매하면 이미 개인적인 용도의 사용이 아니다. 사적인 이용이더라도 분량적인 면에서 일부분만 허용되며 저작물 전부를 복제하거나 여러 부수를 복제하여 사용하는 것은 허용되지 않는다. 이용자 스스로 복제를 하는 것을 전제로 한다. 복사업체에 복제를 맡기는 것은 허용되지 않는 것으로 해석된다. 예를 들어 자기 집에서 책의 일부분을 집에 있는 복사기로 복사해서 자료로 사용하는 정도를 말한다. 사적복제한 것을 다른 사람에게 배포하거나 스캔해서 인터넷에 배포하는 행위는 사적복제에 해당하지 않는다.

복제보상금

복제기술의 발달과 복제기기의 보급으로 사적복제에 의한 저작재산권자의 이익이 줄어드는 정도가 커지게 되어 이에 대한 보상으로 복제보상금제도를 운영하는 국가가 있다. 독일, 프랑스, 미국, 일본 등이 이 제도를 시행하고 있다. 이것은 일종의 부과금으로 복제기기 자체나 녹음테이프, 녹음기기 등 복제 관련 물품을 구입하는 사람에게 일정한 부과금을 부과하는 제도인데 복제를 하기도 전에 부과하는 것은 문제가 있고 모든 복제기기가 사적복제를 하는 것도 아니어서 비판을 받고 있다. 현재 우리나라에서는 복제보상금제도를 시행하지 않고 있다.

10

저작물의 공정한 이용

저작물의 통상적인 이용 방법과 충돌하지 아니하고 저작자의 정당한 이익을 부당하게 해치지 아니하는 경우에는 보도·비평·교육·연구 등을 위하여 저작물을 이용할 수 있다고 규정하고 있다(저작권법 제35조의5 제1항). 이것은 저작물일지라도 일정한 경우에는 무상으로 저작물을 이용할 수 있다는 의미이다.

이 법조항은 일반조항이므로 소송 시 법원에서 공정한 이용에 해당하는지 판단하게 된다. 저작권 제한 규정인 저작권법 제23조에서 제35조의4, 제101조의3부터 제101조의5까지 규정된 경우 외에 공정한 이용에 해당되는지 판단하게 된다. 공정이용 조항이 직접 적용되지 않는 경우는, 제

23조 재판 등에서의 복제, 제24조 정치적 연설 등의 이용, 제24조의2 공공저작물의 자유이용, 제25조 학교교육 목적 등에의 이용, 제26조 시사보도를 위한 이용, 제27조 시사적인 기사 및 논설의 복제 등, 제28조 공표된 저작물의 인용, 제29조 영리를 목적으로 하지 아니하는 공연·방송, 제30조 사적이용을 위한 복제, 제31조 도서관 등에서의 복제 등, 제32조 시험문제를 위한 복제 등, 제33조 시각장애인 등을 위한 복제 등, 제33조의2 청각장애인 등을 위한 복제 등, 제34조 방송사업자의 일시적 녹음·녹화, 제35조 미술저작물 등의 전시 또는 복제, 제35조의2 저작물 이용과정에서의 일시적 복제, 제35조의3 부수적 복제 등, 제35조의4 문화시설에 의한 복제 등, 제101조의3 프로그램의 저작재산권의 제한, 제101조의4 프로그램코드역분석, 제101조의5 정당한 이용자에 의한 보존을 위한 복제 등이다.

어떤 저작물의 이용 형태가 공정이용에 해당하는지 살펴보려면 저작물의 이용 형태가 영리성인지 또는 비영리성인지, 그 이용의 목적과 성격을 고려해야 한다. 영리성이 강한 이용이라면 공정이용의 범위가 축소될 것이다. 저작물의 종류 및 용도, 이용된 부분이 전체에서 차지하는 비중과 중요성, 현재 시장 또는 가치나 잠재적인 시장 또는 가치에 미치는 영향 등을 고려하여 종합적으로 판단한다.

일부 특별한 경우에 저작물의 통상적인 이용과 충돌하지 않고 권리자의 합법적 이익을 부당하게 해치지 않는 경우에 한정되므로 공정이용이 폭넓게 인정되는 듯 보이지 만 저작권자가 권리를 행사하는 경우 판단할 기준이 마련되어 있지 않아서 편집자들이 실무적으로 판단하기 어려울 것이다.

11

출판계약의 종류

출판계약서는 저자와 출판사가 책을 내기로 합의한 후 그 내용을 기재한 법률문서이다. 민법상 계약 자유의 원칙에 따라 저자와 출판사는 자유롭게 합의할 수 있다.

출판계약서 표준양식에는 ① 단순 출판허락계약, ② 독점적 출판허락계약, ③ 출판권 설정계약, ④ 저작재산권 양도계약의 네 가지가 있다. 이 중에서 저작권자와 출판사가 출판하려는 형태에 맞도록 계약서를 작성하면 된다. 일반적으로 '독점적 출판허락계약'이나 '출판권 설정계약'을 한다. 가장 많이 하는 계약 형태는 출판권 설정계약이다. 특히 '독점적 출판권 설정계약'을 한다. 특별한 사정이 없으면 독점적 출판권 설정계약을 하면 된다. 출판사는 저작권자와 독점적 출판허락을 내용으로 하는 출판계약서를 작성한 후 출판권등록을 하면 제3자에 대한 효력(대항력)이 있다.

계약은 어떤 일을 하려고 할 때 양 당사자가 서로의 의사를 확인하여 합의를 이루는 과정이다. 그 결과 계약서를 작성한다. 계약 내용의 주요 사항에 대해 계약의 양 당사자가 합의를 하지 않으면 계약은 성사되지 않는다. 그러므로 계약을 할 때 가장 중요한 것은 서로 계약 내용에 합의를 하였는지 여부이다. 계약 사항에 관해 합의가 되지 않은 상태에서 작성한 계약은 효력이 있다고 보기 어렵다.

출판계약서를 작성하는 행위는 저작권자와 출판사의 법률행위이다. 법률행위의 해석은 당사자가 그 표시행위에 부여한 객관적인 의미를 명백하게 확정하는 것이다. 객관적 의미가 불분명한 경우 동기, 경위, 당사자가 그 법률행위에 의해 달성하려는 목적과 진정한 의사, 거래 관행 등을 종합적으로 고찰하여 해석한다.

계약은 주로 문서로 한다. 말로 하는 구두계약도 법적인 효력이 있다. 하지만 말로 하는 계약은 계약 당사자의 말이 일치하지 않을 때 확인할 수 있는 방법이 많지 않다. 계약서는 당사자 사이에 주장하는 바가 서로 달라 분쟁이 발생하는 경우 이를 입증하기 위해 작성한다. 그러나 말로 한 구두계약은 입증이 어렵다. '내가 거짓말할 사람으로 보이냐'는 말은 계약의 세계에서 통하지 않는 말이다. 이런 순진한 말을 하는 저자나 출판사를 법적으로 보호하는 방법은 문서로 된 계약서를 작성하는 것이다.

계약서 작성이 일반화된 현재에도 출판계에는 여전히 구두계약이 성행하고 있기 때문에 강조하는 것이다. 계약서는 당연히 문서로 하는 것이라고 생각하는 사람과 우리 사이에 무슨 서류가 필요하냐는 식으로 대하는 사람들이 섞여 있다. 현실과 맞지 않는 관행을 고수할 필요는 없다. 관행이 새로운 법질서보다 더 좋거나 반드시 필요한 것이 아니라면 관행을 따를 것인지 곰곰이 생각해 봐야 한다. 계약서를 작성하지 않고 구두로 하는 경우 법적으로 불안정한 상태에 있는 것이므로 법적 분쟁, 즉 소송이 일어날 확률이 높아진다.

출판권은 저작재산권자가 책을 출판하려는 출판사에 저작재산권자의 저작물을 출판하는 데 이용하기 위한 배타적인 권리를 행사하여 발생하는 것이다. 저작재산권자는 자신의 저작권에 의해 출판권을 출판사에 설정할 수 있다. 그러므로 출판권을 설정할 수 있는 사람은 저작재산권자이다. 저작재산권이 없는 저자는 출판권 설정을 할 수 없다. 이것은 출판권 설정계약의 주체가 누구인지 결정하는 계약주체의 문제이므로 대단히 중요한 부분이다. 출판권 설정계약을 하려고 할 때 누가 저자인지가 아니라 누가 저작재산권자인지 먼저 파악해야 한다.

출판사가 출판권 또는 배타적발행권을 설정받으려면 저작재산권 중에서 특히 복제권이 있는 저작재산권와 설정계약을 해야 한다. 저작권을 구성하는 여러 권리는 이론적으로 각각 양도할 수 있다. 실제로 각 권리를 잘게 쪼개 여러 사람이 갖는 경우는 거의 없지만 원칙적으로 '복제권자'가 출판권과 배타적발행권을 설정할 수 있음을 주의해야 한다.

저작권자의 허락 없이 출판을 하게 되면 그것이 바로 저작권 침해로 이어진다. 저작권법은 저작권자에게 저작권을 인정하여 출판권 설정 또는 배타적발행권 설정을 하는 것을 허용함으로써 저작권 보호에 이바지하고 있다.

출판은 저작물을 일반 대중에게 공표하는 가장 기본적인 방법이며 역사적으로 다른 매체에 비해 가장 오래된 저작물 이용 방식이라고 볼 수 있다. 금속활자는 세계 최초로 우리나라에서 먼저 발명되었지만 금속활자를 이용해 인쇄하는 인쇄술은 구텐베르크에 의해 발명되었다. 인쇄기술의 발달로 출판물은 보다 많은 사람들이 이용할 수 있게 되었다. 오늘날 출판물의 영역이 다른 매체의 확대에 의해 줄어들었으나 여전히 저작물을 대중에게 전달하는 매체로서 중요한 위치를 차지하고 있다.

문화체육관광부에서는 출판계약서와 관련된 불필요한 분쟁을 예방하기 위해 표준계약서를 마련했다. 표준계약서를 사용하면 출판계약을 하는 데 편리하다. 하지만 표준계약서라고 해도 이름만 기재하면 끝나는 것이 아니다. 계약 내용들의 의미를 알고 계약하는 것이 가장 중요하다. 출판하려는 목적에 맞는지 확인하고, 추가 합의한 내용은 특약 사항에 기재해야 한다. 저자에게 유리하거나 불리한 점, 출판사에 유리하거나 불리한 점을 살펴보고 적절히 협의하여 계약서를 작성하면 된다.

중요한 점은 저작권자와 출판사가 합의한 내용이 출판 계약서에 제대로 반영되었는지 여부이다. 표준계약서는 내용에 따라 여러 종류가 있으므로 정확하게 선택해서 작성해야 한다.

12

출판계약서 작성 시 주의 사항

계약서를 아무리 잘 써도 계약 당사자가 성실히 이행하지 않는다면 실제로 일을 추진할 때 상당한 어려움이 있다. 계약서를 작성하는 이유는 서로의 권리와 의무 이행을 명확하게 하는 데 있다. 결국 문제가 발생했을 때 누구의 책임인지 밝히는 기준이 되며 계약대로 이행이 되었는지 확인할 수 있는 중요한 근거가 된다. 마지막으로 희망을 걸 수 있는 것이 계약서이기 때문에 중요하게 여기는 것이다. 저작권과 관련된 질문 중에는 계약서에 관한 부분들이 많이 있다. 특별히 저작권에 관해 계약을 할 때 주의할 점도 있지만 일반적으로 계약서를 어떻게 작성해야 하는지 실무적인 부분도 중요하다.

계약서를 작성하지 않거나 계약 내용이 불명확할 때에는 그 계약의 내용, 동기, 계약에 이르는 경위, 계약 당사자들의 목적, 진정한 의사, 거래 관행 등을 종합적으로 검토하여 합리적으로 해석하게 된다. 이러한 해석은 최종적으로 소송에서 판결을 의미한다. 그러므로 계약서를 작성할 당시에 계약 당사자들이 원하는 사항이 무엇인지 명확히 확인한 후에 그 내용을 계약서에 포함시켜야 한다.

계약은 말로 해도 된다. 원칙적으로 계약 방식은 자유이다. 당사자의 의사만 합치된다면 계약으로 성립한다. 말로 하는 구두계약이나 문서로 하는 서면계약 등 어떠한 형식으로든 계약은 가능하다. 다만 계약 내용을 명확하게 하기 위해 문서로 계약을 하는 것이다. 계약서는 계약 내용대로 이행하겠다는 약속인데 시간이 지나거나 상황이 바뀌게 되면 계약 내용을 모두 기억할 수 없기 때문에 문서로 작성하는 것이다. 특히 계약이 불이행되거나 계약 파기를 할 때 또는 계약 내용대로 이행이 불가능한 경우 누구에게 책임이 있는지 분쟁이 발생할 때 계약서가 필요한 것이다.

구두계약은 말로 하는 계약이지만 이메일이나 회의록 같은 것도 보조적으로 사용될 수 있다. 계약서로 작성하기에 부담스러운 협조사항인 경우에 간단히 이메일로 답변을 받거나 이용허락을 받을 수 있다. 계약은 말로 해도 된다. 하지만 저작권 사용과 같은 중요한 사항이라면 꼭 서면으로 동의를 받거나 계약서를 작성해야 한다. 문서화된 자료가 남아 있지 않으면 계약 내용을 증명하기가 어렵기 때문이다.

출판계약은 저작재산권을 갖고 있는 사람과 해야 한다. 권리가 없는 사람과 계약하면 효력이 없다. 저자(저작자)는 원고를 쓴 사람이다. 창작과 동시에 저작권이 생기므로 저작자는 최초의 저작권자이다.

그러나 저작자라도 저작재산권이 없다면 출판계약을 할 수 없다. 저작권 중에서 저작재산권에 해당하는 권리는 다른 사람에게 양도 가능하기 때문이다. 저작권자가 다른 경우 반드시 저작권자(특히 복제권 보유자)와 계약을 해야 한다. 따라서 과거에 출간되었던 책을 복간하거나, 이미 출판했던 책을 또 다른 출판사에서 내려고 할 때에는 반드시 저작권자가 누구인지 확인해야 한다.

계약서나 관공서에서 사용하는 각종 신청서에 도장을 찍을 때 꼭 인감도장을 찍어야 하는지 고민될 수 있다. 인감도장의 중요성 때문에 망설여지기 마련이다. 일반적으로 "인감을 찍으십시오"라고 설명해 놓은 곳에는 그냥 아무 도장이나 찍으면 된다. 이때의 인감은 일반적인 도장을 뜻하는 것이다. 또한 손으로 직접 서명을 하는 것도 도장을 찍는 것과 법적으로 동일한 효력이 있다. 서명을 하는 것은 아무런 상관이 없다고 생각하는 이들이 상당히 많은데 도장을 찍는 것과 서명을 하는 것은 법적으로 효력이 똑같다.

만약 서류에 “인감도장을 찍고 인감증명서를 첨부하시오”라고 쓰여 있다면 주민센터(구 동사무소)에 등록되어 있는 인감도장을 날인해야 한다. 계약을 하는 당사자가 본인이라는 확인 차원에서 이렇게 하는 것이다. 간혹 다른 사람을 사칭하여 계약을 하는 경우가 있기 때문이다. 중요한 사항에 대해 출판계약을 하는 경우에는 인감도장을 찍고 인감증명서를 첨부하는 것이 좋다. 인감증명서까지 첨부한다는 것은 당사자의 의사표시를 보다 명확히 하겠다는 뜻이다. 출판권을 등록하는 경우에는 인감도장을 날인해야 한다.

예를 들어 부동산 거래를 하는 경우에 매매를 할 때 매매당사자의 신분증과 인감증명서를 첨부하는 이유는 거래 금액이 크고 집주인이 아닌 사람이 남의 집을 팔아버리는 사기를 막기 위함이다. 저작권에 관하여 이와 유사한 사건이 있었다. 다른 사람의 저작물을 가지고 허위로 저작권을 등록해 놓고 저작권 사용 계약을 하러 다닌 자가 구속된 사건이다. 일반적으로는 법적인 문제가 자주 발생하지 않지만 저작권처럼 무형의 권리에 대해 계약을 할 때에는 계약서를 신중하게 작성할 필요가 있다.

계약 내용을 회의하면서 정할 때는 별지에 작성하면 된다. 별지는 별도의 종이이다. 계약서를 쓰는 목적은 계약 내용을 서로 이행하기 위해서이다. 그런데 계약 내용을 계약 당시에 확정적으로 결정할 수 없고 장차 회의를 하면서 결정하는 경우가 종종 있다. 이럴 때에는 계약 내용과 범위를 개략적으로 계약서에 명시하고 구체적인 사항은 별지에 회의 내용 중 서로 합의된 것을 기록하여 첨부하는 방식으로 하면 된다. 계약서에 사전에 반영되지 않은 내용을 나중에 추가하고 싶을 때 이러한 방식을 쓰면 편리하다. 다만 이러한 방식에는 중대한 문제가 있다. 추가되는 내용이 많아질 수 있어 위험부담이 발생할 수 있다. 그러므로 별지에 추가 사항을 기록할 때에는 서로 완전히 합의된 사항만 기록해야 한다. 당사자가 서로 완전히 합의한 사항만 계약 내용으로 효력이 있으며 합의되지 않을 시 그 내용은 없는 것으로 정하면 된다. 또한 계약을 한 후 나중에 계약 내용을 수정하거나 변경이 필요한 경우가 있다. 이럴 때를 대비하여 아래와 같은 내용을 삽입해 두면 어느 한쪽의 계약자가 일방적으로 계약 내용을 바꾸는 것을 막을 수 있다.

- 본 계약서의 내용은 서면 합의에 의해서만 수정, 변경이 가능하며 그 수정, 변경된 내용에 서명함과 동시에 효력이 발생한다.

도중에 출판계약을 해지하고 싶을 때, 계약을 하고 업무를 진행하더라도 상황이 현저하게 달라져서 계약 내용을 그대로 이행할 필요가 없다거나 원고의 품질이 떨어져서 계약을 해지하고 싶을 때가 있다. 계약서에 아래의 문구를 삽입해 놓으면 계약해지를 할 수 있다.

- 명시된 계약해지 사유 이외에 기타 계약의 목적을 달성하기 어렵다고 객관적으로 인정되는 경우 당사자의 합의로 계약을 해지할 수 있다.

계약해지에 따른 손해배상이나 원상복귀를 원한다면 이러한 내용도 계약서에 포함시키면 된다. 계약 당사자 사이에 원만히 계약해지가 되면 좋겠지만 대개 서로 좋은 않은 관계에서 끝날 수 있다. 계약해지의 책임이 누구에게 있는지 명확히 하여 해지 사유를 일으킨 당사자가 책임지도록 명문으로 남기는 것이 좋다.

"할 수 있다"는 "해도 된다"라는 뜻이 아니다. 법률과 관련된 글을 읽고 해석할 때에는 주의할 점이 있다. 그 단어가 가진 법적인 의미를 해석할 수 있어야 한다. 그렇지 않으면 오해를 하게 되고 법은 이해할 수 없는 이상한 것으로 생각될 수 있다. 이 책에 나오는 모든 사례와 판례는 그 해당 사례에만 적용된다. 비슷하지만 다른 상황이라면 당연히 다른 결과가 나올 수 있다는 것을 주의해야 한다.

주의할 표현으로 "상당한"이란 말의 뜻이 있다. 법률에는 "상당한 기간", "상당한 노력"과 같은 표현들이 있다. 상당하다는 것은 "대단하다"라는 뜻이 아니다. 오히려 "적절한"의 뜻으로 해석하는 것이 이해하기 쉽다. 법률용어는 일반인이 상식적으로 사용하는 것과 다른 의미를 지닌 경우가 많다. "상당한 기간"이 하루인지 일주일인지 아니면 일년인지는 딱 정해진 것이 없다. 그때그때 상황에 따라 다르다. 법률에서 정해놓은 기간도 있지만 그렇지 않은 경우도 많이 있다. 법률로 정해놓지 않은 부분은 판사가 판결을 하게 되는 것이다. "상당한 노력"이 얼마나 노력해야 상당한지 받아들이는 입장에 따라 다르게 된다. 저작권법에서 법정허락을 할 때 상당한 노력을 한 경우에 한하여 허락을 하는데 법정허락은 저작권자의 뜻과 무관하게 저작물을 사용하도록 하는 것이므로 상당한 노력이 어느 정도의 노력을 뜻하는지 법률로 정해져 있다. 이렇듯 구체적인 기준이 필요할 때는 기준을 제시하지만 경우에 따라 일일이 정해놓는 것은 불가능하므로 상황에 따라 "적절한" 것을 "상당한" 것으로 판단한다.

또 다른 주의할 표현은 "~ 할 수 있다"의 의미이다. 이 말의 뜻은 "해도 된다"가 아니라 "될 수도 있고 안 될 수도 있다"라는 뜻이다. 즉, 조건이 있다. "이러한 경우에는 할 수 있고 저러한 경우에는 할 수 없다"라는 뜻이다. 이러한 경우와 저러한 경우는 각 상황에 따라 다르다. 법률에 주로 나오는 이러한 표현들 때문에 일반인에게 법은 도무지 이해하기 어려운 것이 되었다.

변호사와 법률상담을 할 때에도 마찬가지이다. 변호사가 “이러한 경우라면 ~할 수 있습니다”라고 말한 것을 ‘해도 된다’라고 확정적으로 이해하는 경우가 부지기수이다. 변호사는 모든 경우의 수를 검토하여 답변한 것인데 듣는 사람이 자기한테 유리한 말만 듣고 유리하게 해석해 버리는 것이다. 법률상담을 받을 때에는 어떤 경우는 되고 다른 경우는 왜 안 되는지 구체적으로 질문을 해야 정확한 답을 들을 수 있다.

그런데 법률은 이렇게 애매해 보이는 표현을 사용할 수밖에 없다. 왜냐하면 법률은 자연과학이 아니라 사회과학이기 때문이다. 자연과학은 답이 딱 떨어지는 경우가 대부분이고 자연법칙은 확고부동하지만 사회과학은 답이 딱 정해져 있지 않으며 사회는 변화하기 때문이다. 법률로 사회의 다양한 문제들에 대해 일일이 답을 달아두고 규율할 수 없기 때문이다. 이 차이를 주의 깊게 알아둔다면 저작권법을 비롯한 모든 법을 보다 빠르게 이해할 수 있다.

13

매절계약의 문제점

일반적으로 저작물의 출판을 조건으로 출판사가 저작권자에게 지급하는 저작권 사용료를 인세라고 한다. 인세율은 특별히 법으로 규정된 것은 아니고 저작권자와 출판사의 계약으로 정해진다. 출판계에는 '매절계약'이라는 형태의 계약이 오랜 관행처럼 굳어져 있다. 매절계약은 인세나 원고료를 책의 판매량이나 인쇄 부수에 따라 지급하는 것이 아니라 한 번에 미리 지급하는 형태인데 이러한 계약은 저작권자의 이익이 침해될 소지가 크다. 책이 베스트셀러가 될 경우 매절계약으로 저작물을 넘긴 저작권자는 책이 잘 팔려도 책에 대한 인세를 더 이상 받지 못하는 일이 있다.

매절계약을 저작권 양도로 볼 것인지 출판권 설정계약

이나 독점적 출판계약으로 볼 것인지에 대해 법원은 저작자에게 지급되는 금액과 계약 시 상황 등을 기초로 판단한다. 즉, 지불하기로 한 금액이 통상의 인세상당액보다 상당히 크면 저작권 양도로 볼 수 있다. 금액이 통상의 인세 수준이라면 저작권 양도로 보지 않는다.

매절계약은 법적으로 불안한 계약 형태이다. '매절'이란 용어는 인쇄 관련 용어가 그렇듯 아마도 일제강점기부터 사용하기 시작했을 것으로 추정된다. 관행적으로 이른바 매절계약은 저작물 이용 대가를 판매 부수에 따라 지급하는 것이 아니라 일괄 지급하는 형태의 계약을 말한다. 출판사와 저자의 계약은 크게 두 가지로 나누어 볼 수 있는데, 책 판매 부수에 따라 저작권료(인세)를 지급하는 '인세 방식'과 일괄적으로 저작권료를 지급하는 '매절 방식'이다. 매절계약을 하면 출판사는 저작자에게 저작권료를 한꺼번에 지급하고 저작권을 양도받는다. 즉 '저작권을 산다'고 하며 저작권 양도 이후에는 저자에게 저작권료(인세)를 지급하지 않는다.

문제는 매절계약의 법적 효력에 대해 출판사의 생각과 법원의 판단이 다르다는 점이다. 대개 출판사는 매절계약을 저작권 양도계약으로 생각하고 있다. 일단 매절로 저작권을 확보하면 그 원고와 관련된 모든 권리가 출판사에 있다고 굳게 믿는다. 그러나 법원은 항상 양도계약만으로 보지는 않는다.

출판사가 일반적으로 사용하는 저자와의 계약 방식인 이른바 '매절계약'을 우리나라 법원은 그대로 인정하지 않는다. 매절계약에 관해 법적 분쟁이 발생하는 경우 법원은 저작권료로 지급되는 금액을 고려한 후 양도계약 또는 이용허락계약으로 해석하여 판결하고 있다.

따라서 매절계약에 법적인 문제가 생겨 재판을 하는 경우 출판사는 불리해진다. 출판사는 매절계약을 양도계약으로 믿고 있지만, 법원은 인세 금액이 통상적인 저작권료를 초과하는 큰 금액인 경우에만 양도계약으로 인정하고, 그렇지 않으면 양도가 아니라 출판허락계약으로 본다(대법원 1995. 9. 26. 선고 95다3381 판결). 매절계약에 대해 그 원고료로 일괄 지급한 대가가 인세를 훨씬 초과하는 고액이 아니라면 양도계약이 아니라 '출판권 설정계약'이나 '독점적 출판계약'으로 보는 것이다(서울북부지법 2008. 12. 30. 선고 2007가합5940 판결). 저작권에 관한 계약이 양도인지, 이용허락인지 불분명한 경우 저작자에게 권리가 남아 있는 것으로 추정하여 저작자에게 유리하게 해석한다(대법원 1996. 7. 30. 선고 95다29130 판결).

즉, 법원은 일반적인 인세 정도를 지급한 매절계약에 대해서는 양도계약으로 보지 않는다. 이처럼 법원은 오래전부터 저작자를 보호하기 위해 출판사의 매절계약 관행에 제동을 걸고 있었다. 그런데도 왜 매절계약이 사라지지 않는 것일까?

출판사가 매절계약을 하는 이유는 출판사에 전반적으로 유리하기 때문이다. 매절계약(양도일 때)을 하면 출판사는 저작권자가 된다. 추가적인 인세 지급이 없으므로 손익분기점을 넘기면 출판사의 이익이 커진다. 저작권자가 되어 저작물을 재가공하여 시장성 있는 저작물을 만들 수 있을 때에도 매절계약을 하게 된다. 이렇듯 매절은 일종의 투자이다. 투자에는 실패할 확률도 존재하므로 매절이 반드시 출판사에 유리한 계약은 아니다. 팔리지 않는 재고는 고스란히 출판사가 부담하는 것이다.

저자의 입장에서 매절(양도)계약을 원하는 경우도 있다. 베스트셀러가 될지 불분명한 경우 인세를 일괄 지급받는 것이 낫다고 판단하기 때문이다. 1만 부 넘게 팔리는 책이 점점 드물어지고 있기 때문에 저작권자와 출판사는 서로 어떤 계약을 할지 저울질하게 된다.

책이 출판되는 것만으로도 만족하는 저자도 있고, 아직 완성되지도 않은 원고의 계약금을 받는 유명 저자도 있는 등 다양한 상태의 저자들이 존재하므로 여러 가지 계약 형태가 있을 수 있다.

출판사는 원고 상태와 상황에 따라 인세 방식으로 하거나 또는 매절(양도)계약을 한다. 이런 과정에서 출판사는 저작자와 협의하여 계약하는 것이지 강압적이거나 일방적으로 불리한 조건을 강요하지 않는다. 협상력의 차이는 있지만 저작권에 대한 권리의식이 높아졌으므로 이제는 출판사가 저작권을 가로채듯 계약할 수 없는 시대이다.

무엇보다 저작권자에게는 선택권이 있다. 저작권자는 '계약 자유의 원칙'에 따라 출판사가 제시하는 조건을 거부할 수 있다. 출판사의 계약 조건이 마음에 들지 않으면 조정을 요구할 수도 있다. A출판사와 합의되지 않으면 B출판사와 협의하면 된다. 우리나라에는 5만여 개 출판사가 등록되어 있다. 출판사마다 계약 조건은 제각각이다.

'2차적 저작물 작성권'을 유보할 것인지, 일괄 양도할 것인지도 저작자의 선택에 달려 있다. 출판사가 매절계약을 요구할 때 저작자가 저작권을 양도할 생각이 없다면 그 출판사와 계약하지 않으면 된다. 양도계약을 맺어도 2차적 저작물 작성권이 남아 있다면 저작자에게 유리하다.

법원은 저작자가 출판사로부터 지급받는 금액이 통상 이용허락계약에서 받을 수 있는 금액을 훨씬 초과하는 고액인 경우에 양도계약으로 본다. 그렇지 않을 경우에는 단순한 이용허락계약으로 판단한다. '매절'은 대한민국 법원이 그 효력을 그대로 인정하지 않는 용어이다. 출판업계가 계속 써야 할 만큼 중요한 말이거나 의미가 명확한 단어도 아니다. 매절계약은 '양도계약'으로 명확히 표현하고 고액의 저작권료를 지급해야 양도계약으로서 법적인 보호를 받을 수 있다.

행동이 빠른 출판사는 예전부터 '매절'이란 용어를 계약서에 사용하지 않고 있다. 관행적으로 써오던 것이 맞다고 철석같이 믿고 있으면 저작권 소송에서 패소할 수 있다.

외국 서적의 경우 국내 출판을 위해 번역을 하게 되는데 번역자는 2차적 저작물 작성자가 된다. 즉, 번역자는 번역물에 대한 저작권이 있는 것이다. 출판계에는 관행적으로 매절계약의 형태로 번역의 완성과 동시에 그 번역저작권을 출판사에 귀속시키는 계약을 하고 있다.

매절계약에 관한 사례를 보면, 문제가 된 사건의 서적은 1979년경부터 중국 무협소설을 전문적으로 번역해 오던 박모 씨가 대만작가인 김용이 저작한 『녹정기』를 번역한 것으로, 원고 1매당 금 1000원으로 하여 번역원고를 넘기기로 약정한 사실, 그 후 제1권이 출판된 이후 위 책이 잘 팔리지 않는다며 그 가격을 낮춰달라는 요청에 따라 제2권에서 제6권까지는 원고 1매당 금 600원으로 하기로 했으나, 출판사에서 그 원고료 지급을 지체하므로 제7권부터는 원고료를 1매당 금 800원으로 인상하고, 그 번역마감일 및 그 원고료 지급날짜를 상호 명백히 하기 위하여 1987년 3월 31일 원고계약서에 의한 서면계약을 체결하게 된 사실이 있고, 1990년 12월경까지 위 서적을 출판하다가 노사분규로 폐업하게 되어 이를 더 이상 출판하지 못하게 되었다. 위 인정사실에 의하면, 출판사와 번역자 박모 씨 사이의 1987년 3월 31일 자 계약은 저작물 이용대가를 판매 부수에 따라 지급하는 것이 아니라 미리 일괄 지급하는 형태로서 소위 매절계약이라 할 것으로, 그 원고료로 일괄 지급한 대가가 인세를 훨씬 초과하는 고액이라는 등의 소명이 없는 한 이는 출판권 설정계약 또는 독점적 출판계약이라고 봄이 상당하다고 하였다(서울민사지방법원 1994. 6. 1. 선고 94카합3724 판결).

판권 페이지에 저자와 출판사를 저작권자로 표시하는 경우를 자주 볼 수 있다. 출판사가 저자와 공동으로 저작권을 갖는 경우 'copyright by 홍길동, 출판사'로 표기할 수 있다. 출판사가 단지 출판권만 갖고 있는 경우에는 출판사를 저작권자로 표기하면 오해의 소지가 있다. 출판사는 저작권자가 아니고 출판권자인데 저자와 동일하게 표기하면 저작권자로 오인될 수 있는 문제가 있다.

출판사도 매절계약을 하는 그 나름의 이유가 있다. 매절계약을 원하는 저작자도 있고 도서판매 시장의 위축으로 수익성이 악화된 출판사에 부담이 되는 일도 있다. 하지만 매절계약을 하게 되면 출판사는 책 판매가 늘어나더라도 추가적인 저작권료 지급을 할 필요가 없으므로 이익률이 커지게 된다. 또한 베스트셀러가 되어 크게 성공하게 되면 드라마, 영화 등 2차적인 수익사업을 할 기회가 열리기 때문에 매절계약을 선호하고 있다. 반면 책이 잘 팔리지 않게 되면 매절계약은 출판사에 불이익이 된다. 즉, 일시에 지급된 저작권료도 벌어들이지 못할 수 있다. 결국 매절계약은 출판사의 투자 성격이 강하다. 투자의 관점에서 보면 출판사를 이해할 수 있을 것이다.

무엇보다 매절계약이든 일반적인 출판계약이든 작가와 출판사 사이에 원만한 합의가 우선된다면 매절계약을 둘러싼 불필요한 분쟁은 줄어들 것이다.

14

출판권 소멸 후 처리할 일들

편집자는 만료를 앞둔 출판계약을 관리해야 할 수도 있다. 출판권은 계약기간이 종료된 후 소멸된다. 출판계약기간이 종료되기 전에 출판계약을 연장해야 한다. 자동 연장되는 경우는 문제가 없지만 그렇지 않은 경우에는 일일이 연장 계약을 해야 한다.

출판권이 그 존속기간의 만료 그 밖의 사유로 소멸된 경우에는 그 출판권을 가지고 있던 출판사는 출판권 설정행위에 특약이 있는 경우, 출판권의 존속기간 중 저작재산권자에게 그 저작물의 발행에 따른 대가를 지급하고 그 대가에 상응하는 부수의 복제물을 배포하는 경우를 제외하고는 그 출판권의 존속기간 중 만들어진 복제물을 배포할 수 없다.

그러므로 계약 만료 때 재고 처분이 중요한 문제이다. 출판계약이 만료되고 재계약을 하지 않으면 출판사는 재고 처리에 대한 부담을 갖게 된다. 따라서 재고분에 대해 어떻게 할 것인지 미리 정하는 것이 좋다. 이미 제작된 책이므로 판매하는 것이 출판사나 저작자 모두에게 유리하다. 재고만 판매하고 더 이상 제작을 하지 않는다고 명시한 후 재고에 대한 저작권료를 저작자에게 미리 지급하거나 추후 정산하는 것으로 합의하면 문제가 없다.

출판계약이 만료되더라도 출판유통 구조상 뒤늦게 반품이 오는 경우가 있다. 어느 정도 반품될지 예상하여 그만큼 저작권료를 낮추거나 정산 시기를 조정해야 한다. 온라인 콘텐츠 업계는 계약이 만료되더라도 제휴업체와 정산이 길어질 수 있어 계약 만료 후 1년까지 정산하기로 계약한다. 출판의 경우 재고 유통과 반품을 '계약 만료 후 6개월 이내'로 정하면 적절할 것이다.

출판계약서를 최초에 작성하는 경우 미리 계약 연장 여부를 정할 수 있다. 자동 연장을 할 것인지 아니면 다시 새로운 계약을 할 것인지 정할 수 있다. 일반적으로 자동 연장 규정을 두고 있지만 협의하여 정할 수 있다.

판매가 부진한 책은 출판사가 관심을 기울이지 않게 되고, 이런 출판사에 불만을 가진 저자는 계약을 해지할 구실을 찾게 된다. 출판사의 입장에서는 자동 연장이 유리하고,

저자의 입장에서는 자동 연장보다는 다시 계약하는 편이 나을 수 있다. 물론 판매가 부진한 책은 출판사에서 먼저 계약 연장을 거절할 수도 있다. 출판사가 기획하여 시작한 책인 경우 계약기간 만료를 이유로 저자가 계약 연장을 하지 않고 다른 출판사에서 출판한다면 대단히 곤란한 문제이다. 실제로 작가들이 다른 출판사와 출판계약을 하기 위해 기존 계약을 연장하지 않는 경우도 다수 발생하고 있다. 떠나는 작가를 잡는 방법은 재계약을 잘하는 일뿐이다.

15

연락처를 알 수 없는 저작자의 저작물 이용 방법

출판을 할 때 저작자의 소재가 불명하거나 연락처를 확보하기 어려우면 편집자는 난감해진다. 인터넷을 아무리 찾아봐도 저작자에 관한 검색 결과가 없을 때가 있다. 이러면 거의 흥신소와 다를 바 없는 일이 벌어진다. 누군지도 모르는 저작자를 추적하는 일이다. 일단 인터넷에서 찾고 작가협회도 찾는 등 찾을 만한 곳은 모조리 찾아본다. 저작가를 찾는 일 자체가 엄청난 일이다.

그럼에도 불구하고 저작권자가 누구인지 모를 때 법정허락을 받아 간편하게 사용할 수 있다. 법정허락제도(저작권법 제50조)는 권리자를 찾기 위한 상당한 노력을 기울였음에도 불구하고 저작재산권자 또는 그의 소재를 알 수 없어 저작물의 이용허락을 받을 수 없는 경우 문화체육관광부장관의 승인을 받아 일정한 보상금을 지급하고 저작물을 이용할 수 있는 제도이다. 저자를 도저히 찾을 수 없을 때나 작자미상 저작물을 합법적으로 이용할 수 있는 유용한 제도이다.

2010년대 초반까지 연간 10건 내외로 법정허락제도가 활성화되지 못했지만, 절차가 간소화되고 법정허락제도 이용 활성화를 위한 적극적인 노력으로 2016년 이후 최근 3년간 법정허락 승인 저작물 사례가 증가하고 있다.

어문저작물의 경우, 주로 저작물을 도서 및 학습참고서류에 출판 및 전송하는 데 이용하고 있다. 영상저작물은 주로 국내 영화제, 박물관 등에서 한국 고전영화를 공식 상영하고자 하나 제작사 폐업 등으로 저작권자를 알 수 없거나 연락이 닿지 않을 때 활용되고 있다.

미술저작물의 경우, 주로 미술관 등에서 미술품의 도록을 출판 및 전송을 하는 데 이용하고 있다. 또한 옛날 문방구에서 팔던 종이인형그림을 모아 『종이인형그림 모음집』을 제작한 경우에도 법정허락제도를 이용하고 있다.

저작권자의 허락을 받지 못한 경우라도 저작물의 이용이 필요한 경우 보상금을 지급하고 이용할 수 있는 '법정허락'제도를 이용한다면 보다 편리하게 출판을 할 수 있다. 상당한 노력을 기울였어도 공표된 저작물(외국인의 저작물 제외)의 저작재산권자나 그의 연락처를 알 수 없어서 이용허락을 받을 수 없는 경우에는 문화체육관광부장관의 승인을 얻은 후 보상금을 한국저작권위원회에 지급하고 이를 이용할 수 있다. 법정허락에 의해 저작물을 이용하는 자는 그 뜻과 승인연월일을 표시하여야 한다. 문화체육관광부장관은 법정허락 내용을 정보통신망에 게시하여야 한다.

법정허락을 받기 위해 '상당한 노력'을 해야 하는 조건이 있는데 어느 정도 상당한 노력을 해야 하는지 규정한 것이 있다. 저작권등록부의 열람 또는 그 사본의 교부 신청을 통하여 해당 저작물의 저작재산권자나 그의 거소를 조회, 저작권신탁관리업자 또는 저작권대리중개업자 등에게 확정일자 있는 문서인 내용증명을 보내 확인하는 노력을 기울여야 한다. 또한 전국으로 보급되는 일간신문 또는 문화체육관광부와 한국저작권위원회의 인터넷 홈페이지에 조회사항을 공고한 날부터 10일이 지난 경우에도 법정허락을 받을 수 있는 상당한 노력을 하였다고 본다. 국내의 정보통신망 정보검색도구를 이용하여 저작재산권자나 그의 거소를 검색하는 노력도 필요하다.

법정허락이 결정되면 보상금을 납부하라고 안내문이 온다. 보상금을 지급하면 출판을 할 수 있다. 보상금은 곧 저작권료가 되는 것이며 추후 저작권자가 나타나면 찾아가게 된다.

출판사에서 저작자를 찾기 위해 인터넷을 몇 번 찾아보

고 저작자가 연락이 안 된다고 말하는 경우가 흔히 있다. 그러나 법정허락은 저작자의 허락 없이 승인되는 것이므로 엄격한 절차에 따라 진행되고 있다.

3장

편집

1

편집자는 글을 얼마큼 수정할 수 있을까

원칙적으로 저작권은 저자에게 있다. 교정이나 교열 등의 편집 작업은 저자의 허락하에 이루어져야 한다.

$$A + \alpha = A^*$$

저자가 보내온 초고 A에 편집자가 교정, 교열하여 A*인 최종 원고를 만들어서 책으로 출판했다고 가정하자. 일반적으로 출판사에서는 이런 과정을 거쳐 출판을 한다. 그렇다면 저자의 저작권은 어디까지일까? 저자의 저작권은 A인지 아니면 A*인지, α는 편집자 또는 출판사에 권리가 있는 것인지 궁금할 수 있다. 원칙적으로 A* 전체에 저자의 저작권이 있다. α만 따로 떼어내 편집자나 출판사에 권리가 있다는 것은 잘못된 주장이다. α에 대한 권리가 출판사에 있다고 굳게 믿고 저자와 상관없이 α 부분을 확대해 내용을 덧붙여 책을 출판한다면 출판사는 저작권 침해를 하게 될 것이다.

저자와 출판계약이 종료되는 시점에서 발생할 수 있는 일인데 일부 출판사들이 잘못 판단해 억지 주장을 펴서 분쟁을 일으키고 있다.

저자와 편집자의 공동저작물로 성립하지도 않는다. 애초에 저자와 공동저작물을 만들자고 합의하고 출판한 것도 아니므로 교정, 교열 작업을 수행한 것만으로 공동저작물이 되지 않는다. 어떻게든 출판사의 권리를 만들려고 무리수를 두는 일부 출판사들이 있는데 결국 사건화되어 사회적 물의를 일으킬 수밖에 없다.

편집의 범위는 저작자가 허락하는 한도 이내라고 볼 수 있다. 저작자가 작성한 초고에 없는 내용이 편집 과정에서 추가되었을 때 이를 저작자가 허락한다면 이런 추가 사항도 편집의 범위에 들어갈 수 있다고 본다. 단, 추가된 내용의 저작권은 당연히 저작자에게 속하는 것이지 편집자 또는 출판사에 속하는 것은 아니다. 저작자가 허락하기만 하면 무한정 편집이 가능하다고 보는 것은 저작권법의 취지상 적합하지 않아 보인다. 동일성유지권을 침해하지 않는 정도로 편집을 하는 것이 적합한 범위로 볼 수 있다. 즉, 저작자의 초고에서 맞춤법을 교정하는 것과 본래 초고 내용에서 동일성을 해치지 않는 범위 내에서 교열 등 편집이 가능하다고 볼 것이다.

편집을 마친 최종 원고는 저작자의 동의 또는 허락이 있어야 한다. 원고 수정에 관해서는 원칙적으로 저작자에게 권리가 있기 때문이다. 출판사는 원고에 수정을 가하는 과정에 조력할 뿐이다. 실무적으로 편집은 출판사가 주도적으로 행하지만 권리 측면에서 최종 책임은 저작자에게 있다.

2

책 제목에 저작권이 있을까

책 제목은 저작권법으로 보호받을 수 없다고 하는데 사실일까. 책 제목과 같은 저작물의 제호는 저작물의 내용을 지칭하는 것으로 주제를 압축하거나 광고효과를 위해 짧은 문장으로 저작물을 표시하는 명칭을 말한다. 광고효과를 높이기 위해 비교적 짧은 문장으로 표시하는데 저작물의 상업적 가치가 제호에 의해 결정될 정도로 중요하다. 그러나 그 중요성에도 불구하고 우리나라에서는 저작권법상 제호가 인간의 감정이나 사상을 표현한 것으로 보지 않고 있다. 즉, 제호는 창작적 표현이라기보다는 아이디어의 영역에 해당되어 제호 그 자체만으로는 저작물이라고 보기 어렵다.

법원 판결에서 제호의 저작물성을 인정한 사건을 거의 찾아볼 수 없다. 제호는 사상과 감정의 표현이라고 보기 어렵다는 이유이다. 만화의 제호인 "또복이" 사건에서, 짧은 문장으로 이루어진 '또복이'는 인간의 사상과 감정을 표현한 것으로 볼 수 없어서 저작물로 보호받지 못한다는 판결이 있다.

제호의 보호는 두 가지 측면에서 가능하다. 저작자에게는 동일성유지권이 인정되므로 제호와 그 저작물의 내용이 동일한 경우 제호를 무단 변형한다면 저작권법상 동일성유지권으로 보호받을 수 있다. 저작물의 제호를 임의적으로 변경하면 저작자의 저작인격권을 침해하게 되는 것이다. 그러나 다른 사람이 동일하거나 유사한 제호를 다른 저작물에 사용하지 못하게 하는 것은 저작권법상으로 어렵다. 제호의 저작물성을 인정하지 않기 때문이다. 다만 상표법에 의하거나 수요자들에게 널리 인식된 식별표지로서의 제호라면 '부정경쟁방지 및 영업비밀보호에 관한 법률(부정경쟁방지법)'에 의해 보호받을 수는 있다. 실제로 책 제목의 보호는 쉽지 않다.

제호 '영어공부 절대로 하지 마라'의 경우 시리즈에 대한 권리를 인정한 사례가 있다. 서적류에 사용된 제호에 대해 상표등록을 한 경우에 어떤 때에 상표권의 효력이 미치는지에 관한 판례이다. 이 사건 서적을 '영절하! 중학입문', '영절하! 중학입문 Listening Script & Test Answers', '영절하! 중학실력', '영절하! 중학실력 Listening Script & Test Answers', '영절하! 중학기본', '영절하! 중학기본 Listening Script & Test Answers', '영절하! 중학종합', '영절하! 중학종합 Listening Script & Test Answers'라는 제호로 제작·판매하여 '영절하'를 제호의 일부로 하는 시리즈물의 형식으로 이 사건 서적을 제작·판매하고 있는 사례였다.

책 제목의 효력에 관해 보면, 서적류의 제호는 특별한 사정이 없는 한 해당 저작물의 창작물로서의 명칭 내지는 그 내용을 함축적으로 나타내는 것이므로 그러한 창작물을 출판하고 제조·판매하려는 자는 저작권법에 저촉되지 않는 한 누구든지 사용할 수 있다. 일반적으로 품질을 나타내는 보통명칭 또는 관용상표와 같은 성격을 가지는 것이므로 제호로서의 사용에 대해서는 상표권의 효력이 미치지 않는 것이 원칙이다.

타인의 등록상표를 정기간행물이나 시리즈물의 제호로 사용하는 등 특별한 경우에는 사용 태양, 사용자의 의도, 사용 경위 등 구체적 사정에 따라 실제 거래계에서 제호의 사용이 서적의 출처를 표시하는 식별표지로서 인식될 수도 있으므로, 그러한 경우까지 상표권의 효력이 미치지 않는 것으로 볼 수는 없다.

'영절하'를 제호의 일부로 하는 시리즈물의 형식으로 이 사건 서적을 제작·판매하고 있는 경우, '영절하' 제호의 사용 태양, 사용 의도, 사용 경위 등에 비추어 등록상표를 시리즈물인 서적의 제호의 일부로 사용함으로써 시리즈물인 서적의 출처를 표시하고 있는 것으로 볼 여지가 있다. 이와 같은 제호의 사용을 상표적 사용으로 보아 신청인의 상표권의 효력이 이에 미치는 것으로 보았다(대법원 2005. 8. 25. 선고 2005다22770 판결).

제호는 특별한 사정이 없는 한 그 책에 수록된 해당 저작물의 창작물로서의 명칭 내지는 그 내용을 함축적으로 나타내는 것이므로 상품의 출처를 표시하는 기능을 하기 어려운 경우가 대부분이다. 그러나 제호가 일반 수요자에게 상품의 출처를 표시하고 자기의 업무에 관계된 상품과 타인의 업무에 관계된 상품을 구별하는 표지로서 인식되는 때에는 단순히 창작물의 내용을 표시하는 명칭에 머무르지 않고 자타상품의 식별표지로서 기능한다고 볼 수 있다.

이것은 예외적이라고 볼 수 있다. 일반적으로 책 제목에는 저작권이 없으므로 법적인 보호의 대상이 아니다. 창작성을 인정하기 어렵고 자유 사용이 필요하기 때문이다.

3

서체 저작권 사용

저작권법에서 말하는 폰트는 우리가 일상적으로 사용하는 의미와 차이가 있다. 저작권법에서 폰트는 글자체가 아니라 '폰트파일'을 의미한다. 폰트파일은 종이책, 전자책 등 다양한 형태의 책을 만드는 데 필수적으로 사용되고 있으므로 어디까지 저작권으로 보호되고, 어디부터 자유로운 사용이 가능한지 알고 있어야 한다.

글자체(타이프페이스, type face)는 '한 벌의 문자·서체 등에 대해 독특한 형태의 디자인을 한 것'이다. 글자체에 대해 '서체', '글꼴', '글꼴도안' 등 다양한 용어를 사용하고 있다. 글자체 그 자체는 저작권등록 대상이 아니다. 저작물로 인정하지 않기 때문이다. 단, 서예의 경우는 저작물성을 인정하여 미술저작물로 등록할 수 있다.

반면 폰트파일(서체파일)은 컴퓨터프로그램의 일종으로 취급된다. 컴퓨터프로그램도 저작물이다. 폰트파일은 컴퓨터 내에서 다른 응용 프로그램과 결합하여 글자체를 표현하는 데 사용된다. 폰트파일이 지시·명령을 포함하고 있고, 그 실행으로 특정한 결과를 가져오며, 컴퓨터 등의 장치 내에서 직간접으로 사용될 수 있는 경우 컴퓨터프로그램저작물로 등록할 수 있다.

다른 저작물과 마찬가지로 폰트파일도 창작과 동시에 저작권이 발생한다. 즉 등록하지 않아도 자동적으로 권리가 생긴다.

우리나라 저작권법은 글자체(서체도안)의 저작물성을 인정하지 않는다. 미국, 영국, 일본 등 국가도 폰트파일만 저작권을 인정할 뿐 글자체는 보호하지 않는다. 그 이유는 글자체를 보호하게 되면 글자 자체를 보호하는 결과가 되기 때문이다. 글자는 누구나 사용해야 하기 때문에 어느 한 사람에게 저작권을 인정하지 않는다.

반면 폰트파일은 창작성이 인정되어 저작권으로 보호받는다. 인터넷에 무료라고 올라온 폰트파일이 모두 무료는 아니다. 일부러 폰트파일을 올려놓고 다른 사람이 다운로드를 하여 사용하면 저작권 침해로 고소하는 곳도 있다.

일부 상업용 폰트파일의 경우 지나치게 용도 구분을 해놓은 것들이 있다. 이것이 과연 법적으로 공정한지는 쉽게 판단하기 어렵다. 사용 범위도 계약에 의해 정할 수 있으므로 일부 폰트업체가 계약 사항을 악용하는 경우도 있다.

4

퍼블리시티권과 초상권

퍼블리시티권(The right of publicity)이란 재산적 가치가 있는 유명인의 성명, 초상 등 프라이버시에 속하는 사항을 상업적으로 이용하는 권리라고 할 수 있다. 캐릭터의 한 종류로 사람의 초상, 성명처럼 그 사람 자체를 가리키는 것을 상업적으로 이용하여 경제적 이익을 얻을 수 있는 재산적인 권리이다. 저작권법에 명시적으로 규정된 권리는 아니지만 유명 연예인이나 스포츠 스타의 경우 초상권과 달리 상업적으로 이용할 가치가 있는 권리로 인정하는 추세이다. 유명 연예인의 이름이나 사진을 상품광고에 사용하는 경우 고객의 시선을 많이 끌 수 있다는 점에서 일종의 캐릭터와 같은 효과를 나타낸다. 초상, 이름을 그대로 쓰거나 특이한 행동을 모방하는 경우 침해가 될 수 있다. 광고에 무단으로 사용하는 경우가 흔한 사례이다. 그러므로 유명인의 이름이나 초상을 무단으로 사용하면 그 유명인에게 재산적 손실을 준다고 볼 수 있으므로 퍼블리시티권과 같은 인격권을 인정해 주고 있다.

침해는 주로 상품이나 광고에 유명인의 사진을 게재함으로써 발생하는 경우가 많다. 다만 목소리 모방의 경우는 침해가 되지 않는다. 가수 박상민의 모방가수가 문제시된 사건이 있었다. 어느 모방가수가 가수 박상민이라고 사칭하며 노래 공연을 했는데 얼굴과 목소리가 너무도 똑같아서 분간할 수 없는 상황이었다. 이 사건에서는 저작권법상 모창을 문제로 보지 않았다. 법원은 모자와 선글라스를 착용하는 등 박상민과 유사한 외모를 하고 무대에서 공연한 부분에 대해서는 부정경쟁방지법 위반으로 볼 수 없다고 하였다. 다만 모방가수라는 것을 밝히지 않고 자신이 박상민이라고 사칭한 부분은 유죄로 인정된 사건이었다.

초상권이란 민법상 인격권으로 인정되고 있지만 '초상권'이란 권리는 없다. 저작권법에서는 인물사진의 경우 이용을 하기 위해서는 사진 속 인물에게 허락을 받도록 하여 초상의 당사자에게 인격권을 인정하고 있다.

만약 퍼블리시티권이 유명 연예인에게 인정이 되면 앞으로 연예인 관련 출판물을 제작할 때는 사전에 해당 연예인에게 일일이 허락을 받아야 될 것이다. 그렇게 되면 유명인을 소재로 하는 책들은 사전에 퍼블리시티권 이용계약을 하지 않으면 권리 침해가 될 수 있다.

헌법에서 “모든 국민은 인간으로서의 존엄과 가치를 가지며, 행복을 추구할 권리를 가진다.”, “모든 국민은 사생활의 비밀과 자유를 침해받지 아니한다.”, “언론·출판은 타인의 명예나 권리 또는 공중도덕이나 사회윤리를 침해하여서는 아니된다. 언론·출판이 타인의 명예나 권리를 침해한 때에는 피해자는 이에 대한 피해의 배상을 청구할 수 있다.”라고 규정하고 있다. 형법에서도 개인의 사생활의 비밀과 평온을 보호하기 위하여 일정한 개인의 비밀을 침해하거나 누설하는 행위를 처벌하는 규정을 두고 있다.

사람은 자신의 사생활의 비밀에 관한 사항을 함부로 타인에게 공개당하지 아니할 법적 이익을 가진다고 할 것이므로, 개인의 사생활의 비밀에 관한 사항은 그것이 공공의 이해와 관련되어 공중의 정당한 관심의 대상이 되는 사항이 아닌 한, 비밀로서 보호되어야 한다.

사람은 누구나 자신의 얼굴이나 기타 사회통념상 특정인임을 식별할 수 있는 신체적 특징에 관하여 함부로 촬영 또는 그림 묘사되거나 공표되지 아니하며 영리적으로 이용당하지 아니할 권리를 가진다. 초상권도 헌법적으로 보장되는 권리이다. 그러므로 사생활의 비밀과 자유 또는 초상권에 대한 부당한 침해는 불법행위가 된다.

그런데 개인의 사생활과 관련된 사항의 공개가 사생활의 비밀을 침해하는 것이더라도, 사생활과 관련된 사항이 공공의 이해와 관련되어 공중의 정당한 관심의 대상이 되는 사항에 해당하고, 그 공개가 공공의 이익을 위한 것이며, 그 표현 내용·방법 등이 부당한 것이 아닌 경우에는 위법하지 않을 수 있다. 초상권이나 사생활의 비밀과 자유를 침해하는 행위를 둘러싸고 서로 다른 두 방향의 이익이 충돌하는 경우에는 구체적 사안에서의 사정을 종합적으로 고려한 이익형량을 통해 침해 행위의 최종적인 위법성이 가려진다.

이익형량 과정에서, 침해 행위로 달성하려는 이익의 내용 및 그 중대성, 침해 행위의 필요성과 효과성, 침해 행위의 보충성과 긴급성, 침해 방법의 상당성 등을 고려하여 판단하게 된다. 피해이익의 영역에 속하는 고려 요소로는 피해법익의 내용과 중대성 및 침해 행위로 인하여 피해자가 입는 피해의 정도, 피해이익의 보호가치 등이 있다(대법원 2013. 6. 27. 선고 2012다31628 판결).

5

출판권 소멸 후 편집자의 권리

출판권 소멸 후 편집자에게는 권리가 없다. 출판권은 저작권자가 출판사에 설정해 주는 것이므로 출판계약이 만료되거나 여러 가지 사유로 출판계약이 취소되는 경우 출판권은 소멸된다. 대개 출판권이 소멸되는 경우는 출판계약이 종료된 경우일 것이다. 출판계약이 종료되면 출판사의 출판권은 소멸된다. 그러므로 출판권 소멸 후 출판사든 편집자든 그 저작물에 대해 전혀 권리가 없다.

출판사에서 책을 만들었으니 출판권이 소멸되더라도 뭔가 권리가 남아 있을 것이라고 기대할 수 있다. 책을 만들었으니 아쉬움은 있겠지만 법적으로 전혀 권리가 없다. 저작권은 저작자의 권리이고 계약 기간이 끝난 후에는 출판권 소멸로 출판사의 모든 권리는 사라지게 된다.

일부 출판사의 경우, 출판권 계약이 종료된 후 저자의 초고만 저자에게 권리가 있고 초고를 교정교열한 최종 결과물은 출판사에 있다고 강력하게 믿고 있는 듯하다. 교정교열한 부분만 따로 떼서 별개의 저작물로 인정되는 것은 아니다. 주로 출판계약이 종료되고 더 이상 연장하지 않을 때 발생하는 일인데, 출판사의 오해로 인해 저자와 출판사가 불편한 관계가 될 수 있으니 주의가 필요하다.

출판권 소멸 후 재고 처리 문제를 잘 해결해야 한다. 남은 재고는 판매한 후 저작권료를 저작재산권자에게 지급해야 한다. 출판권 계약기간이 종료됐다고 해서 남은 재고를 파기해야 하는 것은 아니다. 재고는 판매할 수 있다. 만약 재고 수량에 대해 먼저 저작권료를 지급했다면 역시 재고는 판매 가능하다. 출판업계에서는 재고 판매 기간을 대개 6개월에서 1년 이내로 정하고 있다.

출판계약이 종료 시 남은 재고를 어떻게 처리할 것인지 별도 약정을 하는 것이 좋다. 그러지 않으면 재고가 지나치게 많을 경우 판매하기 어려워 출판사가 곤란을 겪을 수 있다.

저자가 다른 출판사에 책을 출판하기 위해 출판계약을 연장하지 않는 경우, 기존 출판사에서 남은 재고를 판매하는 중에 다른 출판사에서 같은 내용의 신간 도서가 출판될 수 있다. 기존 출판사 입장에서 대단히 곤란한 일이 될 것이다.

실제로 이런 일이 드물지만 발생하고 있다. 출판사와 사이가 멀어진 저자가 다른 출판사에서 책을 출판하기 위해 종종 다른 출판사와 출판권 설정을 하게 된다. 기존 출판사에서 출판계약을 연장하지 못했다면 서점에서 서로 다른 출판사에서 발행된 같은 내용의 책이 판매되는 일은 막아야 한다.

어떻게 하면 이런 일을 막을 수 있을까? 결국 재고 처리 문제이다. 기존 재고량을 모두 소진할 때까지 신규 발행을 막아야 한다. 저자의 입장에서도 상거래 질서를 위해 재고 처리할 기간은 충분히 두고 새로운 출판사에서 출판을 할 수 있도록 협조가 필요할 것이다.

4장

외국 도서의 계약부터 출간까지

외국 도서 번역, 출간 계약은 간단하게 말해 기간 한정 번역권 라이선스 계약이다. 정해진 기간 동안 번역하고 출간해 판매할 수 있는 권리를 사 오는 것이다. 라이선스는 지적재산권의 사용 허가 계약이므로 수익 보고 의무가 수반된다. 이 점을 항상 염두에 두면 계약 및 계약 내용 이행과 관련해 명쾌하게 대처할 수 있다.

외국 도서의 출간 과정을 간단하게 말하면 '외국 도서 검색 → 판권 문의 → 원고 검토 → 오퍼 → 오퍼 승인 → 계약서 서명 → 선인세 송금 → 번역 → 편집 → 출간'이다.

간단하게 말하면 이렇지만 그 과정이 짧게는 한두 달, 길게는 1년도 걸리고 중간에 다양한 변수 또한 많다. 전체 과정을 살펴보면서 주의해야 할 점을 짚어본다. 필자는 작은 출판사와 대형 출판사, 저작권 에이전시 등에서 일했는데, 그 과정에서 질문을 많이 받았던 사항들 위주로 썼다.

1

한국어 판권이 살아 있나요?

국내 에이전시로 문의

관심 가는 책을 보았다면 가장 우선적으로 해야 하는 일이 판권 문의(rights inquiry)이다(여기서 판권이란 한국어판의 번역권을 줄여서 부르는 말이다). 다른 한국 출판사에서 이미 번역 출간권을 계약하지 않았는지 확인하는 일이다. 번역 판권을 가지고 있는 곳을 통상 저작권사(proprietor)로 부른다. 이 저작권사는 해외 출판사나 에이전시(literary agency), 저자 본인이 된다. 이 저작권사를 대리하는, 한국에 있는 에이전시가 에릭양 에이전시, 한국저작권센터(KCC), 임프리마 에이전시 같은 곳으로 저작권사 입장에서 이들은 서브에이전트(sub-agent)이다. 저작권사와 서브에이전트들은 독점적인 형태로 맺어진 경우가 많다. 이를테면, 미국 하퍼콜린스 출판사(HarperCollins US)는 한국의 에릭양 에이전시와 독점 관계이므로 이 출판사 책을 판권 문의하거나 계약을 하려면 에릭양 에이전시로 문의해야 한다.

한국어 판권 문의는 국내 에이전시 한 군데로 하는 게 좋다. 다른 에이전시에서 독점적으로 관리하는 경우 안내해 준다. 회사가 주로 거래하는 에이전시도 있겠고 마음이 맞는 에이전시가 있을 수도 있을 것이다. 대형 에이전시들은 출판사들의 문의가 많으니 확인 과정이 느려질 수도 있지만 데이터베이스가 방대하다는 장점이 있다. 외국 책을 자주 출간하는 경우 관계가 돈독한 에이전시를 한 군데 정하는 것도 좋을 것 같다.

판권을 문의할 때는 책 제목과 저자, 출판사, ISBN과 같은 서지 사항을 반드시 기재한다. 에이전시에서 일할 때, 가끔 링크만 보내주는 사람이 있었는데 가끔 그 링크도 복사가 덜 되어 잘린 경우가 있었다. 링크를 걸든 안 걸든, 기본적인 서지 사항은 반드시 기재하면 좋겠다. 판권 문의 전에 국내 출간 여부를 반드시 확인한다. 알라딘에서 영문 제목이나 저자명으로 검색하면 나온다. 판권 문의 전에 알라딘을 먼저 검색하자.

미국은 보통 하드커버(hardcover)를 내고 그다음에 좀 더 가격이 저렴한 페이퍼백(paperback)을, 그다음에 가격과 종이 질까지 확 낮춘 매스마켓용 페이퍼백(mass market paperback)을 낸다. 요즘은 전자책이 매스마켓용 페이퍼백 시장을 많이 대체한다고 한다. 페이퍼백만 나온 책(paper back original)이 아니라면, 판권 문의 메일에는 하드커버 출판사 정보를 적는다. 번역 판권은 하드커버를 출간한 출판사에 있는 경우가 많다. 물론 막상 확인해 보면 번역 판권은 저자 에이전시에서 가지고 있는 경우도 많다. 하드커버를 내는 출판사와 페이퍼백을 내는 출판사는 다르다. 물론 실제로는 둘 다 같은 출판 그룹에 속한다. 미국 대형 출판사에는 페이퍼백 전용 임프린트(large print)가 있다. 매스마켓용 페이퍼백까지 나오는 책은 주로 미스터리나 스릴러 같은 장르 소설이다.

해외 저작권사로 문의

국내 에이전시를 통하지 않고 직접 문의하고 계약해야 하는 곳이 있다. 대표적인 곳이 브록만(Brockman)과 와일리 에이전시(The Wylie Agency)이다. 와일리 에이전시의 경우 국내 에이전시를 통해서 계약도 가능한데, 이 경우 국내 에이전시의 커미션(선인세 금액의 10%)은 출판사가 별도로 지불해야 한다.

브록만은 뉴욕의 저명한 에이전시로 과학과 심리학 등 학계에 연줄이 센 편이다. 교수들이 서로서로 소개하면서 미국인 외 다른 나라 학자들 책도 소개한다. 설립자인 존 브록만(John Brockman)은 어떤 인터뷰에서 철저하게 저자들의 이익을 추구하는 에이전시로 자리매김하고 싶다고 말했다. 그래서 브록만 에이전시의 책은 선인세가 비싸다. 10년 넘게 브록만 책을 꾸준히 계약했는데 1만 달러 이하로 계약한 게 고작 두어 번쯤 되는 것 같다. 웬만한 책은 출간 몇 년 전에 프로포절 상태에서 계약된다. 예를 들어, 『팩트풀니스』는 2015년 프랑크푸르트 도서전 자료에 처음 소개되었다.

와일리 에이전시는 세계적인 대형 작가들을 고객으로 모시고 있다. 존 밴빌(John Banville)이나 오르한 파묵(Orhan Pamuk) 등 문학성 짙은 작가나 유명 인사들이 많다. 이문열도 한때 이 에이전시를 통해 세계 판권을 관리한 적이 있었다. 이 에이전시의 대표가 앤드루 와일리(Andrew Wylie)인데 다른 에이전시의 작가를 데려오는 데 수완이 좋다고 한다. 라이츠 가이드가 보통 20페이지 안팎의 자료인데, 와일리 에이전시의 라이츠 가이드는 책이다. 진짜 두껍다.

한국어 판권이 유효한 것으로 확인되면 원고를 받아 검토한다. 예전에는 검토용 책을 받으려면 1~2주 기다렸는데 요즘은 PDF 파일 등 전자 원고를 받는다. 에이전시에서 출판사의 문의를 받으면, 당일 저작권사로 문의 메일을 보내는 게 원칙이다. 그러지 않으면 일이 엄청나게 밀리기 때문이다. 그런데 에이전시에서 문의 메일을 보내도 회신을 바로바로 주지 않는 저작권사도 많다. 그들 역시 일이 많아서 일 터인데 재차 연락해도 회신이 없으면 권리관계가 꼬여 있을 가능성도 있다. 자기들이 더 이상 판권을 관리하지 않고 다른 곳에서 관리하는 경우도 있을 수 있다. 저작권사가 세계 판권(world rights)을 안 가지고 있을 수 있다. 번역 판권은 다른 곳에서 관리하는 경우도 있어 그들도 확인해야 할 때가 있다.

스티븐 킹은 미국인이 사랑하고 특히 할리우드가 사랑하는 작가이다. 내는 책마다 베스트셀러가 된다. 지금은 어떤지 모르겠는데 예전에 듣기로 초판을 보통 100만 부 찍는다고 했다. 대단한 작가이다. 호러 소설인 줄 알았는데 다 읽고 나니 성장 소설이었던 행복한 배신을 안겨주기도 했다. 『스탠드』는 더블데이(Doubleday)가 하드커버를 냈고 앵커(Anchor)가 페이퍼백을 냈다. 앵커는 페이퍼백 리프린트 권한만 소유한다. 번역 판권은 더블데이에서 가지고 있는데, 더블데이 라인이 크노프(Knopf)로 흡수되어 지금은 크노프 더블데이(Knopf Doubleday)에서 관리한다. 한국 에이전시는 크노프와 독점적으로 일하는 KCC이다.

엘모어 레너드 역시 할리우드가 사랑한 작가이다. 펄프 픽션의 제왕, 〈겟 쇼티〉, 〈재키 브라운〉 등의 원작자이다. 아쉽게도 그는 2013년 세상을 떠났다. 묘사를 지양하고 대사를 통해 이야기를 전개하는 솜씨가 탁월하다. 싸구려 인생일지언정 폼나게 사는 매력적인 캐릭터들을 꽤 많이 만들어냈다. 국내에는 『로드 독스』, 『표적』, 『럼 펀치』 세 권이 출간되었으나 지금은 절판되었다. 엘모어 레너드의 번역 판권을 관리하는 곳은 와일리 에이전시이다.

해외 출판사의 홈페이지에서 담당자 정보를 보고 문의할 수도 있는데, 출판사 책들의 번역 판권을 내부에서 관리하지 않고 특정 에이전시에 일임하는 해외 출판사도 있다. 이 경우 어느 에이전시로 연락하라고 회신이 오기도 하고, 한국 에이전시에서 바로 회신이 오기도 한다. 여기서 조심해야 할 것은 어떤 한국 에이전시는 자신을 거치지 않고 독점사에 바로 연락했다고 항의를 하기도 한다는 점이다.

판권 문의 메일 양식

국문 메일 양식

판권 문의: THE STAND by Stephen King

과장님

안녕하세요? SBI 출판사의 황지현입니다.

아래 타이틀의 판권 상황이 궁금합니다. 한국어 판권이 살아 있으면 검토하고 싶습니다.

책이나 원고를 보내주세요.

감사합니다.

황지현 드림

THE STAND by Stephen King

Doubleday

ISBN-13: 978-0385199575

<u>영문 메일 양식</u>

Rights Inquiry: RUM PUNCH by Elmore Leonard (The Wylie Agency)

Dear Stephanie,

It's very nice to meet you via e-mail. I am Jeannie Hwang at SBI Publishing Company in Seoul, Korea. We are interested in the above-mentioned title. Could you please let me know the Korean translation rights are available? If the rights are available, please send me the e-manuscript. I look forward to hearing from you soon. Thank you.

Best,

Jeannie

이메일 보관과 관리의 중요성

이메일 관리는 진짜 중요하다. 나의 업무를 기록하고 추적하는 게 일차적인 목적이고 문제가 생겼을 때 책임 소재를 분명히 하는 데도 도움이 된다. 한 사안에 대한 메일은 계속 이어서 쓴다. 필자는 항상 메일을 정리하면서 그날의 업무를 마무리했다. 그날 처리한 메일은 받은 메일과 보낸 메일 모두 관련 폴더로 이동하고, 미처 처리하지 못한 메일은 일단 받은 편지함에 두었다. 메일은 절대 지우지 않았다. 모든 메일을 다 보관하는 것이다. 필자의 경우, 컴퓨터프로그램 중 아웃룩프로그램 용량이 가장 컸다.

2

오퍼의 기술

오퍼 진행은 예측불가능의 과정

오퍼는 주로 무역회사에서 쓰는 용어인 줄 알았는데 번역권도 크게는 수입에 속하니 그렇게 쓰는 것 같다. 해외 출판사의 어떤 책을 한국어로 번역해 출간하는 권리를 일정한 조건에 구입하고 싶다는 내용이 들어간다. 오퍼에는 계약 기간과 선인세, 인세율, 예상 정가, 예상 초판 부수 등의 사항이 들어간다. 경쟁이 붙지 않는 책이라면 초판 선인세를 선인세로 제시하는 게 정상인데, 우리 시장에 적합한 책이나 책을 보는 안목이 대체로 비슷하니 경쟁이 자주 붙는다. 또 그 경쟁에서 이기려면 선인세를 올려야 한다. 해외 저작권사에서 조건이 마음에 들면 오퍼를 받아들이고 승인한다. 오퍼 승인(accepted and confirmed)이다. 대체로 선인세가 계약 여부를 결정한다. 겪어보니 인세율이나 마케팅 계획서는 큰 역할을 못 하는 것 같다. 해외 저작권사 입장에서는 선인세 금액에 따라 당장 들어올 커미션이 달라지니 그런 듯하다.

해외 저작권 담당자 초기 시절 넣는 오퍼마다 떨어져서 너무 괴로웠다. 그때는 감도 없었고 요령도 없을 테니 그럴 만도 했는데 연달아 오퍼에 떨어지니 일을 그만두어야 할지 크게 고민했다. 물건 살 때도 가격 흥정을 못하는 성격이어서 말이다. 오퍼에 떨어지면 검토하고 논의한 일련의 과정들이 말 그대로 다 날아간 셈이니 허탈할 수밖에. 그래서 내 나름대로 전략을 바꿔서 에이전시 담당자를 괴롭히기 시작했다. 여러 차례 전화 통화를 하다 보면 새는 정보가 있다. 그래서일까. 중요한 책을 옥션하는 동안 전화 통화를 피하고 메일로만 연락하는 담당자도 있었다. 오퍼한 출판사는 몇 군데이고 지금 선인세 수준은 어느 정도일까. 반드시 계약해야 하는 책인 경우 집요하게 매달렸다. 돌이켜 보니 오퍼를 진행할 때 나의 전략은 불쌍한 척하기, 매달리기 같은 전략이었다. 어쨌든 오퍼 관련 상황을 파악하고 진행하는 데 차츰 노하우가 생기는 것 같았다. 하지만 이 때문에 역으로 당하는 경우도 많았다. 더 노련한 에이전시 담당자는 이런 식으로 활용한다. "대략 선인세 얼마 정도면 좋겠다고 이야기 중이야?" 농담으로 생각하고 순진하게 말했다. 다음 날 내가 말한 금액이 기준점이 되어버렸다. 그 금액 이상으로 오퍼를 해달라는 공지가 왔다. 이쯤 되면 순진함을 넘어 머리가 나쁘다고 해야 한다. 많이 자책했다. 에이전시와 소통할 때 예상 선인세는 쉽게 말하면 안 되고 내부적으로 정해진 베스트 금액도 함부로 말하면 안 되는 것이었다.

아는 편집자들의 고충을 여러 번 들었다. 그 편집자는 해외 저작권 담당자가 따로 없는 출판사에서 일했는데 직접 책을 찾아 검토하고 오퍼했다. 하지만 선인세 금액을 올려달라는 해외 저작권사의 요구를 맞출 수가 없어서 포기했다고 한다. 그런데 나중에 그 책이 대형 출판사에서 나온 것을 보고 너무 화가 났다고 한다. 어떤 경우에는 오퍼를 했더니 뜬금없이 관심 있는 다른 출판사가 나타났다는 말을 듣고 황당했다고 한다. 그 대형 출판사의 누군가도 그 책의 진가를 알아보았는데 해외 저작권사의 요구를 맞출 능력이 되었을 뿐이라고, 진짜로 관심 있는 출판사가 나타났을 수도 있다. 해외 저작권사가 일부러 경쟁을 부추긴 것일 수도 있다. 책은 또 있을 테니 너무 상심하지 말고 꾸준히 하면 노하우가 생길 거라고 다독여주었다. 정말 많은 책의 오퍼를 진행했는데 오퍼 과정이야말로 보이지 않는 손이 작용하는 게 아닐까 싶다. 변수도 많고 별 다양한 일들이 많다.

오퍼 진행이 마음처럼 되지 않는다고 속상해하지 말자.

보통은 최종 마감일이 정해지면 그날까지 베스트 오퍼를 한다. 최종 오퍼 중에서 조건이 유사한 경우가 있으면 그 출판사끼리 2차 오퍼를 진행하는 것이 국내 에이전시의 방식이다. 여기까지 각 출판사들이 눈치 작전을 벌인다. 내부적으로 정한 금액이 넘어가면 그냥 접으면 좋은데 그러기가 쉽지 않다. 일단 어떤 책에 마음을 뺏기면 첫 느낌이 기준점이 되어버려 다른 정보들을 덮어버리기 싶다. 일단 무언가에 마음을 뺏기면 우리 뇌는 신바람이 난다. 자동적으로 그 마음을 굳혀주는 설명이나 이유를 떠올리는 것 같다. 부정적인 여러 정보들이 들어와도 무시해 버린다. 지름신이 그래서 내리는 게 아닐까. 나중에 이 책이 베스트셀러가 될지도 모른다는 예상 기대치도 작용할 터다. 그래서 비정상적으로 선인세 경쟁이 일어나고 상상을 뛰어넘는 금액으로 계약이 이루어진다. 물론 단숨에 선인세 이상을 판매하는 책도 있다. 하지만 일정 금액이 넘어가면 과감하게 접자. 책은 많다.

오퍼 과정에 돌발 변수는 정말 많다. 2015년이었던 것으로 기억하는데 〈랑야방〉의 원작 소설이 에이전시 자료에 떴다. 총 세 권이었다. 필자는 철저하게 계산된 복수라는 점에 끌렸고 사장님은 드라마를 재미있게 보고 계셔서 오퍼를 하게 되었다. 선인세는 세 권 합쳐 1만 달러가 못 되는 금액이었다. 에이전시에서 이미 권당 1만 달러가 넘었다는 연락이 왔다. 중국 출판사에서 그렇게 알렸다고 한다. 아무리 드라마가 재미있다고 중국 소설책을 그렇게 비싸게 오퍼할까 싶었다. 중국 출판사의 상술이 아닌가 의심스럽기도 했고 정작 책을 만들어야 하는 소설팀장님이 중국 소설에 적극적이지 않아 선인세를 더 올리지 않았다. 나중에 듣기로 권당 1만 달러 이상으로 계약되었다고 한다. 그 책을 계약한 출판사의 누군가가 드라마의 광팬이었다고. 책은 출간 후 아주 잘 팔렸다. 나중에 드라마를 보고 그럴 만도 하겠다는 생각이 들었다. 주인공은 딱 제갈량의 캐릭터였고 곳곳에 떡밥을 뿌리고 회수하는 솜씨가 일품이었다. 역시 즐기는 자를 당할 수 없는 법이네, 아이고 우리랑은 연이 없었나 보네, 이렇게 위안을 했다.

아주 아날로그 방식으로 오퍼를 진행한 적도 있었다. 보통은 이메일로 오퍼를 하는데 오퍼장을 들고 에이전시로 간 것이다. 경제경영 및 자기계발서를 주로 내는 출판사에서 일할 때 있었던 일이다. 유명한 투자가의 전기책에 경쟁이 붙었다. 무조건 계약하자고 내부적으로 합의했다. 당시 필자가 일하던 출판사는 유명한 저자의 책을 계약해 온 회사가 전력 투구하는 전략을 주로 썼다. 금액이 계속 오르더니 마지막에 우리 포함 두 군데가 남았다. 투명성을 위해 최종 베스트 오퍼는 두 출판사가 에이전시에 모여 동시에 개봉하기로 했다. 개봉했더니 우리는 너무 낮았고(타사 오퍼에 비해) 타사는 너무 높았다(우리에 비해). 사실 경쟁이 치열한 경우 이 방법도 나쁘지 않다는 생각을 가끔 했다.

국내 에이전시에 오퍼하는 경우

저작권중개신청서(오퍼장) 양식 작성

검토를 하고 출간해 보자는 내부 합의 및 최종결정권자의 승인이 나면 오퍼를 한다. 원고를 받은 국내 에이전시에 오퍼장, 즉 저작권중개신청서를 제출한다. 각 에이전시에는 자신들의 저작권중개신청서 양식이 있는데 내용은 대개 비슷하다. 제목, 저자명, 출판사 또는 저작권사, ISBN 같은 서지 사항은 기본이고 중요한 것은 선인세와 인세율, 계약 기간, 출간 기한, 예상 소매가이다. 우리는 5년짜리 번역권 라이선스(지적재산권의 사용 허가, 수익 보고 의무)를 사 오는 것이다.

에이전시 관리비 및 취소 규정 잘 읽기

저작권중개신청서에는 에이전시 관리비 책정 가이드라인이 있는데 잘 읽어보아야 한다. 단행본인지 여러 권 시리즈 계약인지에 따라 관리비가 다르다. 또한 오퍼 취소와 관련한 규정이 있으므로 반드시 숙지한다. 오퍼 승인 후 계약서가 오가는 시점에 취소하는 경우 어떤 해외 저작권사는 선인세의 일정 부분을 패널티로 요구하기도 한다.

선인세 분납 신청

프로포절로 계약하고 선인세가 1만 달러 이상인 경우 반드시 분납을 신청한다(계약 시와 최종 원고 수령 시). 1만 달러 이하인 경우도 신청해 보았으나, 받아주지 않았다. 선인세 9000달러짜리 계약이 있었는데 5년이 지나도 원고가 오지 않았다. 저자가 안 쓰는 것 같았다. 에이전시에 요청해 계약일을 최종 원고 수령일부터 5년으로 수정하는 어덴덤(addendum)을 부랴부랴 작성했다. 주기적으로 원고 일정을 문의했는데 그러면 언제로 연기되었다는 회신만 받았다. 만일을 대비해 선인세 분납 신청은 반드시 필요할 것 같다.

전자책 오퍼 챙기기

요즘은 보통 종이책과 함께 전자책도 함께 오퍼하지만, 몇 년 전만 해도 종이책만 계약했다. 이후 전자책 플랫폼이 여러 개 생겨나고 시장이 확대되어 전자책을 추가로 계약하는 경우가 많아졌다. 이 경우 종이책과 전자책 계약 기간이 달라져서 계약 관리가 불편했다. 재계약을 하면서 기간을 맞추기는 했다. 이것도 전자책 선인세가 없는 경우에나 수월한 일이다. 전자책은 추후에 오퍼하는 경우 함께 오퍼하는 것보다 에이전시 진행비도 별도로 든다. 잊지 말고 전자책도 오퍼하자.

해외 저작권사에 직접 오퍼하는 경우

국가별 원천세 확인 및 표기

저작권사가 소재한 국가의 원천세율(withholding tax)을 확인해서 표기한다. 간혹 잊고 쓰지 않았다가 오퍼 승인 후 문제가 되기도 한다. 원천세를 왜 공제하고 송금하는지, 그 이유를 모르는 저작권사가 의외로 많다. 해외 번역 판권 계약을 많이 해보지 않은 출판사가 그렇다. 한국에 거주하지 않는 사람이 한국에서 수익을 얻는 경우 반드시 국가에 납부해야 한다.

선인세 통화 확인

보통은 달러로 오퍼하는데 유럽의 경우 유로로 한다. 영국의 경우 달러 금액으로 오퍼하거나 그에 상응하는 파운드화를 제시한다. 저작권사에 따라 특정 통화를 지정하기도 한다.

프로포절로 계약 시 계약 기간 확인

프로포절로 계약하는 경우 최종 원고 전달일로부터 5년

으로 기재하기도 하는데 가끔 정말 1교 상태의 원고를 최종 원고라고 보내주기도 한다. 추후 작업 도서를 받아보면 철자만 수정한 게 아니라, 본문 내용까지 많이 달라진 경우도 있으니 주의해야 한다. 소설은 결말이 달라진 경우도 있었다. 그래서 인쇄용 최종 원고 수령일로부터 5년이라고 표기하면 좋겠다(영문 표기: 5 years from delivery date of print-ready PDF final manuscript).

프리엠트

이 책을 꼭 계약하고 싶은 출판사가 경쟁을 피하기 위해 미리 큰 금액의 선인세로 오퍼하는 것을 말한다. 이 오퍼를 받은 해외 저작권사가 금액이 마음에 들면 그 오퍼를 수용하고 그 책을 검토 중인 다른 출판사에 프리엠트(Pre-empt)로 오퍼를 마감한다고 공지한다. 프리엠트 하면 늘 떠오르는 일이 있다. 대략 10년 전 대니얼 카너먼(Daniel Kahneman)의 *Thinking, Fast and Slow*(한국에서는 『생각에 관한 생각』으로 출간) 프로포절이 공개된 후 다음 날인가 바로 프리엠트 오퍼로 계약되었다는 메일을 받았다. 브록만에서 프리엠트로 오퍼를 받았고 저자가 승인했으니 한국어 판권은 계약되었다고 했다. 이렇게 빨리? 무척 당황했다. 지금 이 책이 전 세계적으로 베스트셀러를 넘어 스테디셀러로 자리 잡은 걸 볼 때, 결정의 속도도 분명 중요한 것 같다.

영문 오퍼 메일 양식

Dear Stephanie,

I hope you well. We finished reviewing. I am very pleased to present our offer to you. Please see the offer below and let me have your opinion on this. Hope you to accept this. I look forward to hearing from you soon.

OFFER: RUM PUNCH by Elmore Leonard (The Wylie Agency)

Advance: USD $3,000

Royalties Rate: 6%(up to 10,000 copies sold), 7%(from 10,001 copies sold up to 2,0000 copies sold), and 8% thereafter

E-book: 25 % of net receipt

Subjected to: 10% withholding tax (UK)

Period: 5 years from agreement

Publisher: SBI Publishing

Address: 44, Donggyo-ro 22-gil, Mapo-gu, Seoul, Republic of Korea

Request: three working copies, author photo, PDF manuscript

오퍼 승인

저작권사가 오퍼를 승인(Offer Accepted)한 경우 승인되었다는 확인 메일을 보내준다. 오퍼 승인 메일에는 계약 조건이 정리되어 있으므로 맞는지 확인한다. 가끔 국내 에이전시 담당자의 승인 메일에 조건이 다르게 표기된 경우도 있다. 필자는 오퍼 및 계약서 진행 현황이라는 엑셀 파일을 만들어서 사용했는데, 업무에 도움이 많이 되었다.

외서 오퍼 현황 및 계약서 진행 현황

오퍼 날짜	제목	저자	저작권사	선인세	인세율	전자책
2019 -03-12	RUM PUNCH	Elmore Leonard	The Wylie Agency	US$ 3,000	6,7,8 % (만부)	25% net

데이터비	오퍼 승인	계약서 수령	계약서 발송	양자 서명 완료	작업도서 수령	특이사항
없음	2019 -04-01	2019 -04-15	2019 -04-21	2019 -05-15	2019 -06-30	

* 본문에는 두 줄인데 엑셀 파일에서는 한 줄로 정렬하자.

오퍼 승인 확인

오퍼 마감 후 우리 출판사의 오퍼 조건이 가장 좋아 저작권사에 보냈다는 확인을 받고 일주일 내로 연락이 없으면 국내 에이전시에 문의해야 한다.

미국 펭귄 출판사의 경제경영 전문 임프린트 책을 오퍼한 적이 있다. 국내 에이전시가 우리 출판사의 선인세가 가장 높으니 계약하는 데 문제가 없을 것이라고 했다. 그러면 보통 일주일 내에 승인이 나는데 2주가 지나도 연락이 없었다. 연락을 해보니 에이전트도 재촉 중이라고 했다. 보름이 훨씬 지나고 연락이 왔는데 알고 보니 그 해외 출판사의 편집자가 그 책 저자를 모시고 다른 출판사로 옮겨버린 것이었다. 해외 출판사가 바뀌면서 국내 에이전시도 덩달아 바뀌게 되었다. 같은 조건으로 바뀐 국내 에이전시에 다시 오퍼했고 최종 승인을 받았다.

계약서 진행 재촉

오퍼 승인일을 기재해 두고 한 달이 지나도 계약서가 오지 않는 경우 에이전시에 문의해야 한다. 요즘은 전자계약서로 진행하는 경우도 많지만 여전히 종이계약서를 고수하는 곳도 있다. 계약서 초안을 작성해서 확인하는 기간도 있으니 한 달은 기다려본다. 최초로 받은 계약서가 저작권자의 서명이 끝난 경우도 있을 텐데, 이 경우 오퍼 현황 파일에는 출판사에서 서명한 계약서 발송일과 최종 계약서 수령일을 같은 날로 표기하면 된다.

3

계약서 검토

계약서 검토의 중요성

계약서 검토는 대단히 중요하다. 의외로 그냥 서명하는 출판사가 있는데 모든 계약서를 꼼꼼하게 검토해야 하다. 계약을 많이 하던 저작권사 계약서를 필자도 대충 검토해 곤혹을 치른 적이 있다. 하드커버로만 출간한다는 조항을 양자 서명까지 다 마치고 발견했다. 부랴부랴 수정을 했지만 담당자들에게 무척 미안했다.

영미 도서의 경우 국내 에이전시는 한글 번역본을 제공하지 않는다. 모든 계약서를 한글로 번역하는 국내 출판사도 있다. 일본 책의 계약서는 거의 일본어로 작성되고 중국 책 계약서의 경우 한글과 중국어가 병기된다. 일본 출판사 중에 영문으로 계약서를 작성하는 곳도 있다. 개인적인 생각으로 일본어로만 계약서를 작성하는 건 문제가 있다는 생각이 들었다. 나중에는 많이 보다 보니 어떤 내용인지 다 알게 되기는 했다.

계약서에 기재되지 않는 사항은 한국 출판사에 아무 권리가 없다. 유추하거나 확대 해석하는 일이 없도록 하자.

오퍼 승인이 난 다음, 한 달 이내에 계약서가 오는 편이다. 종이 계약서인 경우 오퍼 승인 후 통상 석 달 이내에 양자 서명이 완료되는 것으로 잡았다. 해외 저작권사 또는 국내 에이전시에서 초안을 작성하는 시간, 국내 출판사에서 머무르는 시간, 또 해외에 갔다가 다시 오는 시간 등을 고려하면 석 달은 족히 걸리는 것 같다. 더러 급한 일정이 있는 경우 스캔본 진행 등 여러 방법을 동원해 이 기간을 단축하기도 한다. 종이 계약서로 진행하는 경우 시간도 많이 걸리고 분실해 국제 미아가 되는 경우도 잦았다. 해외 담당자나 저자가 계약서를 오래 방치한 경우도 있었다.

요즘은 DocuSign 등 전자서명도 점차 늘어가는 추세인데 이 경우 한 달 이내에 양자 서명이 완료된다. 종이 계약서로 계약서 서명을 진행할지 전자 서명으로 진행할지 물어보는 해외 저작권사도 있다. 계약을 안 하는 한이 있더라도 종이 계약서를 고수하는 한국 출판사도 있다. 어떤 출판사 사장님은 전자서명이 대세가 될 것으로 본다면서 마뜩잖은 반응을 보였다. 오퍼 승인 후 2주 후에 양자 서명이 완료되고 일주일 후에 선인세 송금일 문의가 오니 말이다. 종이 계약서로 진행되면 통상 두세 달은 걸리니 그사이 자금 계획을 세울 수 있었는데, 너무 빨리 진행되니 살짝 당황스럽다고 했다. 빠르다고 다 좋은 게 아님은 틀림없다. 출판의 미학은 느림이 아닐까, 하는 생각이 든다. 한편으로 어떤 해외 저작권사 담당자를 프랑크푸르트 도서전에서 만났는데, 그분은 전자계약서 때문에 한숨 돌렸다고 한다. 계약서 진행이 느리다고 항의를 많이 받았기에, 계약서 진행 자체가 큰 스트레스였다고 했다.

국내 에이전시의 계약서 진행 속도

안 그런 곳도 있지만, 국내 에이전시에는 계약서 담당자가 따로 있다. 해외 저작권사가 초안을 작성하는 경우가 있고 국내 에이전시에서 초안을 작성하는 경우가 있다. 누가 초안을 작성하는지는 해외 저작권사와 국내 에이전시의 협의 사항이다. 해외 저작권사가 초안을 작성하는 경우, 에이전시 계약서 담당자가 오퍼 승인 내용을 바탕으로 검토하는데, 틀리게 오는 경우가 꽤 많다. 초안 받는 데 시간이 걸리고 수정하는 데 시간이 걸리는 셈이다. 국내 에이전시에서 초안을 작성하는 경우에도 마찬가지이다. 에이전시에서도 계약서 수령 및 등록과 관련한 내부 절차가 있을 테고, 한 사람이 처리해야 하는 물리적인 양도 만만치 않을 것이다. 생각만큼 우리 출판사의 계약서가 빨리 진행되지 않을 수도 있다.

계약서 주요 조항 검토

계약 당사자 표시(Proprietor line)

계약서 세 번째 줄은 보통 Proprietor line이라고 보통 저작권사 정보가 나온다. A c/o B 구조가 있는데 A는 보통 저자이고 B는 에이전시이다. c/o(in care of)는 B가 A를 대리한다는 의미이다. 이 경우 계약서는 4장 서명으로 진행된다. 저자, 해외 에이전시, 국내 출판사, 국내 에이전시. c/o가 없는, Proprietor line에 해외 출판사만 있는 경우 계약서는 3장으로 진행된다.

권리 부여(Grant of Rights)

Grant of Rights

The Proprietor grants to the Publisher the exclusive rights to print, publish, sell the work in hardcover or trade paperback and E-Book (as defined in sub-clause) formats only in the Korean language throughout the World.

1조, print 앞에 'translate'라는 말이 들어가야 한다는 문제를 놓고 논란이 있었다. 어떤 저작권사는 삽입해 주었고 어떤 곳은 굳이 필요 없다는 입장을 보였다. 한국어로 출간한다는 말이 translate를 포괄한다고 했다. 필자는 translate를 넣는 게 맞다고 본다.

영미권 계약서에는 보통 throughout the World 조항이 있다. 한국어로 된 책을 전 세계에 유통할 수 있다는 말이다. 참고로 일본 저작권사의 계약서는 유통 지역을 한국에 한정한다.

1조에서 보통 한 가지 형태의 책만 출간 가능한 것으로 규정한다. 양장이든 무선이든 하나만 출간할 수 있다. 영미권은 하드커버와 페이퍼커버의 구분이 엄격한 편이다. 두 가지 판형이 동시에 시장에 나오면 안 된다고 생각하는 해외 저작권사도 있다. 출판사 입장에서 판형이 열 가지이면 인세 수익이 증가한다고도 하는데 반대로 저작권사 입장에서는 계약과 달리 상품이 여러 개가 되므로 선인세를 더 받아야 한다고 생각한다. 초판을 무선으로 냈고 이를 모두 소진한 후 리커버를 위해 양장으로 내는 경우도 있는데, 이것도 저작권사와 협의해야 한다. 초판의 사양과 가격이 달라지기 때문이다. 지금껏 문제없이 냈다고 항변하는 경우가 있는데 문제가 생기면 항상 계약서가 기본이므로 서명 단계에서 정확하게 확인해야 한다.

계약 기간(Terms of Licence)

Terms of Licence

This agreement shall be valid for a period of 5(five) years from the date of this Agreement, and all rights herein granted shall revert automatically to the Proprietor on date, month, year unless rights have already reverted under any other clause in this Agreement.

한국 출판사가 해외 저작권사와 체결하는 계약은 대체로 번역권 라이선스이다. 계약일로부터 5년 동안 해당 책을 번역하고 양장 또는 무선 제본으로 출간해 판매하는 독점적인 권리를 사고파는 것이다. 콘텐츠를 가진 해외 저작권사가 갑이고 국내 출판사가 을인 구조이다. 5년이 지나면 모든 권리는 저작권사로 귀속된다(revert).

선인세 및 인세율(Advance & Royalties)

가장 중요한 조항이다. 정율(flat)이 아닌 판매 부수별 인세(escalated royalties) 방식이 대부분이다. 오퍼 승인 인세율과 맞는지 반드시 확인한다. 가끔 양자 서명이 완료된 경우 인세율이 틀린 걸 발견하기도 한다. 모든 선인세 규정에 'non-returnable'이라는 조항이 있다. 선인세 송금 후 어떠한 경우에도 반환하지 않는다는 규정이다.

대체로 해외 저작권사들은 원천세를 아는데, 원천세 조항 없이 가끔 아래와 같은 조항만 있는 계약서가 있다.

All payments due to Proprietor hereunder shall be made without deductions for exchange, taxation, or otherwise.

원천세를 공제하고 송금했는데 계약서에 이 조항을 들며 공제한 금액을 다시 송금하라는 경우가 있으니 조심해야 한다.

전자책과 관련한 조항으로 특이한 것은 전자책 출간 후 2년이 지나면 인세율을 재검토할 수 있다는 조항이 항상 들어간다는 점이다. 합의에 실패하면, 전자책 계약은 종료한다고 규정한다. 전자책 시장의 전망이 불투명했던 시절, 시장 상황이 언제든 변할 수 있으므로 인세율을 조정하기 위한 방편이었다고 한다.

순수입(net amount received)의 25%라는 인세율은 어느 정도 자리를 잡은 상황인 것 같다. ICM 같이 순수입의 40%를 고수하는 저작권사도 있고 다운로드 횟수에 따라 인세율을 달리 적용하는 곳도 있다. 잉크웰 매니지먼트(Inkwell management) 같은 해외 저작권사는 순수입의 25%가 아니라 다운로드 횟수별 구간을 나누어 인세율을 책정하자고 한다. 전자책과 관련해 'verbatim'이라는 말이 꼭 들어가는데,

전자책은 종이책을 그대로 올리는 것을 말한다. 종이책에 없는 요소(이미지나 링크, 동영상)를 추가로 삽입하는 것을 금지한다.

한번은 증정본 부수에 인세가 적용된 적이 있었다. 출간한 해에 판매 증진을 위해 일반적인 경우보다 많은 부수를 증정했다. 기독교책이었던 것으로 기억한다. 일이 꼬이려고 그랬는지 계약서에 증정본을 초판의 몇 %로 한정해 그 이상으로 증정하는 경우, 초과 부수를 판매로 간주한다는 조항이 있었다. 계약서에 그렇게 명시되어 있고 사전 협의도 없었으니 판매 증진이 목적이었다고 설득했지만 받아들여지지 않았다. 결국 초과 증정 부수는 판매로 계산되었다. 추가 인세가 몇만 원 발생했다. 물론 이런 조항이 없는 계약서도 있다. 계약서 검토 시 이런 조항이 있는지 또 출판사의 통상적인 증정 부수와 일치하는지 살펴보아야 한다. 보통 초판의 5%로 규정하는데 어떤 계약서의 경우 3%로 규정하는 것도 있다. 재고 처리를 위해 기증하려는 경우도 해외 저작권사와 미리 협의하는 게 좋겠다.

출간 기한(Publication Deadline)

출간 기한은 보통 계약 후(또는 번역 가능한 최종 원고 전달 후) 18개월이다. 24개월인 경우도 있다. 그런데 이런저런 내부 사정으로 18개월 내에 출간하지 못하는 경우도 있다. 출간 기한 엄수는 중요하다. 출간 기간 내에 내지 않으면 우리 출판사의 책을 시장에서 합법적으로 팔 기간이 줄어들기 때문이다.

어떤 해외 저작권사는 출간 기한을 어기면 패널티로 추가 선인세를 받는다. 물론 이 경우 계약서의 선인세에 추가되고 계약 기간은 늘어난다. 선인세만 늘어나고 계약 기간은 연장되지 않는 경우도 있으니 패널티로 선인세를 지불하는 경우 선인세에 포함하고 계약 기간도 연장해 달라고 요청하자. 어떤 소설 작가의 에이전시는 출간 기한이 지연된 이유에 대해 해명서를 달라고 했다. 자신들도 저자에게 해명을 해야 한다고 말이다. 아울러 재발 방지 대책도 함께 알려달라고 했다. 지연된 사유와 함께 앞으로 더 지연되는 일이 없도록 하고 작가의 책에 정성을 다하겠다는 편지를 영문으로 써서 에이전시에 전달한 적이 있다.

판매 보고(Accounting)

판매 보고는 6개월 또는 1년 단위로 진행한다. 6개월 단위(반기)인 경우 6월 말까지 판매 자료를 9월까지, 1년 단위(전기) 보고인 경우 다음 해 3월까지 보고하고 송금도 마무리한다. 국내 출판사 중에는 7월과 1월에 판매 보고 및 송금까지 마치는 곳도 있다. 추가 인세의 송금 일정을 별도 협의하더라도 판매 자료는 3개월 이내로 반드시 보고하는 게 좋을 것 같다.

다니던 출판사에서 같은 저자의 책을 10권가량 출간했

다. 같은 저자의 책이지만 일본 저작권사가 네 군데이다 보니 판매 보고가 누락된 적이 있었다. 판매 보고도 한참 늦었고 보고 자체가 아예 누락된 것이었다. 보통 에이전시에서 보고할 전체 리스트를 주는데 우리 출판사에서 누락했고 에이전시는 들어오는 것들 위주로 보고해서 이런 일이 발생했다. 에이전시도 보고할 책이 너무 많다 보니 자신들도 못 챙겼다고 했다. 꾸준히 팔리는 책이었고 계약 기간 만료도 다가오고 있어서 대단히 긴장했다. 정성껏 사과 편지를 썼는데 세 권은 재계약에 실패했다. 일본 저작권사에서 우리 출판사와 재계약하지 않겠다고 해서 계약 종료 처리되었다.

사실 에이전시에서 이런 일들을 점검해 주어야 한다는 생각도 들었지만, 결론적으로 우리 출판사의 계약은 우리가 직접 잘 챙겨야 한다.

번역(Translation)

번역본 제출(Translation Submit) 조항이 있는 계약서가 가끔 있다. 출간 전 번역 원고 전체를 제출하라는 해외 저작권사(The Wylie Agency)도 있고 몇 페이지만 제출하라는 해외 저작권사(The Princeton University Press)도 있다. 대략 1교나 2교가 끝난 원고를 보내면 될 것 같다.

사실 처음에 도대체 누가 한국어 원고를 검토한다는 것인지 이해가 안 되기도 했다. 누군가 읽기는 하는 걸까? 가끔 어떻게 고치라는 피드백이 진짜 왔다. 한국 편집자만큼 한글을 잘 다루는 사람이 없을 텐데 그런 피드백을 받으면 당황하지 않을 수 없다. 겪어보니 장점도 있었다. 어떤 저자는 한국인 지인을 통해 진짜 전체를 리뷰해서 코멘트를 주기도 했다. 주로 영문을 우리말로 음역해 표기하는 문제가 많았다. 어쨌든 저자의 요청이니만큼 최종교에 반영했다.

뉴욕현대미술관(MoMA)에서 발간하는 예술 책과 아동 그림책을 출간한 적이 있었다. 당시 출판 책임자가 한국계 미국인이었다. 그래서 우리가 출간하는 모든 MoMA 책을 그곳에서 일하는 한국인 큐레이터가 리뷰해서 피드백을 주었다. 예술계의 사실관계에 대해 상세하게 알려주어 도움이 되었다. 가끔 번역을 하다 보면 사실관계를 알아야 정확한 번역이 나오는 경우가 있다. 역자나 편집자나 놓치는 부분들이 있을 수 있다.

일본 아동 그림책 승인과 관련해 기억나는 일이 있다. 출간 전 전체를 인디고 출력해 승인을 받아야 했다. 일본의 노란색은 우리 노란색과 좀 다르다고 한다. 보드북의 특성상 한국어판의 색감이 잘 나올지 걱정하면서 승인을 보냈는데 피드백은 다른 부분에서 왔다. 번역이 틀렸다는 것이다. 어감을 살리기 위해 귀여운 우리말로 번역했다. 일본 저작권사에서 번역을 왜 이렇게 한 거냐고 물었다. 일본 저작권사 내부에 한국어를 공부하는 사람이 있었던 것이다. K-POP 인기의 여파를 우리는 이렇게 겪는 셈이었다. 어쨌든 여러 차례의 메일을 주거니 받거니 했고 잘 설득해서 우리 번역대로 출간했다.

보통 다음과 유사한 문구가 있다.

> No additions, deletions, abridgements or alteration in the text, photographs or title may be without the prior written approval of the author.

원서의 내용을 변경(추가, 삭제, 요약 등)하는 경우 출간 전 승인을 받으라는 것이다. 어떤 해외 저작권사는 원서 제목을 그대로 번역하지 않는 경우 사유를 알려달라고 하기도 한다. 내용을 삭제할 때는 특히 조심해야 한다. 내용 삭제를 민감하게 받아들이는 것 같다. 귀찮다고 그냥 넘어가면 나중에 더 귀찮은 일이 생길 수 있다.

피터 드러커 박사의 책이었는데 박사의 동료가 쓴 서문을 한국어판에서 삭제하고 출간한 적이 있었다. 한국에는 잘 알려지지 않은 분이기도 했고 페이지 문제로 삭제했다. 저자 쪽에서 어떻게 알았는지 중판을 찍을 때 반드시 넣어달라고 했다. 세상은 진짜 좁다. 어떤 독자들은 번역이 안 좋다고 해외 출판사에 진짜 메일을 보내기도 했다.

미국의 자기계발서 작가가 오랜만에 책을 냈는데 베스트셀러가 되었다. 그간의 연구와 경험을 집대성한 책이라고 할 수 있다. 원서는 700페이지가 넘는데 한국어판은

360페이지가량 되었다. 어떻게 된 일인가 들어보니 한국 출판사가 저자를 열심히 설득했다고 한다. 어떤 내용을 왜 삭제하고, 페이지는 어느 정도 되면 좋은지 등을 상세하게 영문으로 적어서 승인을 요청했다고 한다. 이 책은 한국에서도 큰 성공을 거두었다.

저작권 소유자(Copyright line)

Copyright line 또는 Authorship Credit라는 조항이 있다. 타이틀 페이지와 표지 등에 원서 제목 및 저자명 표기, 즉 우리가 흔히 아는 영문 판권 페이지를 넣어야 한다는 것이다. 원서는 누가 출간했고 중개자가 있으면 그게 누구인지 등을 밝히는 것이다.

외서는 보통 표지에 원서명을 기재하는 편인데 계약 사항이 그렇기도 하지만 디자인적 요소로 사용하는 것 같다. 어떤 출판사가 표지에서 외서의 흔적을 완전히 지워서 문제가 되었던 적이 있다. 제목도 그렇고 완전히 국내서 같았다. 물론 영문 판권 페이지는 있었다. 표지를 받아본 저자가 표지로 보면 번역서가 아닌 것 같다고 했다. 계약서에 표지에도 원서명을 표기해 달라고 되어 있었다. 어떤 식으로든 표지에 원서명을 표기하면 좋을 것 같다.

참 이상하게도 영문 판권은 몇 단어 되지도 않는데 철자가 자주 틀린다. 에이전시가 판권 페이지를 복사할 수 있게 파일로 잘 주지 않으니 직접 타이핑을 해야 해서 그런 것 같다. 여러 사람이 보았는데도 틀렸다. 표지 승인 요청 메일이나 증정본을 보냈는데 판권에 철자가 틀렸다는 연락을 받으면 참 난감하다. 분명 여러 차례 확인했는데 말이다. 표지 승인을 받을 때 판권 표기 철자를 수정했는데 증정본을 보내고 난 후 다시 연락이 왔다. 한 단어의 철자가 또 틀렸다고 말이다.

표지 승인(Jacket/Cover Approval)

재킷이나 표지 디자인을 승인받아야 하는 조항이다. 표1, 2, 3, 4가 모두 들어간 펼침 표지를 보낸다. 저작권사는 휴일 제외 근무일 10일 또는 14일 이내에 승인한다는 단서가 붙는다. 표지 승인을 요청하고 대략 2주 정도 걸린다고 봐야 한다.

필자를 제일 애태우던 것이 표지 승인을 받는 일이었다. 영미권 책 표지 승인은 가끔 저작권사에서 제목이나 부제 등 표지 글을 물어보는 정도로 진행된다. 이것도 안 물어보는 곳이 많다. 그런데 일본 책은 쉽게 넘어간 적이 많지 않았다. 소설은 더 깐깐했다. 출간 일정은 늘 빠듯해 편집자는 물론 가끔 제작팀에서 표지 승인이 언제 날지 물어보는데 일본 출판사에서는 답이 안 오니 담당자로서 정말 애가 탔다.

계약서에 있는 대로 판권을 표기했는데 일본 출판사에서 다시 바꾸는 경우도 있었고 가끔 일본 원서에 나오는 표지 글 외에 편집자가 검색한 내용을 추가한 경우, 일본 출판사에서 어디에서 이런 내용을 찾았는지 출처를 알려달라고 하고 확인할 수 없는 내용이라며 삭제하라고 했다.

증정본 발송(Complimentary Copies)

한국어판을 보낼 곳을 알려주는 정보인데 출간 보고 레터도 함께 동봉한다. 한국 에이전시에서 발송을 대행하는 경우는 에이전시로 모두 보내면 되지만 그렇지 않은 경우 직접 발송해야 한다. 발송할 때 출간 보고 레터도 동봉하자. 포장도 단단히 해야 한다. 증정본은 권수가 많아서 보통 배편으로 보내는데 중간에 포장 박스가 뜯어진 경우도 있었다. 책이 손상되어 다시 보낸 적도 있었다.

유럽 쪽 발송은 선물 또는 증정으로 보내는데도 관세가 부과되는 경우가 있다. 관세 문제로 저작권사가 받지 않겠다고 해서 되돌아온 적도 있었다. 보내기 전에 에이전시에 꼭 문의하자.

재고 정리(Remainder Copies)

쉽게 말해 땡처리 관련 조항이다. 재고를 털기 위한 방법으로 제작 단가 이하로 판매하는 경우 인세를 지불하지 않아도 된다는 것이다. 초판 발행일로부터 3년 이후에야 가능하다. 만약 제작 단가보다 조금이라도 높은 경우 순수익의 일정 비율을 인세로 지불하라고 한다. 사전 협의가 반드시 필요하다. 그리고 이 경우 번역권 라이선스는 종료한다.

광고 삽입 금지(Advertising)

책 날개에 다른 작가의 작품을 홍보하지 말라는 조항이 있다.

권리 유보 확인(Reservation of Rights)

계약서에 명시된 사항이 아닌 경우 모든 권리는 저자에게 있다는 의미이다. 계약서에 없는 내용을 임의로 확대 해석해서는 안 된다.

부속 데이터(Additional Material)

표지 또는 본문 일러스트 등은 별도 구입하라는 조항이 있다. 우리는 기본적으로 텍스트에 대한 번역권을 라이선스하는 것이다. 본문 및 표지를 직접 구입해야 하는 경우 국내 에이전시를 통하거나 직접 문의할 수 있다. 보통 해외 에디터들도 사진을 구입할 때 장당 미국 내 출간용 가격으로 사진을 구입한다. 해외 판권까지는 잘 염두에 두지 않는다. 에릭 캔들(Eric Kandel)의 『통찰의 시대(The Age of Insight)』는 본문에 사진이 정말 많다. 사진 저작권자가 50군데 이상으로 일일이 연락해 사용 승인을 얻었다. 공짜는 없었다. 50달러부터 수백 달러까지 지불했다. 그나마 다행이었던 점은 당시 에릭 캔들의 에이전시였던 브록만(지금은 저자가 와일리 에이전시로 이동)에서 사진 저작권자의 정보를 일목요연하게 정리한 파일을 주었다는 것이다.

계약 종료(Termination)

이 조항에서 눈여겨봐야 할 것은 연간 판매 부수가 일정 부수 미만이면 계약이 자동 종료한다는 점이다. 대체로 출간 후 2~3년 이후라는 단서가 있기는 하다. 300부 미만으로 판매된 경우 절판으로 간주해 계약을 종료한다는 계약서도 있다.

이 조항을 정말 칼같이 지키는 국내 에이전시가 있다. 필자 역시 이 조항 때문에 국내 에이전시로부터 계약 종료 안내 메일을 받은 적이 있다. 그래서 이후 그 부수를 꼭 챙기게 되었고 부수가 너무 많으면 낮춰달라고 요청했다. 어떤 경우는 수정되었고 어떤 경우는 받아들여지지 않았다.

또한 계약 기간 만료 후 재고 판매 기간(Sell-off Period) 조항이 있는지, 있다면 그 기간은 어떻게 되는지 기록해 두자. 1년까지 허용하는 해외 저작권사도 있지만 보통 6개월이고 그런 조항이 계약서에 아예 없다면, 만료 후 재고 판매 기간이 없다는 말이므로 반드시 문의하고 사전 협의해야 한다.

양도(Assignment)

이 계약의 권리는 계약서 제일 처음에 명시된 출판사에만 부여한다. 임의로 다른 곳에 넘길 수 없다.

전자책 인세(e-book royalties)

전자책 선인세는 보통 없는 경우가 많다(일본 출판사 중 전자책 선인세를 3만 엔 정도 요구하는 곳도 있다). 즉, 팔리면 팔리는 대로 인세를 지불해야 한다. 그렇다 보니 종이책 선인세는 아직 많이 남았는데 전자책 인세를 송금해야 하는 상황이 가끔 발생한다. 참 애매하다. 종이책 선인세에서 차감하면 안 되냐고 문의했더니 별도 계약이라며 안 된다고 했다. 전자책 인세가 100~200달러인 경우는 참 난감하다. 해외송금 수수료가 보통 3~5만 원이니 말이다. 이 경우 다음 해 인세와 함께 송금해도 되는지 문의하자. 더러는 종이책 선인세에서 함께 차감하는 해외 저작권사도 있지만 대개는 별도 정산이다.

전자책 인세율은 보통 순수입의 25% 정률인데 대형 에이전시 ICM은 순수입의 40%로 고정되어 있다. 구간별, 즉 다운로드 횟수별로 인세율을 다르게 정하는 에이전시도 있다.

부가 판권(Sub-rights)

저작권사에 입장에서 부가 판권(Subsidiary Rights)은 꽤 다양한다. 보통 다음과 같고 번역권(Translation rights)도 부가 판권의 하나이다.

Translation, First Serial, Second Serial, Book Club, Permissions, Trade or Mass Market Paperback, Audio

Book, Electronic Book, Commercial and Merchandizing, Performance

1차 연재권(First Serial rights)은 출간 전 신문이나 잡지 등에 연재하는 권리, 2차 연재권(Second Serial rights)은 출간 후 신문이나 잡지 등에 연재하는 권리이다. 북클럽(Book Club)은 북클럽 회원들에게 판매하는 경우 별도 인세율로 제공한다는 것이다. 일반 단행본 가격보다 낮게 판매해서 그렇다. 아동서 계약서에 자주 등장하는 편이다. 번역판의 부가판권에 대한 조항이 없는 계약서가 많다. 그런 경우 반드시 저작권사에 문의해야 한다.

번역판의 일부 내용을 상업용으로 기재하는 경우, 저작권사와 수익을 어떻게 나눌 것인지에 대해 자주 문의를 받았다. 그 수익이 그리 높지 않아 참 애매하다. 배보다 배꼽이 크다고, 송금수수료가 더 많이 나오는 경우가 발생한다. 다니던 출판사의 사례를 들자면, 어떤 경우 외서는 수록 자체를 금하기도 했고 어떤 경우 출판사 자체 수록 비용을 규정해 적용했다. 금액이 낮아서 저작권사에는 굳이 보고하지 않았다. 50만 원이 넘는 경우 저작권사에 보고하고 이익을 분배했다. 이 경우 저작권사로 직접 송금했다.

영화를 위한 발췌(Motion Pictures Excerpt)

한국 출판사는 영화나 드라마 판권에 대한 권리가 없지

만 영화나 드라마를 만드는 데 한국어 시놉이 필요한 경우 한국어판의 번역을 사용할 수 있다는 조항이다. 보통 1만 워드(words) 이내 같은 제한이 붙는다.

실제 그런 사례가 있었다. 연쇄 살인자의 10대 아들이 주인공인 미국 소설이 있었다. 한국의 어떤 영화사에서 이 책의 영화 판권을 구입했다. 번역권을 관리하는 곳은 미국 출판사이고 영화 판권은 저자의 에이전시에서 관리했다. 계약서에 그 조항이 있어서 우리 출판사는 메일로도 동의했다. 혹시나 몰라 번역자의 동의도 받았고 그렇다고 알려주었다. 그런데 저자 에이전시에서 굳이 우리 출판사와 번역자의 계약서를 보여달라고 해서 감정 섞인 메일을 주고받았다. 역자 계약서는 비밀 사항이기도 했고 우리가 번역권 계약을 한 곳은 미국 출판사여서 저자 에이전시의 과도한 요구가 당황스러웠다.

공동제작(Co-production)

사진이나 그림 등 비주얼이 특별한 책, 학습도구(novelty)가 들어가는 아동책은 공동제작의 방식으로 진행된다. 편집용 파일로 이미지를 주지 않거나 주더라도 저해상도 이미지만 주는데, 우리는 텍스트 자리에 한글 번역을 넣어서 보낸다. 주로 중국에서 인쇄해 우리나라 인천항이나 부산항으로 보내준다. 여러 언어를 한꺼번에 인쇄하는 경우 제작 단가가 낮아지는 이점이 있다. 템스앤드허드슨(Thames &

Hudson)이나 워커북스(Walker Books) 같은 해외 출판사는 공동제작으로만 계약이 가능하다.

편집자도 그렇지만 디자이너나 마케터도 공동제작을 선호하지 않는다. 인쇄 또는 배달 사고가 염려되고 무엇보다 책이 필요한 경우 바로 확보할 수 없기 때문이다. 공동제작으로 진행한 아동 그림책이었는데 3000부 납품이 결정되었다. 당장 책이 필요한데 재고가 몇백 부밖에 없었다. 추가 주문을 하고 책을 받는 데 한 달 이상 걸리는 바람에 애가 탄 적이 있었다. 한편으로 공동제작의 이점도 없지 않다. 8도 그림책을 공동제작으로 진행한 적이 있었다. 우리나라에서는 색을 뽑기도 어려웠고 제작 단가가 너무 높아서 공동제작으로 진행하는 게 더 나았던 경우였다.

공동제작 배송(CIF/FOB)

CIF(cost, insurance, and freight)는 국내 입항까지 모든 비용을 해외 저작권사가 책임진다. 우리는 하선하는 순간부터 드는 비용을 지불하는 것이다. 즉, 하선에서 물류 창고까지 배달하는 비용을 부담한다. FOB(free on board)는 인쇄소가 출항하는 항구까지만 배달하고 그 이후 모든 비용을 우리 출판사가 내는 방식이다. 도서 공동제작은 대체로 CIF 방식으로 진행된다. 아주 가끔 FOB도 있는데 처음에 비용이나 사고를 걱정했지만 큰 문제가 없었다. 포워더 업체를 통해 일괄적으로 처리하면 좋겠다.

공동제작은 어쨌든 수입품이므로 통관 절차를 밟아야 한다. 책은 면세이므로 다른 수입품에 비해 통관비가 낮다. 그 비용이라는 게 창고 보관비, 항구에서 팔레트를 내리고 이동하는 비용, 관세사 및 포워더 수수료, 출판사 물류 창고까지 운송하는 비용 등이다.

관세사나 포워더 둘 중 한 군데를 지정하면 된다. 필자는 CIF와 FOB 모두 포워더 업체에 일임했다. 포워더는 입항 후 자사 협력 관세사를 통해 통관을 진행하고 우리 출판사 물류 창고까지 배송해 주었다. 자금 청구서는 포워더가 보내주니 포워더에게 모두 송금하면 된다. 세금계산서 등 증빙 서류도 포워더가 취합해 보내준다.

아동 타이틀 계약 시 고려 사항

아동책은 전집과 북클럽, 납품 등 판매 경로에 따라 인세율이 다양한 편이다. 글 작가와 그림 작가를 관리하는 해외 저작권사가 달라서 각각 계약해야 하는 경우도 있다. 또한 글만 구입하고 그림을 한국 출판사에서 별도로 그려 넣기도 한다. 아동책은 분권하는 경우가 잦으니 사전에 확인하는 게 좋겠다. 출간 직전 분권이 결정되어 해외 저작권사에 문의했더니, 선인세를 더 내라고 했던 적이 있었다. 원서처럼 한 권으로 출간하는 게 원칙이라고 했다. 한국 시장 상황을 설명하며 잘 설득해서 분권으로 출간했다.

또한 아동책은 그림이나 색감이 중요하다. 화면상의 색과 출력 후 색이 다른 경우가 있기에 한국어판 본문 전체 또는 교정지를 출력해서 승인받아야 하는 경우도 있다. 일본 그림책 출판사가 이런 식으로 요청을 많이 했다. 계약서에 명기하는 경우도 있는데, 어떤 식으로 출력해서 보내야 할지 미리 확인해 두는 게 좋겠다.

아동 시장 규모는 갈수록 줄어드는 것 같다. 아동책 전문 출판사가 아니고 성인 책이 주도하는 출판사에서 아동 출판을 꾸려나가는 건 여간 어려운 일이 아닐 것이다. 그 타개책으로 납품 시장을 꾸준히 두드렸다. 서점에서는 몇 부 팔리지 않는 그림책인데 납품을 통해 수천 부씩 판매가 가능했다. 대신 납품 단가가 낮다는 단점이 있다. 서점에서 판매하는 책들처럼 정가의 6, 7% 인세를 지불할 수가 없었다. 그래서 납품인 경우 정가의 4% 정도 인세를 주는 것으로 계약하고 이 경우 납품마다 보고하고 인세를 지불했다. 그리고 연말 보고에서 그 납품 판매는 제외했다. 어떤 에이전시는 납품 전에 인세를 먼저 송금하라고 한다.

4

계약의 마무리, 선인세 송금과 정산

국내 에이전시 청구서의 적용 환율 확인

보통 국내 에이전시로부터 계약서와 선인세 청구서를 함께 받을 것이다. 청구서의 항목을 잘 살펴봐야 한다. 에이전시 입장에서는 모자라는 것보다 남는 게 나으므로 다소 높게 환율을 적용하는 편이다. 얼마 차이 안 날 수도 있겠지만, 선인세가 1만 달러 이상인데 환율이 지나치게 높게 적용되면 청구서 원화 금액이 높아진다. 그만큼 출판사에는 부담이 될 수 있다. 너무 높이 정해져 있는 경우 필자는 조정을 요청해 청구서를 새로 받았다.

선인세 송금 기한 확인

선인세 송금은 양자 서명 직후나 30일 또는 60일 이내라는 조항이 있을 것이다. 보통 양자 서명 계약서를 받은 후 한 달 이내에 송금했던 것 같다. 재직했던 어떤 출판사에서 양자 서명 후 몇 달이 지나도 송금을 하지 않아 일하는 데 무척 어려웠던 적도 있었다. 양자 서명 완료 계약서를 보내주고 바로 송금일 확인 메일이 오기도 하는데 당황하지 말고 계약서를 확인하고 내부 승인을 거쳐 회신하자.

규모가 있는 에이전시는 보통 매주 해외로 송금한다. 해외 저작권사의 요청이 급한 경우 특별히 부탁하면 바로 송금하기도 한다. 1인 에이전시인 경우 간혹 달을 넘겨 송금하는 경우도 있으니 하순에 에이전시로 송금하는 경우 그 달 내로 처리해 달라고 요청한다. 에이전시 관리비 세금계산서 발행 날짜가 다음 달 날짜로 넘어갈 수 있다.

정산서 보관의 중요성

정산서는 꼭 스캔해서 보관하면 좋겠다. 요즘은 출판사의 ERP도 잘되어 있으니 선인세 원화 금액 파악이 어렵지 않다. 송금하는 날의 선인세 원화 금액에서 이후 발생하는 인세를 차감하므로 잘 기록해 두어야 한다. 보통 에이전시에서 기록해 인세 보고 자료에 잔액까지 표기해서 보내주지만, 그렇지 않은 에이전시도 있다. 인세 보고 안내 공지만 보내주고 타이틀 정보나 선인세 잔액 정보는 주지 않는 에이전시도 더러 있다.

5

출간을 향해

계약서 파일 만들기

계약서가 처음 도착하면 서류 파일을 만든다. 그 파일 속에 오퍼장부터 계약서 사본까지 관련 서류를 모아둔다. 원서 제목을 라벨로 붙이면서 주문도 외워보자. 잘 팔리게 해주세요! 나중에 베스트셀러가 될지도 모르니까 말이다.

파일 라벨에는 제목과 저자명을 쓴다.

영미 도서 예: A Short History of Nearly Everything by Bill Bryson

여력이 된다면 추후 한국어 제목 라벨도 아래에 붙여두자. 일단 한국어판이 나온 후에는 한국어판 제목으로 언급하니 찾아보기 꽤 편하다. 파일 속 서류 순서는 날짜순으로 올린다. 이렇게 하면 아래 1번 서류가 제일 밑에 놓이게 된다.

1. 원서 검토서 또는 내부 결재용 서류
2. 오퍼장
3. 오퍼 진행 메일 및 승인 메일
4. 계약서
5. 청구서
6. 선인세 송금 정산서
7. 계약 요점 페이지 Contract Summary (파일을 열면 이 페이지가 제일 먼저 보이게 한다)

이게 가장 기본적인 순서이다. 이후 출간보고서 사본, 증정본 발송 송장 등을 위에 놓으면 된다. 이렇게 잘 정리해 두면 나중에 편집자가 바뀌어도 제대로 전달해 줄 수 있다. 내부 결재용 서류는 반드시 보관한다. 그래야 나중에 이 책을 어떻게 계약하게 되었는지, 담당자가 바뀌었을 때 참고할 수 있다.

외서 계약 현황 파일

순번	한국어판 제목	영문 제목	저자	저작권사	선인세	인세율
1	럼펀치	RUM PUNCH	Elmore Leonard	The Wylie Agency	US$ 3,000	6,7,8 % (만부)

전자책	데이터비	계약일	계약 기간	계약 만료일	출간 기한	특이 사항
25% net	없음	2019 -06-17	5년	2014 -06-16	2021 -01-16	

* 본문에는 두 줄인데 엑셀 파일에서는 한 줄로 정렬하자.

오퍼 승인이 나면, 오퍼 현황 파일에서 기본 정보를 가져온다. 외서 계약 현황을 한눈에 볼 수 있는 엑셀 파일이다. 이 파일은 여러모로 쓸모가 많다. 엑셀의 찾기 기능과 필터링 기능, 출간 기한 계산을 위한 간단한 수식이 도움이 된다. 이달에는 몇 권을 계약했고 선인세로 얼마를 썼는지, 또 올해는 어땠는지, 출간 기한을 점검하거나 재계약 시기를 가늠하는 데도 많은 도움이 된다.

작업 도서

오퍼 승인이 나면 으레 작업 도서(Working Copy)를 보내주었던 것 같은데 요즘은 선인세를 송금해야 보내주는 곳이 많다. 일본 저작권사들은 반드시 선인세를 송금해야 작업 도서를 보내준다. 보통은 3부를 보내주는데 2부를 보내주는 곳도 많다. 리틀 브라운(Little Brown)은 2부만 제공한다고 계약서에 명문화했던 것 같다. 요즘은 최종 원고 PDF를 받으니 작업 도서의 비중이 덜해진 것 같다. 일정이 그리 급하지 않으면 작업 도서가 도착한 다음에 번역을 의뢰하는 게 좋겠다. 어떤 해외 저작권사는 작업 도서로 교정쇄인 갤리(galley)를 보내주기도 하는데, 최종 출간본을 보내달라고 요청하자.

작업 도서와 데이터 검판

실용서나 아동 정보 도서의 경우, 가끔 작업 도서와 본문 데이터가 다른 경우가 있다. 이를테면, 작업 도서는 초판을 보내주고 데이터는 개정판을 보내주는 상황 말이다. 이 분야의 책은 개정이 있었는지 반드시 확인하고 작업 도서와 데이터를 가장 최신으로 받아야 한다. 그리고 일정상 바쁘고 번거롭겠지만 편집 즈음에 데이터를 열어 볼 게 아니라

데이터를 받는 즉시 작업 도서와 대조해야 한다. 데이터 누락이 있으면 즉시 받아야 한다. 편집 즈음에 파일이 안 열리거나 누락 이미지가 있다고 급하게 받으려 하면 일정이 더 지체될 수 있다. 참고로 어떤 일본 저작권사는 인디자인 버전이 너무 높으니 idml 파일로 주거나 버전을 낮춰서 보내달라고 하면, 불가능하다고 답변하는 경우도 있다.

계약서 수령 후 번역 의뢰

해외 저작권사 담당자 중에 일 처리가 꼼꼼하지 않은 사람도 있다. 오퍼 승인까지 해주고 계약서 작성 단계에서 자신이 다른 한국 출판사와 이미 계약한 것을 발견한 경우가 있었다. 담당자의 착오로 두 번째 오퍼 승인을 받은 출판사가 승인을 받은 후 바로 번역을 시작했고, 계약서 서명 단계에서 번역이 상당 부분 완료된 것이다. 번역은 양자 서명이 완료된 다음에 시작하는 게 좋겠다.

계약 기간이 최종 원고 전달일로부터 시작하는 경우 잘 기록해 두어야 한다. 최종 원고를 전달하는 메일을 출력해 파일링해두고, 그 날짜를 외서 계약 현황 파일에도 기록해 둔다. 가끔 에이전시 기록과 다른 경우도 있다.

본문 일러스트 및 표지 이미지

우리는 텍스트 번역권을 사 오는 것이므로 표지와 본문 중의 사진이나 도표, 일러스트 등은 별도로 구입해야 한다. 미국의 대형 출판사는 표지나 본문의 사용 가격이 정해져 있다. 신청 양식을 작성해서 보내면 그리 오래 걸리지 않아 데이터를 받을 수 있다. 시간이 많이 걸리는 경우는 저작권사가 저자 에이전시인 경우이다. 국내 에이전시가 저작권사에 연락하면 원서를 출간한 출판사 담당자 정보를 알려 준다. 다시 그 출판사 담당자에게 연락해 구입해야 한다. 이 경우 족히 2주가 걸리기도 한다.

원서 표지 디자인 중 사진 저작권

원서 표지 디자인을 구입하는 데 3000달러 이상 든 적이 있다. 해외 저작권사가 출판사인데 내부 디자이너가 아니라 외부 디자인 회사가 작업했던 것이다. 그 디자인 회사에 연락했더니 표지에 사용한 사진이 있는데, 그 사진 저작권부터 먼저 해결(clear)하면 디자인 파일을 제공하겠다고 했다. 표지 사진과 디자인 모두 인쇄 부수에 따라 가격을 책정하는 러닝 개런티였고 5000부 인쇄 조건으로 계약했다.

또 다른 사례는 표지 속에 사용한 저자 사진인데 저자 측은 원서 표지를 사용하라고 했다. 하지만 우리가 보기에 그 사진은 너무 이상했다. 찾다 찾다 독일어판 표지가 우리 독자들 정서에 맞는 듯해서 사용해도 되는지 문의했다. 표지 승인은 계약서 조항이었다. 해외 저작권사에서는 그 사진을 누가 찍었는지 모르겠다고 사용 승인을 먼저 받아오라고 했다. 여기저기 여러 번 문의한 끝에 게티(Getty) 같은 사진 데이터베이스 회사에서 사진을 구입했다. 여기까지 두 달이 걸렸다. 이후 표지를 만들어 승인을 요청했는데 저자 승인을 받는 데 또 여러 달이 걸렸다.

저자 서문 요청

아주 오래전에 어떤 외국 저자에게 한국어판 서문(Preface for Korean Edition)을 써달라고 요청했다. 그 책은 구글 출신 엔지니어가 쓴 자기계발서였다. 저자 측에서 이렇게 회신이 왔다. 이미 서문이 있는데 한국어판 서문이 왜 필요한지, 어떤 내용으로 몇 단어 정도 써야 하는지, 돈은 얼마나 지불할 것인지. 당시 담당 편집자와 나는 사실 좀 의아했다. 저자 자신의 책인데 왜 돈을 달라는 것일까? 한국어판 서문이 들어가면 독자들이 좀 더 친숙하게 느껴 판매에 도움이 될 텐데 말이다. 판매가 좋아지면 저자 인세가 많아질 테고 말이다. 이런 의견을 전달했더니, 저자는 자신의 시간을 쓰는 것이니 당연히 비용 지불이 필요하다고 말했다. 결국 추가 비용이 부담스러워 한국어판 서문을 넣지 않고 출간했다.

저자 서문 요청 시 분량과 내용을 상세하게 제시하자

외국 저자에게서 한국어판 서문을 받는 게 그리 쉽지 않다. 비록 1~2페이지라도 말이다. 물론 흔쾌히 써주는 저자도 있다. 대부분은 그렇지 않으니 저자 서문을 요청할 때는 제대로 준비해서 요청해야 한다. 기한은 넉넉하게 잡아야 한다. 서문을 요청하면서 두 달 정도 기한을 주면, 기한 전에 왔던 것 같다. 그런데 가끔 확실히 써주겠다는 확인 메일이 안 왔는데 마감 기한 즈음에 서문이 온 적도 있었다.

앨런 와이즈먼의 신작 출간을 준비하면서 담당 편집자는 저자 서문에 많은 공을 들였다. 저자는 저출산이 인류 문제의 해결이라고 주장했다. 한국은 이미 저출산 시대로 접어들었고 정부와 언론에서는 국가경쟁력이 저하된다고 우려의 목소리를 쏟아내고 있었다. 이들에게 해주고 싶은 말은 없는지 등을 써달라고 요청했다. 담당 편집자는 한국의 출산율 통계와 영문 자료까지 준비했다.

한국 상황과 관련된 내용을 받고 싶으면, 사건이나 상황을 설명해야 한다. 위험에 대처하는 국가 시스템을 분석하는 책이 있었다. 진보적인 시각의 책으로 기억한다. 한국어판 저자 서문을 요청하면서 세월호 사건에 대한 의견도 물었다. 저자는 그 사건을 잘 모르기도 하거니와 안다고 해도 간단하게 쓸 수 없을 것 같다며 서문 집필을 정중하게 거절했다.

저자 서문 요청 시 기재할 사항

한국어판 출간 예정일

기한: 대략 두 달

분량: 500워드 내외

서문 주요 내용

저자 서문 요청 샘플 메일

안녕하세요?

SBI 출판사의 지니입니다. SBI 출판사는 저자님 책의 한국 출판사입니다.

YOU, STARTUP by Alex Pitt

한국어판 저자 서문을 요청해도 될까요? 저자님의 한국어판 저자 서문이 있으면 독자들이 특별하게 느낄 것 같습니다. 저자님이 한국에 관심을 기울인다고 생각할 테니까요. 이 책의 홍보와 마케팅에도 도움이 될 것 같습니다. 아래 사항을 참조 부탁합니다. 회신 기다리겠습니다.

한국어판 출간 예정일: 2020년 9월 30일

기한: 2020년 7월 15일

분량: 500워드 내외

서문 주요 내용: 한국 스타트업을 위한 조언. 한국의 스타트업 환경은 미국처럼 그리 좋지 않습니다.

RE: Request Author Preface for Korean edition

Dear Alex,

It's nice to meet you via e-mail. I am Jeannie at SBI Publishing in Seoul. SBI Publishing is the Korean publisher of your book, YOU, STARTUP by Alex Pitt
We would like to request author preface just for Korean Edition. We think that your preface for Korean Edition makes Korean readers feel special since they think that the author takes care of Korea. The preface might be helpful to promotion and marketing of the book. Please see the following detail for your writing. I look forward to hearing from you. Thank you.

Pub date of Korean edition: September 30, 2020

Deadline: July 15, 2020

Length: about 500 words

Main Topic: Any advice for Korean start-up. The start-up environment is not as much friendly as US.

All the best,

Jeannie

저자 사진

저자 사진(Author Photo)의 최고봉은 『냉정과 열정 사이』의 에쿠니 가오리가 아닐까? 작가는 나이 들지 않는 것 같다. 2015년 개정판에서도, 10년 전 초판 사진을 그대로 쓴 걸 보았다. 분위기 있고 멋진 사진이라고 생각한다.

의외로 많은 저작권사들이 저자 사진을 제공하지 않는다. 제공하더라도 썩 마음에 들지 않는 경우가 많다. 저자가 직접 찍거나 사진작가를 고용해 찍어주지 않는 한 저작권사도 제공할 사진이 없는 것이다. 인터넷에서 찾아서 문의하면 저작권사들도 사진작가를 모르겠으니 책임질 수 없다고 했다. 게티(Getty)의 사진도 초상권 문제를 저자와 협의해야 한다는 단서가 붙기도 한다.

존 르카레(John le Carre)의 저자 에이전시에서 저자 프로필에 써달라는 사진이 있었다. 대여섯 장 되었는데 스파이 소설 작가의 사진으로 딱이었다. 사진 속 작가는 중절모를 쓰고 바바리코트를 입었다. 입에는 파이프 담배를 물고 말이다. 그런데 사진 저작권은 우리가 해결해야 했다. 사진작가에게 문의했더니 대략 500파운드가 넘었다. 한번 지불하면 두루 쓰는 게 아니라 딱 한 책에만 사용할 수 있는 것이어서 결국 포기했다.

퍼트리샤 콘웰(Patricia Cornwell)은 시리즈마다 저자 사진을 다르게 사용해 달라고 했다. 그런데 사진을 제공하는 게 아니라 출판사가 별도 비용을 지불하고 구입해야 했다. 분권에서 합본으로 개정 작업을 진행하는 중이었는데 일단 합본 작업이 중단되었다. 잘 나온 작가 사진은 책을 더욱 돋보이게 하는 것 같다.

저자 사진을 요청할 때 책의 어느 부분에 넣을 것인지, 디자이너와 협의해 해상도나 크기를 알려주자. 대개는 요청대로 오지 않지만 형식을 갖춰 요청하는 것은 항상 중요하다. 사진작가 표기(photographer credit) 확인도 잊지 말자.

저자 사진 요청 메일 샘플

국내 에이전시에 요청

제목: 저자 사진 요청_책 제목 by 저자

안녕하세요? SBI 출판사의 황지현입니다.
책의 출간을 준비 중입니다. 앞표지 날개에 저자 사진을 넣고자 합니다. 저작권사에 요청 부탁합니다. 크기는 ○○○이고 고해상도 파일이면 좋겠습니다. 가능하면 다음 주에 받았으면 좋겠습니다. 감사합니다.

황지현 드림

해외 저작권사에 직접 요청

RE: Request Author Photo

Dear Chris,
It's nice to meet you via e-mail. I am Jeannie at SBI Publishing in Seoul. SBI Publishing is the Korean publisher of your book, ○○○○○○.
We would like to request author photo. The photo will be appeared on the front cover flap and the

promotion material like posters and banners for bookstores. Hope to receive a high-resolution image file with photographer credit. Thank you.

All the best,

Jeannie

표지 승인

인쇄 전에 표지 승인(Cover Approval)을 받아야 하는 경우가 많다. 사실 참 번거로운 절차라고 생각하기 쉬운데, 저자들도 자신의 책이 다른 나라에서 어떤 표지로 출간되는지 궁금해할 거라고 생각하자. 영미권 책은 그렇지 않은 경우도 많은데 일본 책은 모두 표지와 판권 표기를 승인받아야 한다. 넉넉히 2주는 잡아야 안전한데, 마감 일정은 늘 촉박하다. 항상 시간이 문제였다. 노심초사할 수밖에 없다. 일주일 안에 승인이 떨어지면 그렇게 행복할 수가 없었다.

펼친 표지를 PDF 또는 JPG 파일 형식으로 저장한다. 파일명은 영문으로 저장한다.

예: Korean Cover_RUM PUNCH

표지가 저자에게 가기까지 시간이 걸린다. 우리가 국내 에이전시에 보내면, 국내 에이전시가 해외 저작권사에 보내는 데 하루가 걸린다. 국내 에이전시가 당일 바로 처리하겠지만 사정이 있는 경우 그다음 날 표지 승인을 요청하기도 한다. 해외 저작권사가 저자에게 보내는 데 최소 하루나 이틀이 또 걸릴 것이다. 다시 저자의 최종 승인이 오기까지 이 과정을 그대로 되풀이하므로 생각보다 시간이 걸린다. 저자에게까지 가지 않고 해외 저작권사 선에서 승인이 나는 경우도 있는 것 같지만, 그리 많은 것 같지는 않다.

일본 책 표지 승인 과정의 주의 사항

일본 저작권사는 진짜 표지를 꼼꼼하게 챙긴다. 말 그대로 토씨 하나까지. 일본 저작권사에서는 국내 에이전시에 표지 문안을 번역해서 보내라고 한단다. 그래서 표지 승인 받는 시간을 조금이라도 단축하기 위해, 담당 편집자에게 표지 문안도 일본어로 달라고 요청했다. 국내 에이전시는 여러 출판사 일로 바쁠 테니 아무래도 지체될 수도 있을 것 같았다. 담당 편집자가 일본어 전공자이기에 가능한 일이었다. 그리고 필자가 만난 일본 책 편집자들은 일본어를 웬만큼 하는 것 같다. 그리고 더러 저자 프로필을 유려하게 쓰기도 하는데 일본 저작권사는 이 문구는 어디서 가져왔는지, 사실 확인은 했는지 짚으면서 출처가 명확하지 않으면 삭제하라고 했다. 어떤 일본 소설의 경우 표지 수정을 대여

섯 번까지 한 적도 있다. 일본 저작권사에서 먼저 살펴보고 수정을 요구하는데, 우리가 수정해서 보내면, 저자 측 수정 사항이 더해져서 생겨나는 일이었다.

일본 저작권사에 증정본을 보내고 얼마 후에 국내 에이전시에서 연락이 왔다. 일본 저작권사에서 증정본 표지가 이전에 승인한 표지와 다른 것 같다며 이유를 알아보라고 했단다. 과연. 확인해 보니 표지 승인을 받은 다음에 편집자가 뒤표지 글을 좀 덜어냈다고 한다. 일본 저작권사가 글의 양이 줄어 뒤표지에 공간이 많이 생겨난 걸 발견한 것이었다. 일본 저작권사는 진짜 꼼꼼하다고 감탄 아닌 감탄을 한 적이 있다. 마케팅의 의견을 반영하느라 수정했다며 사과했고 최종 표지로 다시 승인받았다.

판권 표기 확인

국내 에이전시가 저작권을 중개한 경우 표기법

RUMPUNCH

by Elmore Leonard

Copyright © 1992, Elmore Leonard, Inc

Korean Translation Copyright ©2010, Thatbook

All rights reserved

Korean translation rights arranged with Elmore Leonard c/o The Wylie Agency (UK), ltd. through SBI Agency, Seoul.

이 책의 한국어판 저작권은 SBI 에이전시를 통해 저작권자와 독점 계약한 ㈜그책에 있습니다. 저작권법에 의해 한국 내에서 보호받는 저작물이므로 무단 전재와 복제를 금합니다.

해외 저작권사와 직접 계약한 경우 표기법

RUMPUNCH

by Elmore Leonard

Copyright © 1992, Elmore Leonard, Inc

Korean Translation Copyright © 2010, Thatbook

All rights reserved

Korean translation rights arranged with Elmore Leonard c/o The Wylie Agency (UK), ltd.

이 책의 한국어판 저작권은 저작권자와 독점 계약한 ㈜그책에 있습니다. 저작권법에 의해 한국 내에서 보호받는 저작물이므로 무단 전재와 복제를 금합니다.

판권 표기의 기본 요소

판권 표기(Copyright Notice)와 관련해 질문을 많이 받는다. 계약서를 참조하면 가장 정확하다. 에이전시 자체의 표기 방식도 있는데, 세계저작권협약(Universal Copyright Convention)에서 규정한 사항이 들어가면 된다.

세계저작권협약에 따르면 다음 네 가지 요소가 들어가야 한다.

1. The Copyright Symbol: 카피라이트 기호 ©
2. The Year of the Creation: 작품 발표 연도
3. The Name of the Author: 저자 이름
4. All rights reserved: 모든 권리가 저자에게 있고 보호받는 작품이므로 불법 복제를 금한다.

그러므로 한국어 번역본의 판권은 기본적으로 아래와 같이 표기하면 된다.

Title

By Author

Copyright © 연도, 저작권 소유자

Korean Translation Copyright © 연도, 한국 출판사

All rights reserved

6

출간 후 작업

출간 보고 및 증정본 발송

출간 보고는 계약 사항이다. 책이 출간되면 출간일, 초판 부수, 가격과 함께 에이전시에 알린다. 출간 보고 양식이 있는 경우에는 작성해서 보내고 그렇지 않은 경우 그냥 위 사항만 적어서 보내도 된다. 증정본을 보낼 때 동봉하면 된다. 해외에 직접 보낼 때도 영문 양식을 첨부하자.

원서명 및 저자

한국어판 제목

출간일

초판 부수

정가

증정본 발송 사고도 꽤 많다. 이탈리아였던 것으로 기억한다. EMS를 통해 선물이라고 보냈음에도 관세가 붙는 바람에 이탈리아 출판사에서 수령을 거부한 것이다. 증정본은 되돌아왔고 결국 그 책은 증정본을 보내지 않았다. 또 박스가 뜯어져 더러운 책을 받았다고 해외 저작권사의 항의를 받은 적도 있다. 국제 우편은 무조건 튼튼하게 포장해 보내야 한다. 출간 후 바로 보내도록 하자. 누락되는 경우도 있다. 해외에 직접 보낼 때는 특별한 경우가 아니면 튼튼하게 포장해 배편으로 보내면 된다. 보낸 송장은 복사해 계약 파일에 보관한다. 국내 에이전시에 보낸 증정본도 택배 송장 사본을 보관하자.

출간 보고 영문 레터

December 12, 2019

Stephanie Tide

The Wylie Agency,

17 Bedford Square, London WC1B 3JA

Title: The Korean edition of RUMPUNCH by Elmore Leonard

Dear Stephanie

I hope you well. Three complimentary copies of the title enclosed. Thank you so much for your cooperation.

Title: RUMPUNCH by Elmore Leonard

Language: Korean

Pub date: August 9, 2013

The first printing: 3,000 copies

Retail Price: 10,000 KRW

Sincerely,

Jeannie Hwang

Right manager

인세 보고

출판사에 따라 저작권 담당자가 인세 보고를 하거나 관

리팀에서 하기도 하다. 필자는 직접 하기도 했고 관리팀에서 한 것을 확인만 한 적도 있었다. 출고 및 반품 현황을 보고 직접 작성해 관리팀과 함께 최종 확인한 경우도 있었다. 엑셀 파일을 주로 사용하는데 사람이 하는 일이라 가끔 숫자를 잘못 입력하는 경우도 있었다. ERP가 잘 갖춰진 회사에 다닐 때는 관리팀에서 직접 했고 혹시 누락한 책이 있는지 서로 확인했다. 번역서의 종수가 워낙 많아 가끔 보고가 누락되어 곤란한 경우도 있었다. 초판이 발행된 해가 아닌데 증정이 많거나 폐기가 많은 경우, 인세 보고 후 문의를 받기도 한다.

전자책 판매 보고 시 주의 사항

전자책까지 더해져 판매 보고 자료는 더 복잡해졌다. 간혹 종이책 선인세에서 전자책 선인세를 차감하는 경우도 있지만 보통은 종이책 선인세와 별도 계산한다. 전자책은 매년 수익이 발생하는 대로 보고하고 송금한다.

전자책 판매와 관련해 문제가 되는 것이 정액제에 포함하는 것과 웹소설처럼 챕터별로 판매하는 방식이다. 『마션』이라는 소설을 카카오페이지에 챕터별로 쪼개어 판 적이 있었다. 중개한 에이전시가 이걸 발견하고는 그렇게 팔지 말라고 요구했다. 판매는 챕터별로 해도, 정산 시 합산해 전자책 정가로 나누어 보고하면 안 되겠냐고 문의했더니 안 된다고 했다. 계약한 내용과 다르다고 말이다. 판매 증대를 위해 정액제에 포함시키기도 하는데, 이것을 허용하지 않는 해외 저작권사도 있다. 정액제에 포함되면 대체로 가격이 낮아지니 순익도 줄어든다고 말이다. 계약서에 전자책은 종이책 정가의 60% 이상으로 규정되어 있다는 이유에서다. 어쨌든 수익이 나는 게 없는 것보다 낫지 않겠냐고 문의했지만, 콘텐츠를 싸게 파는 것은 계약 위반이라고 했다.

물론 전자책을 종이책 정가의 60% 이상으로 딱 맞추어 팔기는 현실적으로 쉽지 않다. 판매 증진을 위해 이벤트도 벌이니 말이다. 그렇다고 대충 조정해 보고하는 것도 나중에 문제가 될 수 있으니, 전자책 가격을 많이 낮추어야 하거나 챕터별로 나누어 판매하는 경우, 미리 저작권사와 합의하는 게 좋겠다. 우선은 국내 에이전시 담당자를 잘 설득하는 게 중요하다.

저자 초청

가능하면 저자를 초청해 행사를 해보고 싶은 책이 있다. 하지만 외국 저자를 초청하는 일은 간단하지가 않다. 무엇보다 돈이 많이 들기 때문이다. 비행기도 비즈니스석은 되어야겠고 호텔도 도심에 있고 일정 수준 이상은 되어야겠기에. 어느 정도 수준으로 해달라고 구체적으로 요청하는 경우도 있다. 돌아가신 앨빈 토플러 박사는 신라호텔을 선호하셨다. 가끔 가족을 동반하는 저자도 있어 잘 배려해야 한다. 출판사에서 행사를 주관하는 경우 챙겨야 할 일이 많다. 항공권과 호텔 바우처를 메일로 보낸다. 행사 일정표와 함께. 공항에 픽업은 나가는지, 행사를 위한 이동은 어떻게 해야 하는지, 식사는 어떻게 챙겨야 하는지 등을 확인해야 한다.

출판사 혼자 비용을 대기엔 부담스러우니 관련 단체와 함께 초청하는 게 가장 좋다. 예전에 일본 이사카 코타로 저자를 초청했을 때는 일본문화원의 지원이 있었다. 어떤 단체에서 강연회 등 행사로 초청했을 때 우리 출판사가 살짝 끼는 경우도 있다. 언론사 인터뷰 등을 주선하는 방식으로 말이다. 요즘 대형 강연 행사는 주최 측과 저자 사이에 독점 계약이 맺어지는 경우가 많다. 그래서 저자는 주최 측의 행사 외 다른 행사에는 참여하지 못한다. 주최 측이 언론사와 연계되어 있으면 그 언론사와만 인터뷰가 가능했다.

저자 초청 이메일 양식에는 아래 사항이 들어가야 한다.

날짜

비행기 티켓

호텔 및 주소

강연료 및 지불

영문 이메일 양식

Dear James,

It's very nice to meet you via e-mail. I am Jeannie at SBI Publishing. As you might know, the Korean edition of the title was just published. We would like to invite the author for promotion. We will cover the flight and the hotel fee. The date could be changed slightly according to the author's schedule. See the details as following. Please let me know if you have any question. Hope to hear the author's opinion on this. Thank you so much for your arrangement.

Date: January 11- 13, 2020.

Flight: business sear (Korean Air, JFK to Inchoen)

Hotel: The Plaza Hotel (https://www.hoteltheplaza.com/en/)

Lecture fee (one time): USD$3,000

Providing vehicle for all events and to airport

Event Schedule

The 1st day: arrival & dinner

Airport pick-up 3:00 pm

Dinner with Publishing team who are publisher(CEO),

editor or agent, etc

Venue & Time: 6:30 pm at Sulgaon(Korean traditional restaurant)

The 2nd day: press interview & lecture

Press interview: 11:00 am /The Plaza Hotel 1st floor Coffeeshop

Journalist: Kim Min at Choseon Ilbo (daily newspaper)

Lecture: 7:00 pm at Convention Hall, 23rd floor of Kyobo Life Building

The 3rd day: leaving

7

5년은 빨리 지나간다, 재계약

5년 계약 기간은 생각보다 빨리 지나간다. 비싼 선인세를 줬는데 판매가 변변찮은 책들을 보면 마음이 무겁다. 특히 출고가 꾸준히 있어도, 남아 있는 선인세와 재고가 여전히 많은 경우 재계약을 해야 할지 참 난감하다. 재계약 선인세 없이 그냥 남아 있는 재고만 쭉 팔고 판매 보고를 하면 좋겠는데, 계약서에 권리 기간이 명시되어 있다. 재고 판매 기간을 합의하고 그 기간이 지나면 사실상 폐기해야 한다.

특히 영미 저작권사의 경우, 선인세 없이 재계약은 어렵다. 적어도 500달러에서 1000달러 정도는 지불해야 한다. 어떤 일본 저작권사의 경우, 재계약 시 이전 계약의 선인세와 판매 부수를 그대로 승계하게 한다. 물론 많지는 않다.

에이전시에 따라 재계약을 칼같이 준수하는 곳이 있다. 계약일 만료 후 팔아도 인세 보고만 꾸준히 하면 별다른 이의를 제기하지 않는 곳도 있다.

재계약 시작일

계약서에는 계약 만료일 전에 재계약 여부를 타진하라는 조항이 있다. 이를 진짜 칼같이 지키는 에이전시도 있다. 계약이 비는 기간이 없도록 하려는 것인데 출판사 입장에서는 쉽지 않은 일이다. 아무래도 신간 계약에 더 치중하기 때문이다. 재계약을 하더라도 계약 기간이 끝나는 다음 해에 추진하는 경우가 많은 것 같다. 출판사 입장에서는 판매 기간을 많이 확보할수록 좋으므로 재계약을 진행할 즈음의 날짜로 계약이 시작되는 것을 선호한다.

추가 인세가 발생하는 책의 재계약

2018년 전체 판매 보고 후 추가 인세가 발생, 송금까지 마쳤다. 계약 기간은 2018년 5월 30일까지이다. 그리고 2019년 3월에 재계약을 진행하는 경우, 재계약 시작일은 2019년 1월 1일로 오퍼하는 게 계산이 편리하다. 그래야

2019년 판매분은 재계약 선인세에서 차감하니까 말이다. 그러지 않으면 2019년 1월부터 3월까지의 인세는 송금하고 그 이후 인세는 재계약 선인세에서 차감해야 한다.

일본 타이틀의 경우 당연히 소급해 재계약이 시작된다. 계약 만료일 다음 날이 재계약 시작일이 되는 것이다. 2018년 인세를 아직 송금하지 않았다면 좋은데 이미 보고 및 송금까지 마쳤으면 복잡해진다. 2018년도 5월을 기점으로 나누어 정산해야 한다. 2018년 5월까지는 판매 보고에서 추가 인세가 발생했으면 송금해야 한다. 2018년 5월 이후 판매한 부수는 재계약 선인세에서 차감한다. 물론 추가 인세가 발생하지 않는 책이라면 문제는 간단해진다.

추가 인세가 발생하지 않은 책의 재계약

추가 인세가 발생하지 않는 책이라면 오퍼 승인 즈음으로 재계약 시작일을 잡으면 좋다. 하지만 이전 계약 만료일로부터 재계약 시작일 사이에 비는 기간은 근거가 없는 기간이라며 용인하지 않는 해외 저작권사도 있다. 재계약 오퍼만 있다면 그 정도 비는 기간을 대수롭지 않게 여기는 저작권사도 있다. 상황에 맞게 잘 설득해 보는 게 좋을 것 같다. 계약은 서로 합의하에 해야 하지 않겠는가? 어쨌든 재계약 시작일은 신중하게 정해야 한다.

판매 부수 승계 문제

국내 에이전시와 가끔 설왕설래했던 게, 재계약 시 판매 부수를 승계하면 남은 선인세도 승계해야 하지 않나 하는 점이었다. 인세율이 일률이면 상관없겠다. 하지만 부수별 인세율인 경우 판매 부수를 승계하면 남은 선인세를 승계해야 한다고 개인적으로 생각한다. 물론 현실은 그렇지 않아, 남은 선인세는 보통 승계되지 않는다. 어떤 일본 저작권사는 이 둘을 함께 승계해 주기도 한다. 에이전시에서는 대체로 다양한 이유를 들면서 선인세 승계가 안 된다고 한다. 재계약 시 계약서에 아래 조항이 들어간다. 판매 부수 승계 조항이다.

> Copies of the work sold under the previous agreement will be taken into account when calculating the royalties

8

외국 도서 발굴

예전 상사였던 정 부장님은 외서에 대해 쇼핑을 얼마나 잘 하느냐가 중요하다는 주장을 곧잘 피력하셨다. 딱히 틀린 말은 하지 않는 분이라 그럴 수도 있겠다고 생각했다. 그때는 그냥 웃으면서 넘어갔는데 이 말은 여전히 기억에 남는다. 돈을 주고 콘텐츠를 사 오는 것이니 쇼핑이기는 할 것이다. 이해도 가는 한편 너무 단순화한 게 아닌가 하는 생각도 든다. 쇼핑만 잘하면 되는 거면 차라리 편하겠다. 선택과 분석이 중요한, 기획의 쇼핑이리라.

필자는 매주 서점에 나가 신간들을 살펴본다. 먼저 가장 먼저 들춰 보는 것은 영문 판권 페이지이다. 이 책의 저작권사가 어디인지, 우리 출판사는 이 책을 신청했고 검토했던가, 누가 검토하고 왜 접었는지 등을 확인한다. 기억에 전혀 없는 책이면 낭패감이 든다. 일을 제대로 안 한 것 같아서 말이다. 그렇게 라이츠 가이드를 열심히 팠는데 기억에 없다니 내가 뭘 놓친 것인가? 외서 기획이라 하면 뭔가 거창하게 들리기도 할 것 같다. 사실은 단순하다. 책을 열심히 찾아서 콘셉트를 파악하고 논의하는 것이다. 한마디로 일을 계속 만드는 것이다. 그러다 보면 보는 눈도 생기고 당연히 건지는 게 있다.

외서를 찾는 방법은 여러 가지가 있다. 라이츠 가이드, 퍼블리셔스 마켓플레이스, 아마존 검색, 에이전시의 소개 자료, 영미권 일간지 등이다.

자료를 읽을 때 헤드라인이나 소개 글에서 분명한 콘셉트 또는 세일즈 포인트를 찾아야 한다. 애매한 느낌이 드는 책이면 처음부터 접는 게 낫다. 애매한데 '혹시나 베스트셀러' 또는 '어쩌면 베스트셀러'를 만들 수도 있겠어, 라는 생각이라면 말리고 싶다. 외서는 구입부터 번역까지 돈이 많이 든다. '어쩌면'으로 계약한 책이 실패한 사례를 수없이 보았다.

라이츠 가이드

외서를 기획하는 데 가장 중요한 것은 라이츠 가이드(Rights Guide)이다. 라이츠 가이드는 책의 주요 내용을 소개하면서 번역권을 비롯한 각종 판권을 누가 관리하는지, 그리고 번역 판권은 어느 나라에 팔렸는지 알려준다. 각 해외 출판사 또는 저자 에이전시에서 만든다. "전 세계 출판인을 위한 종합 정보 카탈로그"라고나 하겠다. 이 라이츠 가이드를 얼마나 꼼꼼하게 검토해서 계약하는지에 따라 외서의 성패가 갈린다. 수많은 베스트셀러들이 라이츠 가이드 검토를 통해 나왔다. 라이츠 가이드의 영어는 그렇게 쉽지 않다. 지식을 압축한 고급 영어니 말이다. 잘 읽히지 않는다고 좌절하지 말자.

라이츠 가이드는 보통 도서전 직전에 나온다. 이 자료를 바탕으로 도서전에서 미팅을 하는 것이다. 필자가 가장 중요하게 검토하는 저작권사 라이츠 가이드가 있다. 아주 꼼꼼하게 검토한다. 베스트셀러가 많이 나오기 때문이다.

HarperCollins US, Crown Publishing, Curtis Brown UK(ICM 포함), Brockman, Levine Greenberg Rotsan Literary Agency, William Morris Endeaver 등.

특히 하퍼콜린스(HarperCollins US)의 라이츠 가이드는 소설 부분을 제외하고 정말 꼼꼼하게 보기를 권한다. 하퍼콜린스가 영어 판권만 가진 소설은 베스트셀러가 많은데 세계 판권을 가진 소설은 한국 시장에 적합하지 않은 책이 많다. 하지만 하퍼콜린스 비소설 부분은 한국 시장에 적합한

게 진짜 많다. 지금 당장 떠오르는 책은 『클린』, 『스무살에 알았더라면 좋았을 것들』, 『관찰의 힘』, 『베스트 셀프』 등이다. 하퍼콜린스는 자금력이 충분하므로 미국 내 옥션에서도 적극적이라고 한다. 하퍼콜린스의 라이츠 가이드는 내용이 상세해 책 내용을 파악하는 데 도움이 많이 된다. 많은 라이츠 가이드를 읽었는데 가장 잘 쓴 라이츠 가이드라고 생각한다.

하퍼콜린스, 2012 런던도서전 라이츠 가이드를 보면 이런 책이 있다.

HIDDEN IN PLAIN SIGHT

: Observe the Ordinary Today to Create Extraordinary Products for Tomorrow's Customers

by Jan Chipchase, Simon Steinhardt

이 책의 라이츠 가이드 소개들을 보면 아래와 같은 구절이 있다. 이 구절이 이 책의 핵심이라고 할 수 있다.

"most of the clues are right in front of us. The key is learning to see the ordinary in a totally new way"

"Each chapter will offer a different lens on everyday life"

"next customer"

처음에 영문 제목이 참 멋지다는 생각이 들었다. 잘 보이게 숨겨져 있다니 호기심이 일었다. 해답은 바로 우리 앞에 있다고, 멀리 갈 것 없이 바로 일상에서 시장 트렌드든 고객에게서든 아이디어를 찾으라는 것이다. 한국어판은 2013년 『관찰의 힘』이라는 제목으로 출간되었고 판매도 좋았다. 라이츠 가이드를 읽을 때 항상 핵심이 되는 문장이나 단어를 찾도록 하자. 그 부분을 번역해 다양한 문장으로 만들어 보는 것이다. 콘셉트 잡기, 제목 뽑기 등 브레인 스토밍에 많은 도움이 된다.

라이츠 가이드를 읽다 보면 아래와 같은 정보가 나온다.

Imprint: Dey Street Books

Technology / Social Science

Page Count: 304

Pub Date: January 2021

Proposal Available

World English Rights: HarperCollins

Translation: Larry Weissman Literary

이 책은 하퍼콜린스가 영미권(보통 미국, 영국, 캐나다, 호주까지) 판권을 가지고 있지만 번역 판권은 래리 와이즈먼 에이전시(Larry Weissman Literary)에서 관리한다. 하퍼콜린스가 세계 판권을 사지 않은 것이다. 래리 와이즈먼 에이전시는 저자 에이전시로 보통 프라이머리 에이전시라고 한다. 한국 출판사가 이 책을 검토하고 싶으면, 이 저자 에이전시를 대리하는 밀크우드 에이전시에 연락해야 하다.

에이전시에 따라서 연간 회비를 내야 라이츠 가이드를 보내주는 곳이 있다. 연간 회비를 내는 게 부담스러우면 특정 저작권사의 라이츠 가이드만 요청하면 어떨까 한다. 우리 출판사의 성향과 맞는 저작권사를 알아내는 방법은 타사가 출간한 책 판권 페이지를 참고하면 좋을 것 같다.

아마존 검색과 키워드 서칭

아마존 검색만 열심히 해도 좋은 책을 많이 찾을 수 있다고 한다. 하지만 독자층이 정해져 있는 특별한 주제의 책이라면 모를까, 아마존 검색만으로는 외서를 발굴하는 데 한계가 있다. 영미권 도서인 경우 특히 더 그렇다. 출간 후 판권을 파는 일본과 달리 영미권은 출간 전 거래가 일반적이다. 출판계의 선물 거래(futures trading deal)인가 싶다.

특정 주제에 관한 키워드를 검색하면 이러저런 책들이 많이 뜬다. 좀 그럴듯해 보이는 책들은 이미 국내에 나왔을 가능성이 높고 판권 문의를 하면 이미 계약된 경우가 많다. 아마존 베스트셀러 리스트에 올라온 책 중에 절반 이상이 이미 계약된 책일 것이다. 물론 그렇지 않은 책들도 분명 있다. 예를 들어 『시크릿』, 『타이탄의 도구들』은 아마존 베스트에 뜬 다음에 계약이 진행되었다.

퍼블리셔스 마켓플레이스

해외팀 담당자로서 가장 열심히 검토했던 자료가 바로 라이츠 가이드와 함께 이 퍼블리셔스 마켓플레이스(Publishers Marketplace)의 딜 정보였다. 구독료는 한 달에 25달러. 매일 오늘의 딜(Today's deals)을 정리한 메일이 온다. 필자는 아침에 출근해서 반드시 딜 정보를 확인하고 업무를 시작했다. 핵심 콘셉트와 저작권사가 한 문장으로 집약되는데 열심히 보다 보면 남들이 전혀 모르는 정보 하나쯤은 건질 수 있다. 시간 대비 생산성을 따지자면 형편없다고 생각할 수도 있다. 하지만 다양한 책들의 판권 계약 소식을 알 수 있다.

『마션』은 퍼블리셔스 마켓플레이스에서 처음 보았다. 〈아폴로 13〉과 〈캐스트 어웨이〉가 만난 것이고 영화 판권도 팔렸단다. 사이몬 킨버그(Simon Kinberg)는 검색해 보니 엑스맨 시리즈의 프로듀서였으니 영화가 만들어질 가능성도 높을 것 같았다. 에이전시를 독촉해 만족스러운 가격에 계약을 완료했다.

퍼블리셔스 마켓플레이스에 딜 정보를 검색하는 기능도

있다. 수시로 "film rights"를 키워드로 검색했다. 소설은 영화 판권이 팔리면 세일즈 포인트가 되니까 말이다.

예전에 에이전시에서 일할 때 소설을 많이 소개했다. 리사 제노바(Lisa Genova)의 『스틸 앨리스(Still Alice)』를 소개할 당시 영화 판권이 계약된 상태였다. 출판사 대표님이 에이전시를 방문했을 때 이 책을 소개했는데 하룻밤 사이에 뚝딱 읽으시더니 작품이 좋다고 계약하셨다. 그런데 계약 기간 5년 내내 영화가 안 만들어졌다. 계약 기간이 거의 다 지나서야 한국에도 개봉되었던 것 같다. 아마도 재계약하셨으리라 생각한다. 영화 판권이 계약되어도 이런 상황이 발생할 수 있다. 운 좋으면 계약 후 2~3년 내에 한국에 개봉되는 것이고 더 운이 좋으면 영화의 흥행 성공이 책 판매로 이어질 수 있다. 『마션』은 영화가 흥행한 덕분에 책이 많이 팔린 성공적인 사례 같다.

Film rights

Jojo Moyes' forthcoming THE GIVER OF STARS, optioned to Universal Pictures, with Ol Parker attached to direct and adapt, produced by Alison Owen (Saving Mr. Banks) and Debra Hayward (Cats) at Monumental Pictures, by Bob Bookman, on behalf of Curtis Brown UK.

영화 판권 계약 소식 중에 "optioned"가 붙어 있으면 영화 판권이 완전히 팔리지 않은 것이라고 봐야 한다. 옵션은 대체로 기간 한정이다. 일단 보증금을 얼마 걸어놓는데 정해진 기한까지 진행이 안 되는 경우 무효가 된다. 짐작 가능하겠지만, 할리우드 역시 엎어지는 프로젝트가 한둘이 아닐 것이다. 조조 모예스의 신작은 그래도 큰 영화사에 계약되었고 작가의 전작이 흥행에 성공했으니 영화 제작 가능성이 높을 것이다. 이처럼 어디서 판권을 구입했는지도 잘 살펴봐야 한다. 제작사의 전작이 어떤 것이 있는지 한국에 개봉 영화가 있는지도 본다. 주연 배우가 한국에서 인지도가 높으면 수입 가능성이 높다고 한다.

『죽여 마땅한 사람들(The Kind Worth Killing)』의 저자 피터 스완슨(Peter Swanson)의 에이전트인 소벨 웨버 어소시에이츠(Sobel Weber Associate)와 도서전에서 미팅한 적이 있다. 영화 판권을 어떻게 파느냐고 물었더니, 자신들도 LA에 있는 시나리오 전문 에이전트를 활용한다고 말했다.

에이전시 뉴스레터

에이전시의 정기적인 종합 뉴스레터는 일단 한글 자료이니 훑어본다. 한글 자료이니 콘셉트 파악도 쉽게 할 수 있다. 가끔 별난 콘셉트의 책을 발견할 수도 있는데 주의해야 할 점은 있다. 판권을 팔아달라는 해외 저작권사의 압박 때문에 소개하는 책이 가끔 있다는 거다. 이런 책은 국내 시장에서는 팔기가 쉽지 않은 편이다. 또한 주요 출판사에 소개했는데 반응이 신통치 않아 뉴스레터에 소개하는 책도 있다. 물론 이 정기 뉴스레터를 통해서만 책을 소개하는 에이전시도 있다.

에이전시 뉴스레터를 또 다른 방법으로도 활용할 수 있다. 예전에 다닌 한 출판사는 제목 뽑는 데 정말 탁월했다. 매주 직원 전체가 모여서 콘셉트 회의를 했다. 그주 에이전시의 레터에 소개된 모든 책의 제목만 리스트업했다. 제목을 하나씩 읽으며 관심 가는 책을 골라내고 상세 검토를 진행했다. 그러면서 그 제목들을 다양하게 활용하고 변형했다. 이를테면, "스마트폰 없이 사는 법(How to Live Without Smartphone)"은 "스마트폰을 버려라" 정도로 바꾸어보는 것이다.

영미권 잡지와 일간지 북섹션

일간지건 주간지건 출간한 책들을 소개하므로 대체로 출간 전에 원고를 구입하는 출판사에는 큰 도움이 안 될 수 있다. 그래도 영미 출판 트렌드를 파악하는 데 도움이 된다. 가끔 이들의 서평을 보고 판권 문의와 검토를 진행하기도 했다.

잡지 ≪와이어드≫에서는 최신 기술 이슈를 파악할 수 있다. ≪뉴욕타임스≫는 고급 독자들을 위한 책을 많이 소개하는 편이다. ≪이코노미스트≫ 북섹션은 논픽션 분야에서 참고할 게 많다. ≪USA 투데이≫는 미국에서 발행 부수가 가장 많다고 하는데 현재 미국 출판계 이슈를 알 수 있다. 크리스마스 시즌이나 여름 휴가 때 읽기 좋은 책들을 소개하는 특집 기사 등은 읽을 만하다. 오프라 윈프리 등 유명 인사들이 추천하는 책들을 소개하면서 그 책의 장점(what's new)도 콕 집어준다. 아쉽게도 이들의 주요 기사는 이제 유료로 전환되었다.

와이어드 잡지

https://www.wired.com/magazine

뉴욕타임스 북섹션

https://www.nytimes.com/section/books

이코노미스트 북섹션

https://www.economist.com/books-and-arts

USA 투데이 북섹션

https://www.usatoday.com/entertainment/books

외서 발굴의 연장, 해외도서전 활용

기본적으로 라이츠 가이드를 정독하고 런던 및 프랑크푸르트 도서전에 참석하면 그해에 나오는 영미권 외서들의 정보는 얼추 파악되는 것 같다. 물론 당연히 빠뜨리는 책도 있을 터이다.

필자는 정말 많은 도서전에 출장을 다녔다. 몇 년 전에는 사장님 대신으로 이탈리아 토리노 도서전에도 간 적이 있다. 그렇게 이런저런 도서전에 다니면서 도서전 참석이 정말 필요한지 진지하게 고민한 적이 있다. 그냥 라이츠 가이드만 열심히 보면 되지 않을까? 요즘은 정보를 오픈해 경쟁을 붙이는 경향이 있으니 에이전시에서 잘 알려주지 않을까? 도서전 미팅에서도 어차피 라이츠 가이드에 있는 걸 이야기할 테니 말이다.

물론 도서전에서만 들을 수 있는 정보가 있다. 라이츠 가이드에 나오지 않는 책의 정보를 미팅에서 듣기도 한다. 도서전 직전 세계 판권을 샀다면서 알려주는 것이다. 또한 담당자와 수다를 떨면서 재미있는 책이 있냐, 뭐 들은 건 없냐고 물어본다. 그러면 어제저녁 칵테일 파티에서 들었다면서 이런저런 소식을 알려주기도 한다. 도서전에서 오며 가며 만나는 사람들도 좋은 정보원이다. 재미있는 책, 들은 거 없냐고 물어본다. 펭귄 포트폴리오(Penguin Portfolio) 사장인 애드리언(Adrian Zackheim)은 자기네 출판사 책 소개도 참 열심이지만 근래 자신이 놓친 책에 대해서도 이야기한다. 노트해 두었다가 판권을 문의해 보기도 했다. 아무래도 미국 쪽 옵션이 먼저이고 그다음에 다른 언어 옵션이 있을 테니 늦지 않는 경우도 있다. 해외 저작권사 담당자들은 보통 자기네 책을 열심히 소개한다. 엄청 재미있고(page turner) 교훈적(inspiring)이라고 주장하는 수많은 책들 중에서, 더욱 도드라져 보이도록 담당자가 이런저런 사례를 들게 마련이고 그런 이야기들이 기억에도 오래 남는다.

시어도어 젤딘(Theodore Zeldin)의 *The Hidden Pleasures of Life*(어크로스에서 『인생의 발견』으로 출간) 자료를 처음 본 것은 호더 출판사(Hodder & Stoughton) 미팅에서였다. 옆 테이블에 중철한 작은 소개 책자가 있었다. 제목이 멋져 보였다. 판권 문의하고 검토까지 했는데 당시 다니던 출판사에서는 오퍼하지 않았다. 늘 그렇듯 책 주인은 따로 있고, 역시 그 주인은 책의 진가를 잘 알아보는 것 같다. 필자는 도서전에서 그 정보를 얻기만 했고 아무런 결실이 없었다. 결론적으로 도서전은 라이츠 가이드의 보조 역할을 하는 게 아닌가 싶다. 참석하는 것에 그리 집착할 필요는 없을 듯하다.

9

영미 저작권 세계

한국은 출판사의 편집자가 저자를 발굴하지만 영미권에서는 에이전트가 주로 발굴한다. 책을 출판하려는 사람은 에이전트를 먼저 찾아야 한다. 제임스 미치너의 『소설』은 이 세계를 정말 잘 묘사한 것 같다.

프라이머리 에이전트

잉크웰(Inkwell Management) 해외 판권 담당자에게 어쩜 그렇게 좋은 저자가 많은지 물었더니 마틴 셀리그먼(Martin Seligman) 박사 덕분이라고 했다. 잉크웰의 스타 에이전트는 리처드 파인(Richard Pin)인데 그의 저자는 거의 모두 베스트셀러 작가이다. 애덤 그랜트(Adam Grant), 수전 케인(Susan Cain), 앤절라 더크워스(Angela Duckworth), 에이미 커디(Amy Cuddy) 등. 모두 마틴 셀리그먼 박사가 리처드 파인에게 소개했다고 한다. 긍정 심리학의 대가 마틴 셀리그먼 박사는 미국 심리학자들의 멘토라고 한다.

리처드 파인과 같이 저자를 직접 발굴하고 대리하는 에이전트를 프라이머리 에이전트(Primary Agent)라고 한다. 에이전트 혼자 활동하는 에이전시도 있지만 대표 에이전트가 두세 명인 어소시에이츠(Associates) 형태의 에이전시도 있다. 에이전시 설립자가 있고 다른 경험 많은 에이전트를 초빙하거나 사내 에이전트를 승진시키기도 한다. 어소시에이츠에서는 각 에이전트들이 독립적으로 일한다. 이 어소시에이츠에 해외 판권 담당자가 있다. 또는 다른 포린 라이츠 에이전시(Foreign Rights Agency)를 지정해 해외 판권을 관리하게 한다.

부티크 에이전시

부티크 에이전시(Boutique Agency)라는 말이 있다. 분야를 완전히 특화했고 대리하는 저자도 소수이다. 아라기 에이전시(Aragi Agency)를 예로 들 수 있겠는데 니콜 아라기(Nicole

Aragi)는 소설에 대한 안목이 뛰어나다. 그녀가 대리하는 작가로 줄리언 반스(Julian Barnes), 주노 디아스(Junot Diaz), 조너선 사프란 포어(Jonathan Safran Foer) 등이 있다. 문학적으로 인정받은 작가가 많다. 아라기 에이전시의 해외 판권은 마시(The Marsh Agency)에서 관리한다.

미국 출판계도 좁다. 담당자들 역시 돌고 돈다. 사이클을 보면 처음에 출판사 해외 판권 담당자로 시작해 승진한 다음에 에이전시 해외 판권 담당자로 간다. 스카우터에서 출발해 에이전시 해외 판권 담당자로 가는 경우도 있다. 간혹 해외 판권 전문 에이전시를 차리기도 한다. 타린 파거니스(Taryn Fagerness)는 산드라 디직스트라(Sandra Dijkstra)의 해외 판권 담당자였다가 지금은 해외 판권 전문 에이전시를 설립했다.

포린 라이츠 에이전시

포린 라이츠 에이전시(Foreign Rights Agency)란 해외 판권만 관리하는 에이전시이다. 직접 저자 발굴은 하지 않는다. 해외 판권 계약은 생각보다 손이 많이 가는 일이다. 저자 발굴에만 치중하고 해외 판권 관리는 외주로 주기도 한다. ILA(International Literary Agency) 같은 곳이 그렇다. 여러 에이전시의 해외 판권을 관리한다.

마시 에이전시(The Marsh Agency) 역시 해외 판권만 전문적으로 관리하는 곳인데 한국 서브에이전트는 에릭양과 KCC, 대니홍이다. 프라이머리 에이전트가 예전부터 일하던 서브에이전트를 지정했기 때문이다. 이를테면, 아이콘 북스(Icon Books)의 해외 판권은 마시(Marsh)에서 관리하는데 아이콘 북스는 예전부터 한국 서브에이전트로 에릭양 에이전시를 사용했다.

스카우트

스카우트(Scout)는 출판계의 니치 마켓이라고 한다. 한마디로 책 정보 제공자이다. 여러 종류의 책을 읽고 정보를 취합해 책의 주요 내용을 고객사, 즉 각 나라의 출판사에 제공한다. 저자를 발굴하거나 직접 계약을 맺지는 않고, 수입은 각 나라별 거래 출판사에서 나온다. 한 나라별로 한 출판사에만 정보를 제공하는 게 원칙이다. 이를테면, 마리아 캠벨(Maria Campbell)은 한국의 민음사에만 정보를 제공한다.

스카우트는 출판계 3D 중 하나라고도 한다. 매주 읽어야 하는 책이 어마어마한데 정보를 얻기 위해 각종 칵테일 파티나 미팅에도 참석해야 하기 때문이다. 스카우트를 사용하는 기본 비용은 대략 월 3000달러 정도이고 도서전이 있을 때는 좀 더 든다.

서브에이전트

서브에이전트(Sub-agent)는 각 나라 또는 언어권별로 해외 에이전시를 대리해 판권을 관리하는 곳이다. 에릭양 에이전시, KCC 등을 말한다.

5장

전자책과 오디오북

1

전자책 계약

이 장에서는 전자책과 오디오북 사업을 추진하는 데 필요한 최소한의 저작권 지식과, 업무를 진행할 때 점검해야 할 사항을 다루었다. 구체적으로는 출판사에 재직하는 전자출판 실무 담당자를 대상으로 하고 있지만, 창작자나 1인 출판사 창업을 희망하는 사람에게도 도움이 될 것이다. 전통적인 전자출판 사업의 기본 근간을 이루는 전자책을 주로 다루었고, 최근 많은 관심을 받고 있는 오디오북에 대해서도 이야기해 볼 것이다. 전자책에 대한 내용을 먼저 살펴보자. 우선 전자책 사업을 영위하기 위해 반드시 알아두어야 할 권리에 대해 설명한다.

전자책 사업에 필요한 최소한의 준비물

전자출판 권리

가장 먼저 점검해야 할 것은 무엇일까? 출판사가 전자책으로 만들고자 하는 도서를 전자출판할 수 있는 권리를 보유하고 있는지 살펴보아야 한다.

전자책을 발행하고 판매, 이용하는 과정에는 저작물의 복제, 전송, 배포하는 행위가 뒤따른다. 따라서 전자출판을 하려는 출판사는 저작권자와 저작물에 관한 계약을 체결할 시 해당 저작물의 전송권 또는 배타적발행권을 설정하여야 한다. 출판사에서 저작물의 출판권만을 확보한 경우에는 저작권자와 별도의 계약을 체결하여, 전자출판을 하기 위한 권리를 온전히 확보하는 일부터 우선적으로 진행해야 한다.

최근에는 대부분의 출판사에서 저작권자와 출판계약을 체결할 때 배타적발행권을 함께 설정하고 있어 전자책 사업을 진행하는 데 큰 문제가 없지만, 오래된 구간의 경우 종이책 출판을 위한 권리만을 확보하고 있거나, 계약서가 유실되어 정확한 권리관계를 알기 어려울 수 있다. 정확한 권리관계를 확인하지 않고 무분별하게 전자책을 출간하다가는 저작권자와의 분쟁이나 소송으로 이어질 수 있으므로, 계약상 출판사가 행사할 수 있는 권리를 정확히 파악, 정리하고 전자출판 사업을 진행해야 한다.

조판 최종 데이터

전자책 제작을 하기 위해 완전한 조판 최종 데이터를 준비해야 한다. 조판 프로그램은 국내에서는 인디자인(InDesign)이나 쿼크 익스프레스(QuarkXPress, 이하 쿼크라 줄임)를 주로 사용한다. 과거에는 Mac OS 9가 돌아가는 파워맥 기반의 쿼크 3.3k 버전을 주로 사용했으나, 최근에는 어도비(Adobe)사의 인디자인을 주로 사용한다. 국내에서는 인디자인이 거의 시장 표준으로 자리 잡았다고 해도 과언이 아니다. 구버전(3.3 또는 3.4 버전) 쿼크로 조판을 할 경우 전자책을 제작할 때 많은 문제가 발생하니, 전자출판을 고려한다면 최신 버전의 인디자인을 사용하는 것을 권장한다. 한글 워드 프로세서를 이용하는 경우 최종 HWP 파일을 확보해 두자. 전자책 제작 시 PDF 파일을 기초 데이터로 사용하는 것은 권장하지 않는다.

평소 데이터 관리에 소홀한 경우 조판 최종 데이터가 유실되고, 인쇄용 PDF나 필름만 남기도 한다. 버전 관리를 제대로 하지 않아, 여러 쇄를 거치며 어떤 파일이 최종 데이터인지 알기 어려운 경우도 있다. 출간된 지 오래된 도서는 사고나 부주의로 인해 데이터가 유실되는 경우가 잦다. 별도 백업을 하지 않았는데 담당자 PC가 고장이 난다거나, 저장매체에 문제가 생기기도 한다. CD나 DVD에 데이터를 백업하는 경우 자연적으로 데이터가 유실될 수 있다는 점을 알아두자(CD·DVD 등의 광학 디스크 기반 저장장치의 경우 하드

디스크보다는 외부 충격에 강하지만, 염료 방식인지라 몇 년이 지나면 성분의 변화로 자연적으로 데이터 유실의 위험이 따른다). 최근에는 사내 랜섬웨어 감염의 위험이 증가하고 있으므로 데이터 복원 기능이 있는 나스(NAS)에 중요 데이터 생성 시 즉시 백업하고, 이를 드롭박스, 원드라이브, 구글드라이브 같은 클라우드 서비스에 2차 백업하는 것이 좋다. 여기에 분기나 반기 단위로 물리적으로 분리된 저장매체에 3차 백업까지 하기를 권장한다.

다시 한번 강조하자면, 디지털 콘텐츠 사업을 위해서는 로데이터(Raw data)를 온전하고 정리된 형태로 보관하는 것이 가장 기본이다. 따라서 자사 데이터의 관리 체계를 점검하고 미비한 사항은 미리 보완하여 예상치 못한 사태에 대비하도록 하자.

전자출판 인력 및 제작 노하우

전자책 제작의 경우 자사에 전문 기술을 보유한 인력이 없더라도 당장 큰 문제는 되지 않는다. 전자책 제작 업체에 외주를 주면 되기 때문이다. 물론 해당 사업이 어느 정도 진척되면 관련 전문 인력을 채용할 필요가 있다. 출판사에서 직접 전자책 제작을 하지 않더라도 전자책의 내용을 수정하거나 파일 오류를 파악해 대응하는 등 실무에서 발생할 수 있는 이슈를 회사 내부에서 판단하고 해결할 수 있어야 한다. 반면, 사업의 근간이 되는 저작물의 권리와 데이터가 준비되어 있지 않다면 전자책 사업 자체를 진행하기 어렵다.

공중송신권과 배타적발행권, 2차적 저작물 작성권

전자책을 발행 및 판매하는 과정에서 출판사는 저작물을 복제·배포(USB, CD, DVD 등의 유형물에 담아서 전자책을 판매하는 경우)하기도 하지만, 대부분 파일을 복제·전송(다운로드, 스트리밍)한다. 이를 위해서는 저작권법에서 규정하고 있는 공중송신권에 기반한 전송 권리를 확보하거나 배타적발행권을 확보해야 한다.

전자출판을 위해 2차적 저작물 작성권을 확보해야 한다고 생각하는 사람도 있다. 전자책은 책을 디지털 형태로 변형한 것이기 때문에 2차적 저작물로 보아야 한다는 주장이다. 하지만 책이라는 물성은 저작물을 도화에 인쇄 및 복제해 제작된 형태일 뿐이다. 전자책은 저작물의 근간을 이루는 콘텐츠 자체를 가공하거나 각색하는 등 저작물을 변형하지는 않기 때문에 2차적 저작물로 보기는 어렵다.

전자책을 제작할 때 기존 저작물의 내용을 변형하거나 추가적인 콘텐츠를 삽입하고자 한다면 저작권자에게 관련한 내용을 안내할 의무가 있으며 이에 대한 허락을 구해야 한다. 변형의 정도가 커 원저작물과 확연히 구별될 때에는 저작권자로부터 2차적 저작물 작성권을 부여받아야 한다.

저작권 사용료 책정하기

전자책의 저작권 사용료는 어떻게 책정해야 할까? 종이책의 경우 통상적으로 도서 정가의 10% 내외로 인세를 책정하여 발행 부수나 판매 부수로 곱해 지급한다. 전자책의 경우 출판사마다, 정책에 따라 저작권 사용료 책정 방식을 달리하고 있다. 종이책 인세 계산 방식과 동일한 방식으로, 종이책 정가 또는 전자책 정가를 기준으로 할 수도 있고, 유통사 판매 수수료와 결제 수수료 등을 공제한 후 실제로 출판사로 입금되는 순매출액을 기준으로 하여 저작권 사용료를 책정할 수도 있다. 회사마다 정책이 있으니 꼭 어느 방식이 옳다고 할 수는 없겠지만, 실무적으로 보았을 때는 순매출액을 기준으로 설정하는 것이 좋다. 다양한 전자책 서비스 방식에 대응할 수 있기 때문이다. 정가를 기준으로 하여 저작권 사용료를 책정하면 대여 모델이나 전자책 구독 서비스에 공급할 때 이를 판매 권수로는 특정하기 어려워지므로, 특정 서비스에 탄력적으로 대응하기 어려워진다.

어떤 출판사에서는 전자책을 2차적 저작물로 보고 2차적 저작물 사용 또는 작성에 기준하여 저작권 사용료를 분배하는 경우도 있으나 이는 잘못된 접근이다. 전자책은 저작물을 전송하는 개념을 바탕으로 저작권 수익 분배의 기준을 마련해야 한다.

외서의 전자출판

외서를 국내 출판할 경우에도 전자책이나 오디오북으로 유통하기 위해서는 저작권사로부터 관련 권리를 부여받아야 한다. 특별한 경우가 아니라면 종이책 계약 시 전자출판 권리를 함께 설정하는 것이 비용 면에서 유리하다.

전자책 출간 시한이 정해져 있거나, 유통 전 사전 허가를 받아야 하는 등 다양한 제한 사항이 특약으로 설정되어 있을 수 있다. 따라서 저작권 담당자나 전자출판 담당자는 외서를 전자책으로 출간하기에 앞서 계약 사항을 주의 깊게 살펴보고 문제가 생기지 않도록 조치해야 한다.

외서의 경우 오디오북은 전자책과 달리 별도로 계약을 체결해야 하는 경우가 많다. 인세율은 전자책과 같거나 비슷한 수준이다. 추후 오디오북만 별도 계약하는 경우 저작권사에서 전자책 계약과 마찬가지로 500~1000달러 내외의 선급금을 요구하기도 하니 참고하자. 디지털 온리(Digital Only) 출판 사례가 늘어나면서 외서의 전자출판 권리만을 계약하려는 요구가 많아지고 있으나, 대다수의 해외 저작권사에서는 전자출판 권리만을 잘 계약해 주지는 않으며 출판권과 함께 계약하는 것을 원칙으로 하고 있다.

전자책 계약에 대한 상세한 내용에 대해서는 〈4장 외국도서의 계약부터 출간까지〉의 내용을 참고하자.

전자책 사업을 위한 저작권 계약서 양식

전자책 계약을 위해 필요한 저작권 양식은 어디에서 구할 수 있을까? 사내에 전자출판 표준계약서가 없다면 한국출판문화산업진흥원이나 한국출판인회의에서 배포하는 표준계약서 양식을 활용할 수 있다. 해당 서식은 각 사이트의 자료실이나 메인 화면에서 내려받을 수 있다. 종이책과 전자책을 함께 계약한다면 '출판권 및 배타적발행권 설정계약서'를, 전자책으로만 출간한다면 '배타적발행권 설정계약서'를 이용하면 된다.

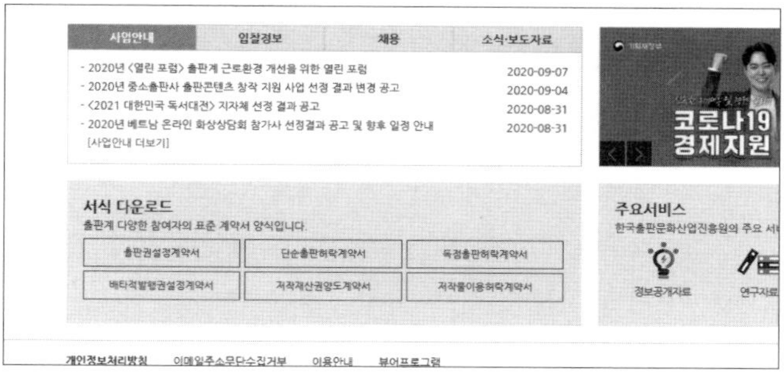

전자출판용 계약서의 주요 내용

배타적발행권 설정계약서의 내용 중 살펴봐야 할 부분에 관해 설명한다. 출판인회의에서 배포한 표준계약서의 내용을 기준으로 하였다.

제2조 (용어의 정의)

① 이 계약에서 말하는 '출판권'이라 함은 저작권법에서 규정하고 있는 "인쇄 그 밖에 이와 유사한 방법으로 문서 또는 도화로 발행할 수 있는 권리"로서 저작물에 대하여 준물권적 배타성을 갖는 권리를 말한다.

② 이 계약에서 말하는 '배타적발행권'이라 함은 저작권법에서 규정하고 있는 "저작물을 발행하거나 복제·전송할 수 있는 권리"로서 저작물에 대하여 준물권적 배타성을 갖는 권리를 말한다.

③ 이 계약에서 말하는 '전송'이라 함은 저작권법에서 규정하고 있는 공중송신권에 기반하여 "공중이 개별적으로 선택한 시간과 장소에서 수신하거나 이용할 수 있도록 저작물을 무선 또는 유선 통신의 방법에 의하여 송신하거나 이용에 제공하는 것"을 가리키며 인터넷 및 통신위성 등을 이용하여 개인용 컴퓨터, 전용단말기, 휴대전화 등에 다운로드 하거나 고정할 수 있는 디지털 파일로 제작하여 전자책(e-book) 등에 이용할 수 있게 하는 것을 포함한다.

해당 조항에서는 '출판권'과 '배타적발행권', '전송'의 개념을 설명하고 있다. 해당 저작물을 책의 형태로 인쇄 출간하지 않는다면 저작물의 배타적발행권만을 설정하여 계약할 수 있다. 배타적발행권 설정을 통해 배타적발행권자는 저자의 저작물을 전자화된 파일로 제작해 전송할 수 있다. 주로 전자책이 이에 해당하는 상품이었으나 최근에는 오디오북 제작 사례도 점점 늘어나고 있다. 오디오북 또한 배타적발행권에 해당하지만 좀 더 명확하게 하기 위해서는 계약서 조항에 정확히 명시하는 것이 좋다. 오디오북의 경우 편당 제작비가 수백만 원 이상 들어가니 저작권 사용료 지급에 대해서는 전자책과 오디오북의 조건을 달리하는 것도 검토해 보아야 한다.

> **제4조** (출판권 및 배타적발행권의 유효기간과 갱신 및 재고도서의 배포)
>
> ① 이 계약에 의한 출판권 및 배타적발행권은 계약일로부터 본 저작물의 초판 발행일까지 그리고 초판 발행일로부터 ______년간 그 효력이 존속한다.
>
> ② 본 저작물을 디지털 파일로 제작한 경우 전송권은 최초로 디지털 파일로 제작을 완료한 날까지 그리고 최초 디지털 파일 제작 완료일부터 ______년간 그 효력이 존속한다.
>
> ③ 계약 만료일 ______개월 이전까지 '갑'과 '을' 어느 한쪽에서 계약갱신을 원하지 않는다고 문서로 통고하지 않는 한 이 계약과 같은 조건으로 계속 ______년씩 연장된다. 이 경우 '을'은 '갑'에게 계약 만료일의 도래를 ______개월 이전

까지 통지하여야 한다.

④ 본 저작물의 개정판, 증보판(출판 및 디지털 파일 제작을 포함한다)을 발행할 경우 그 출판권 및 배타적발행권의 존속기간은 본조 제1항 및 제2항의 예에 따르기로 한다.

⑤ '을'은 출판권 및 배타적발행권 소멸된 후에도 계약 유효기간 중에 인쇄된 재고도서를 배포할 수 있다. 전송에 의한 저작물 이용은 계약 만료일 이후 ______ 이내에 중단하여야 하지만, 구매자가 이미 전송받은 저작물의 이용에 영향을 끼치지 않는다.

최근에는 많은 출판사에서 도서 발행 시 전자책을 동시 출간하고 있지만, 사정상 전자책이 더 늦게 출시될 수 있다. 이 때문에 종이책과 전자책의 계약 종료일이 달리 설정될 수 있다. 이 경우 출판사에서 전자출판 시기를 늦출수록 그 기간만큼 전송의 권리 기간이 늘어나게 되므로 저자로서는 부당하게 느껴질 수 있다. 출판권과 배타적발행권을 동시에 설정하는 경우 대체로 종이책과 전자책의 계약 기간을 동일하게 설정한다. 이 경우 종이책 계약이 종료되면 계약 만료일에 맞추어 전자책 판매를 중지해야 한다. 외서를 전자출판하는 경우 대체로 이러한 형태로 계약한다.

제7조 (2차적 저작물)

① 본 계약 유효기간 중 본 저작물의 재수록을 포함하여 번역, 번안, 만화, 연극, 영화, 애니메이션, 방송, 녹음, 녹화, 편집, '저작권법 제25조(학교교육 목적 등에의 사용) 및 제31조(도서관 등에서의 복제)에 따른 보상금', 기타 일체의 형태나 방법으로 2차적 저작물을 작성하여 사용할 경우에는 '갑'이 그에 관한 업무 처리를 '을'에게 위임하고, 그 사용허락의 조건에 관하여는 '갑'과 협의하여 결정한다.

② 본 저작물의 2차적 저작물 사용으로 발생하는 수익금은 '갑'과 '을'이 각각 __________으로 배분한다.

③ 본 저작물의 번역물이 해외에 판매될 경우 발생하는 수익금은 '갑'과 '을'이 각각 ________으로 배분한다. 단, '갑'이 본 계약서 체결 이후 본 저작물의 해외 번역판권 계약의 독점적 대행을 출판 에이전시 등 제3자에게 위임하고자 한다면 '갑'은 '을'의 동의를 얻어야 하고, 이때 발생하는 저작권 사용료의 배분은 '갑'과 '을'이 협의하여 결정한다.

④ 2차적 저작물 사용에 관하여는 본 계약서 제1조 및 제4조, 제5조의 예에 따르기로 한다.

2차적 저작물과 관련해서도 살펴보자. 먼저, 2차적 사용과 2차적 저작물 작성으로 나누어 그 개념을 이해해야 한다. 저작물의 2차적 사용과 2차적 저작물 작성은 엄연히 다르다. 예를 들어 책의 내용을 인용하거나 재수록하는 경우 저작물의 2차적 사용에 해당하며, 저작물의 내용을 기반으로 하여 원저작물과 구별되는 새로운 저작물을 만들 경우 2차적 저작물 작성에 해당한다. 저작물의 2차적 사용 및 2차적 저작물 작성의 권리는 기본적으로 저작권자에게 있으며, 저작권자는 출판사에 이에 관한 업무의 처리를 위임할 수 있다. 더 나아가 출판사에 2차적 사용 및 2차적 저작물 작성 및 제3자에 대한 허락 권리를 부여할 수도 있다. 2차적 사용과 2차적 저작물 작성에 대한 허락은 특별한 약정 사항이 없었다면 저작권자에게 모든 권한이 있으므로 출판사는 진행에 앞서 이에 대한 안내와 허락을 구해야 한다.

제12조 (전송에 따른 저작권 사용료)

① '을'은 본 저작물의 디지털 파일 전송이 개시되면 1회 판매당(동일 사용자의 이종 단말기 이용에 따른 복수 전송은 1회로 본다) 저작권 사용료로서 제11조 제2항에 명시된 인세와 동일한 금액을 '갑'에게 지급해야 한다. '갑'에 대한 저작권 사용료는 종이책 판매가격을 기준으로 하며 디지털 파일 판매가격과 무관하다.

② 전송에 따른 저작권 사용료의 지급은 매년 6월과 12월 2회에 걸쳐 판매내역을 '갑'에게 고지한 후 30일 이내에 지급하여야 하며, '갑'의 요구가 있을 경우 '을'은 언제든지 판매내역을 공개해야 한다.

디지털 콘텐츠 전송에 대한 수익이 발생했을 때 저작권 사용료 지급과 관련해 정의한 조항이다. 예시로 든 표준계약서는 종이책 판매가격을 기준으로 하여 디지털 파일 전송에 대한 저작권 사용료를 지급하게 되어 있지만, 이 경우 다변화되고 있는 콘텐츠 서비스에 대응하기 어려울 수 있다. 앞서 설명했듯, 권당 판매 방식 이외에도 구독 서비스, B2B 서비스, 대여 및 새롭게 출현할 수 있는 서비스에 정가와 판매량을 기준으로 한 저작권 사용료 지급 방식은 유연하게 적용되기 어렵기 때문이다. 될 수 있으면 순매출을 기준으로 저작권 사용료를 분배하는 형태로 정산 방식을 확립하는 것이 좋겠다.

2

전자책 제작과 유통

전자책 외주 제작 시 권리

전자책을 제작할 시 권리는 어떻게 될까? 출판사가 직접 전자책을 제작하거나 외주 제작사를 통해 제작할 시, 해당 전자책 파일에 대한 소유권은 출판사에 있다. 출판사가 EPUB이나 PDF 등의 특정한 전자책 파일에 대한 소유권을 갖고 있다 하더라도, 저작물의 저작재산권에 영향을 미치지는 않는다. 따라서 계약이 만료되면 배타적발행권 등의 전자출판 권리가 소멸되기에 출판사는 해당 전자책을 전송 및 판매할 수 없게 된다.

제작사를 통해 전자책을 만들 때에는 이를 외주 용역의

형태로 상호 간에 인식해야 한다. 파일 소유권과 저작권 문제를 명확하게 정리해 계약을 체결한 후 제작을 진행해야 한다. 저작권이 제작사에 귀속되는 부분이 없는지를 점검해야 하며, 전자책 파일과 관련한 권리를 완전하게 양도받는 형태로 계약해야 한다. 또한 제작이 완료된 후 일정한 기간 이후에는 제작사에서 해당 전자책 파일을 폐기하게끔 조치해야 한다. 혹시라도 생길 수 있는 파일 유출로 인한 피해를 방지하기 위함이다.

유통사에서 제작한 전자책에 대한 권리

전자책 유통사에서 출판사를 대신하여 전자책을 제작해 주는 경우가 있다. 특히 시중에 전자책이 충분하지 않았던 전자출판 사업 초기에 이 같은 형태로 전자책 제작과 유통이 많이 이루어졌다. 전자책 제작을 위한 기초 데이터를 유통사에 전달하면 해당 유통사에서 자체적으로 전자책을 제작해서 판매하는 방식이다.

유통사가 제작한 전자책 파일을 다른 유통사에도 등록해서 판매해도 괜찮을까? 결론만 이야기하면 불가능하다. 해당 전자책을 제작한 유통사에 해당 파일에 대한 소유권이 있으므로, 출판사에서 유통사와 합의 없이 사용하면 안 된다(물론 유통사도 전자책 파일을 소유하고 있을 뿐, 출판사와 합의된 형태로만 전송 및 이용할 수 있는 것이며 이를 다른 목적으로 사용할 수 없다). 유통사와 사전 협의를 하거나, 전자책 제작 비용을 지급하고 파일 소유권을 양도받아 다른 채널에 유통하도록 하자.

도서 발행 시점에 여러 판매처에 전자책을 유통할 수 있도록 출판사가 전자책을 제작하는 게 좋다.

전자책 제작 시 알아야 할 폰트 저작권

전자책 제작 시 반드시 신경 써야 할 사항이 있다. 바로 폰트에 대한 부분이다. 대부분 책을 출판할 때에는 폰트 회사에서 판매하는 유료 폰트를 이용해서 디자인과 조판 작업을 하게 된다. 종이책과 완전히 같은 판면을 제공하기 위해 조판 작업 시 사용했던 폰트를 전자책에 삽입하면 어떻게 될까? 결론부터 얘기하면 대부분은 저작권법 위반 또는 폰트 회사의 이용약관을 위반하는 셈이 된다. EPUB과 PDF 같은 전자책 파일에 해당 폰트를 삽입해야 하는데, 폰트 회사와 사전 합의가 이루어졌거나 별도 계약을 통해 파일 임베딩에 관한 권리를 취득한 것이 아니라면 문제가 된다. 우리가 책을 만들기 위해 폰트를 유료 구매하는 행위가, 해당 폰트 프로그램에 대한 저작권을 사는 것이 아니라, 해당 폰트를 특정한 방식으로 이용할 수 있는 소프트웨어 라이선스 계약을 체결하는 것이기 때문이다.

여기서 전자책 담당자는 폰트 도안과 폰트 프로그램의 개념을 정확하게 이해할 필요가 있다.

폰트 도안은 글자체, 서체, 디자인을 의미한다. 서체, 글자체, 글꼴 등으로 표현하기도 한다. 국내에서 폰트 도안의 경우 저작권법의 보호대상이 아니다. 미국, 영국, 일본 등 해외 국가에서도 저작권법의 보호대상에 해당하지 않는다고 한다. 다만 저작권법상 보호대상은 아니지만, 디자인 등록된 폰트 도안은 디자인보호법으로는 보호가 된다.

폰트 파일, 즉 폰트 프로그램은 컴퓨터나 프린터 등 기기에서 글자를 나타내기 위해 폰트 도안을 디지털화해 표시 출력할 수 있도록 만든 전자적인 데이터 파일을 의미한다. 파일 확장자가 TTF나 OTF로 표시되는, 우리가 일반적으로 폰트라고 부르는 파일을 말한다. 폰트 파일은 다른 응용 프로그램을 통해 사용하는 컴퓨터프로그램으로 보아 저작권법에 따른 보호를 받는다. 폰트 파일의 저작권자인 폰트 회사의 허락 없이 무단으로 복제, 배포, 전송할 시에는 저작권 침해가 되는 것이다. 유료 폰트가 탑재된 전자책을 판매하는 과정에서 폰트 프로그램이 포함된 전자책 파일을 복제, 배포, 전송하게 되므로 자연스럽게 폰트 프로그램 저작권을 침해하는 행위를 하게 된다.

폰트 회사에서는 폰트의 이용 범위를 세분화하여 계약한다. 통상적으로 폰트를 구매할 때에는 전자책 이용이나 파일 내에 탑재하는 것이 금지되어 있으므로 해당 폰트 파일을 전자책에 탑재하고자 할 때는 별도 계약을 체결해야 한다. 비용 및 관리상 문제가 생길 수 있으므로 일반적으로 전자책을 제작할 때에는 상업적으로 이용이 가능한 무료 폰트를 이용하게 된다.

전자책 제작에 추천하는 무료 폰트

전자책 제작 시 어떤 폰트를 주로 사용할까? 현업에서 가장 많이 사용되는 것은 한국출판인회의가 문화체육관광부의 지원을 받아 제작한 'KoPub' 서체이다. 해당 서체는 KoPub바탕체, KoPub돋움체, KoPubWorld바탕체, KoPubWorld돋움체 네 가지 폰트로 구분되며, 폰트마다 각 세 가지 굵기(Bold, Medium, Light)로 나뉘어 총 12개로 구성되어 있다.

KoPub 서체는 유료로 판매하는 등 상업적 행위를 제외하고는 누구나 무료로 사용할 수 있으며 서체 장평과 자간, 두께 등을 전자출판 환경에 최적화한 것이 특징이다. KoPub World 서체의 경우 1차 개발하였던 KoPub 서체를 추가 보완하여 현대한글과 옛한글, KS한자, 확장한자를 포함해 일본어, 라틴 확장, 키릴 문자, 아랍어, 히브리어, 산스크리트어 등 다국어를 폭넓게 지원한다.

구글과 어도비가 함께 개발해 출시한 본고딕(Noto Sans CJK)과 본명조(Noto Serif CJK)도 추천하는 폰트이다. 이 폰트들도 상업적으로 이용 가능하며, 특히 한국어, 일본어, 중국어 번체자와 중국어 간체자를 모두 지원하여 하나의 폰트로 모두 사용할 수 있다는 게 가장 큰 장점이다. Source Sans 서체 모음의 라틴어, 그리스어 및 키릴 자모 글리프도 포함되어 있어 다국어가 두루 사용된 책을 전자책으로 제작할 때 매우 유용하다. 총 7개의 굵기를 지원하며, 무료로 사용할 수 있다.

네이버에서 개발해 배포한 나눔글꼴(나눔고딕, 나눔명조 등) 서체도 추천하는 폰트이다. 각 폰트의 정보에 대해서는 https://hangeul.naver.com/2017/nanum에서 확인할 수 있다.

그 밖에도 다양한 무료 폰트가 시중에 존재하며, 관련 정보를 웹에서 쉽게 찾을 수 있다. 단, 전자책에 무료 폰트를 삽입해 사용할 때 중요하게 살펴보아야 할 사항은 폰트 용량과 지원하는 글리프의 개수이다. 책의 텍스트를 살펴보면 다양한 다국어와 유니코드 문자가 사용되는데 해당 폰트에서 해당 글리프가 구현되어 있지 않다면, 정상적으로 해당 텍스트가 보이지 않거나 시스템 폰트로 보이는 등 원활한 독서 환경을 제공하기 어렵기 때문이다. 또한 너무 많은 폰트를 전자책에 삽입하게 되면 전자책 파일 용량이 그만큼 늘어나게 되어, 열람 시 오류를 일으키거나 데이터 사용량이 증가하여 독자의 불편을 초래할 수 있다.

전자책 제작 시 꼭 알아야 할 저작권 체크리스트

앞서 언급한 폰트 외에도 전자책 제작 시 고려해야 할 사항이 있을까? 먼저 이미지 사용권에 대해 점검해 보아야 한다. 전자책을 제작하기 전에 책의 내용을 전체적으로 살펴보면서 어떤 내용인지, 어떤 이미지가 사용되었는지 살펴보자. 책에 사용된 사진이나 미술 작품, 삽화 등 개별 이미지의 전송 권리를 확보했는지 확인해야 한다. 이미지의 사용 범위를 종이책에 한정해서 확보하는 경우가 있을 수 있다. 이 경우 추가 비용을 내고 전송 권리를 확보하거나 진행이 어려운 경우 해당 이미지를 제거하여 전자책을 제작해야 한다. 특히 도감, 예술서 같은 책을 전자책으로 만든다면 꼭 체크하도록 하자.

재수록의 경우도 마찬가지이다. 다른 저작물을 인용한 부분이 많은 도서의 경우 인용의 범위가 종이책에 한정하는지 반드시 확인해야 한다. 일부 저자나 출판사의 경우 전자책에 수록되는 것을 거부하거나 추가 비용을 요구할 수 있다. 교재, 문학작품, 서평집 등의 책을 전자책으로 만든다면 특별히 주의할 필요가 있다.

PDF

PDF 형태로 전자책을 제작한다면 EPUB보다 훨씬 손쉽게 진행할 수 있다. PDF 전자책에서 가장 주의해야 할 사항은 폰트 삽입 부분이다. 통상적으로 인디자인, 쿼크, 한글 등의 프로그램에서 PDF로 손쉽게 변환할 수 있는데, 특별한 조치를 하지 않는다면 조판 시 지정된 폰트가 PDF에 자동으로 삽입된다. PDF 파일로 제작되었지만, 그 안에는 유료 폰트가 다수 탑재되는 것이다. 이 파일을 기반으로 그대로 전자책을 등록해 판매하면 폰트 프로그램 저작권 침해와 폰트 회사 이용약관 위반으로 손해배상 청구를 당할 수 있다.

따라서 PDF 전자책을 유통하기 전 반드시 폰트 프로그램을 삽입하지 않도록 처리해 주어야 한다. 이를 흔히 아우트라인(윤곽선) 처리를 한다고 하는데, 폰트 도안은 그대로 유지하고 텍스트를 이미지화하는 것이다. 이 과정을 거치면 폰트 프로그램이 PDF에서 제거된다. 단, 이 경우 텍스트 정보가 삭제된 이미지 파일로 전자책을 만드는 것이기 때문에 책의 내용을 복사하거나 검색하는 등 전자책의 기능을 활용하지 못하게 되는 것이 단점이라 할 수 있겠다.

다른 방법으로는 전자책에 삽입 가능한 폰트로 대체한 후 PDF를 제작하는 방식이 있겠다. 이 경우 텍스트 정보가 온전히 살아 있어 전자책 기능을 활용할 수 있지만, 폰트가 바뀌며 판면이 흐트러질 수 있으므로 레이아웃이 복잡한 책에는 적합하지 않다. 소설 등 텍스트가 선형적으로 배치된 책에 적합한 방법이다.

또한, PDF 제작 시 전자책용 판권 페이지를 별도로 생성해 삽입해야 한다는 사실을 잊지 말자. 전자책 ISBN, 전자책 발행일, 가격 정보 등 필요한 정보를 정확하게 입력해야 한다.

EPUB

EPUB 전자책도 PDF와 마찬가지로 폰트 삽입 시 권리 문제가 발생하지 않는지 살펴보아야 한다. PDF의 경우 폰트 임베딩에 대한 사전 지식이 없으면 자기도 모르는 사이에 문제를 발생시킬 수 있지만, EPUB의 경우 직접 폰트를 지정해 등록해야 하므로 폰트에 대한 기본적인 지식이 있으면 해당 문제가 발생하기 어렵다.

EPUB으로 제작할 때도 마찬가지로 별도 전자책용 판권 페이지를 작성해야 한다.

전자책 판권/메타데이터 구성하기

전자책 판권에는 어떤 정보가 들어가야 할까? 가장 기본이 되는 것은 도서명과 저자, 출판사의 정보이다. 그 밖에 전자책 ISBN과 전자책 발행일, 전자책 정가를 표기해야 한다. 외서의 경우 원저작권사와 저자의 권리(rights) 사항을 정확하게 표기하자.

3

전자책 출간

전자책 출간 체크리스트

전자책 출간 시에 체크해야 할 저작권 관련 사항은 어떤 것이 있을까?

판권

판권 페이지에 기재한 정보가 정확한지 확인한다. 전자책을 제작할 때 판권 페이지를 동일한 템플릿으로 작성하는 경우 주의 깊게 신경 쓰지 않으면 잘못된 정보가 기재될 수 있다. 외서의 경우 저작권(Copyright)이 원저작권사에서 요청한 내용대로 정확히 기재되었는지 점검한다. 원서명,

작가, 출판사, 에이전시 이름의 철자가 정확하게 기재되었는지 반드시 확인하자.

가격

외서의 경우 전자책의 정가 또는 정산액을 종이책 정가의 일정 비율 이상으로 책정하도록 하는 특약 사항이 있을 수 있다. 따라서 전자책 가격을 설정하기 전에 외서 계약에 가격 설정 또는 정산액 수령에 대한 제한 사항이 있는지 점검해야 한다. 가령 '전자책 정산액이 종이책 정가의 30% 이상이어야 한다'라는 조항이 있으면, 전자책 정가를 종이책 정가의 60% 미만으로 책정하는 것을 피하는 것이 좋다. 예를 들어 1만5000원의 종이책을 정가의 60% 수준인 9000원으로 전자책 정가를 매겼다고 가정해 보자. 이때 10% 할인 판매를 하면 최종 판매가는 8100원이고, B2C 판매의 일반적인 정산 비율인 70%를 분배하면 5670원을 출판사가 정산받는다. 이때 정산액은 종이책 정가를 기준으로 약 38% 정도이다. 여기서 정산 비율 70%는 일률적인 것이 아니라, 전자책 유통 형태나 계약 조건에 따라 분배율이 더 낮아질 수 있으므로 여러 사항을 고려하였을 때는 보다 높은 금액으로 전자책 정가를 책정하는 것이 안전하다.

발행 기한

종이책과 마찬가지로 전자책도 발행 기한을 설정할 수

있다. 허가된 전자출판 기간을 확인하여 기한 내에 발행할 수 있도록 점검하자. 발행 기한을 넘기면 원저작권사의 신뢰를 잃을 수 있을 뿐 아니라 재계약을 하여 불필요한 계약금을 추가로 내는 불상사가 생길 수 있다.

유통 제한 사항

전자책을 유통하는 형태를 주의 깊게 살펴봐야 한다. 원저작사, 에이전시에 따라 유통 형태에 대한 제한 사항이 있을 수 있다. 할인, 대여, 분권, 정액제 등 각종 전자책 서비스 진행 시 문제가 되는 사항이 없는지를 사전에 체크하자.

한국어판을 서비스할 수 있는 국가가 지정되어 있는지도 살펴봐야 할 대목이다. 한국어판에 대해 전 세계 지역으로 서비스할 수 있는 권리가 있는지, 한국 내에 한정하고 있는지를 살펴보아야 한다. 만약 한국 영토로 서비스할 수 있는 국가를 한정하고 있다면, 구글 플레이북스 등 글로벌 전자책 플랫폼에 론칭 시 국가 설정을 국내로 한정해야 한다.

폰트

전자책 제작 시 상용 폰트가 파일 내에 탑재되지 않았는지 점검하자. PDF 전자책의 경우 어도비 어크로뱃 프로그램 문서 정보 메뉴에서 확인할 수 있다.

사전 보고 의무

원저작권사에 따라 전자책을 출간하기 전 가격, 유통처, 파일 등을 요청하기도 한다. 출간 전 사전 보고 의무가 있는지 살펴보자.

이미지 권리

책에 저작권자가 직접 제공하지 않은 상용 이미지, 미술작품, 사진 등이 사용되었다면, 전자책에도 삽입 및 전송할 수 있는 권리를 부여받았는지 점검해야 한다.

기타 특약 사항

기타 전자책 제작 및 유통에 제한되는 사항이 있는지 점검한다.

전자책 미리 보기 서비스

전자책 미리 보기 서비스는 전자책 파일을 내려받지 않고도 전자책 서점이나 앱 서비스 내에서 일부 앞부분을 열람할 수 있는 기능이다. 통상적으로 전자책 플랫폼은 10% 내외로 미리 보기 서비스를 제공한다. 플랫폼에서 해당 비율을 정해둔 경우가 있고, 출판사에서 직접 설정할 수 있는 곳도 있다. 특별한 경우가 아니라면 10% 내외로 정해져 있지만, 구글 플레이북스처럼 10%를 초과해 서비스하는 곳도 있으며, 책의 판촉을 위해 일시적으로 미리 보기 분량을 늘리기도 한다. 이때 계약서상에 저작물의 내용을 홍보 목적으로 얼마나 보여줄 수 있는지 점검해야 한다. 저작권자와 계약 시 20% 수준으로 미리 보기를 가능하게 계약하면 여러 면에서 대응이 손쉬워지니 참고하자. 계약서에서 규정한 수준을 넘어서는 미리 보기를 제공하거나 관련 프로모션을 진행한다면 저작권자에게 이를 설명하고 허가를 받아 진행해야 한다.

전자책 서비스를 위한 저작물 변형 범위

전자책을 서비스할 때 전자책 파일 포맷과 전자책 열람 기기의 특성에 따라 책의 레이아웃이나 구조를 그대로 서비스하기 어려울 수 있다. 이때 출판사는 전자책을 어디까지 가공할 수 있을까? 우선 저작물의 내용을 저작권자의 허가 없이 변경하게 되면 저작인격권의 동일성유지권을 침해할 우려가 크므로 본문의 내용을 추가하거나 삭제할 때에는 사전 허락을 받아야 한다. 여기에는 책에는 없는 이미지, 사진, 영상 등을 탑재하는 행위도 포함된다. 특히 외서의 경우 계약상 이러한 변형을 금지하는 것을 명기하는 경우가 있으니 체크하도록 하자. 판권 위치, 주석 페이지, 작가 소개 페이지 등 전자책 열람 특성에 맞게 변경이 필요한 것들은 출판사의 판단에 따라 변경할 수 있겠다.

전자책은 모바일 기기에서 열람하는 것을 기본으로 하기 때문에 종이책의 조판 디자인을 전자책 코딩 시 그대로 적용하기 어려울 수 있다. 내용을 변경하는 것이 아닌 레이아웃, 일부 구성 요소의 위치를 변경하는 것 등은 문제가 없다. 예를 들면 앞에 위치한 판권 페이지를 맨 뒤로 옮기거나, 목차 페이지를 삭제하는 경우이다(EPUB 전자책은 ncx 파일을 통해 목차 내비게이션을 설정해 뷰어에서 별도 목차 기능을 이용하니 본문에 목차 페이지가 들어가는 것이 불필요할 수 있다).

외서 전자책 출간 시 주의 사항

앞서 설명했던 가격 책정, 분절 가능 여부, 저작권 표시(copyright) 여부, 출간 전 사전 보고 의무는 있는지, 전자책 발행 기한을 넘기지 않았는지, 이미지의 전송 권리를 확보하였는지를 전반적으로 점검하자.

전자책 서비스 시 주의 사항

전자책을 제작해 정가에 판매할 때는 대부분 문제가 되

지 않는다. 판매 이외에도 전자책을 서비스할 수 있는 방식은 다양하다. 기간을 한정하여 라이선스를 부여하는 대여 형태, 한 권의 책을 챕터나 화별로 나누어 각각 판매하는 분절 형태, 국공립·대학·기업 등이 운영하는 전자 도서관에 납품하는 형태, 기간을 한정해 내용을 열람하게 하는 무료 배포 형태 등이 있다. 근래에는 밀리의서재, 리디셀렉트, 예스24 북클럽 같은 다양한 전자책 구독 서비스가 출현하기도 했다. 출판사에서는 저작권자와 계약 시 특별히 제한되거나 금지된 형태의 전자책 서비스가 있는지 점검하여 진행해야 한다. 제한된 사항이거나 우려되는 서비스 방식은 사전에 저작권자에게 안내한 후 진행 여부를 합의하는 것이 좋겠다. 전자책 구독 서비스의 경우 출판사나 저작권자 입장에서도 해당 서비스를 주의 깊게 살펴볼 필요가 있다. 전자책 구독 서비스가 책을 읽지 않는 사람들을 유입시킬 수 있는 서비스가 될 수 있을지, 기존 전자책 구매 소비자의 수요를 줄이는 영향을 끼칠지는 아직 불명확하기 때문이다.

또한 전자 도서관 등 B2B 형태의 전자책 서비스를 진행할 때는 저작물의 이용 범위에 대해 세밀히 살펴보고 계약을 체결할 필요가 있다. 가령, 전자책의 재판매나 인쇄 가능 여부, Non DRM 판매 등 통상적인 저작물 이용 범위를 넘어서는 서비스에 대해서는 사전에 점검해 저작권 문제가 발생하지 않도록 유의해야 한다.

유통사와 콘텐츠 제공 계약 체결 시 체크리스트

서점에서 전자책을 판매하기 위해서는 해당 유통사와 콘텐츠 제공 계약을 체결해야 한다. 계약서에 다양한 조항이 있지만 주의 깊게 살펴보고, 필요 시 문구를 조정하거나 협의해야 할 사항은 아래와 같다.

저작권 사용료와 유통처

저작권 사용료는 서비스 형태에 따라 다르지만, 통상적으로 B2C는 최종 판매가의 70%, B2BC는 최종 판매가의 60%, B2B는 B2B 가격(출판사는 유통사에 B2B 가격을 통보할 수 있다)의 50% 수준으로 계약한다. 종이책과 다른 점은 정가를 기반으로 공급률을 설정하는 것이 아니라 서점에서 최종 판매한 가격을 기반으로 수익을 정산받는다는 것이다. 가격 할인 등에 따라 정산 금액이 달라지므로, 할인에 따른 비용을 누가 부담하는지를 살펴볼 필요가 있다. 통상적으로는 출판사에서 해당 비용을 부담하여 진행하는 경우가 많으므로, 정산액이 조정되는 것을 원하지 않으면 할인 판매를 허용하지 않을 수 있다. 따라서 유통사 계약 시에는 판매가격 설정과 할인에 대한 결정권을 출판사가 가졌는지를 점검해야 한다.

또한 B2BC, B2B 등 판매 방식에 따라 정산율이 조정되므로 출판사에서 어떠한 방식으로 전자책을 판매할 것인지 결정할 수 있어야 한다. B2B, B2BC 판매는 의무 사항이 아니므로 이를 원치 않는다면 계약서에서 이를 제외할 수 있다.

계약 기간

콘텐츠 제공 계약 기간은 2년 또는 3년 정도로 설정하고, 1년씩 자동 갱신하는 형태로 체결하는 것이 좋다. 디지털 콘텐츠 시장이 급변하고 있으므로 유연하게 대처하기 위함이다.

전자책 판매 중단 관련

유통사에 공급하는 전자책은 출판사의 요청으로 언제든 판매를 중지할 수 있어야 한다. 저작권자와의 배타적발행권 또는 공중송신권 계약이 만료되면 해당 전자책을 즉시 판매 중지할 수 있어야 하기 때문이다. 계약 만료 시 전자책 서비스 중지 요청과 반영까지 시간이 걸릴 수 있으므로 저작권자와 계약할 시에는 계약 종료 후 30일에서 60일 정도로 유예 기간을 설정해야 문제가 없다. 유통사와 계약할 때에는 유예 기간을 30일 이내로 설정해야 한다. 예외적인 상황이 발생할 수 있으므로 저작권자와의 계약에서 설정한 유예 기간보다 짧은 기간으로 유통사에 유예 기간을 설정해야 한다. 통상적으로 전자책 판매 중지를 요청하면, 일주일 이내에 관련 업무 처리가 되지만, B2BC나 B2B로 전자책을 서비스할 시 유통 주체가 여러 단계에 걸쳐 존재하기 때문에 판매 중지에 더 많은 시간이 소요되고, 요청이 누락되는 경우도 잦다는 점을 명심하자.

만약, 계약 기간 내에는 어떠한 전자책도 판매를 중지할 수 없다는 내용이 있다면 반드시 바로잡아야 한다. 또한 특별한 계약으로 인해 특정 전자책의 서비스 기간을 어느 정도 담보해야 한다면, 저작권자와의 계약 사항에 위배되는 내용이 없는지를 살펴보거나 별도의 부속 계약을 체결하여 배타적발행권 또는 공중송신권의 권리 기간을 추가로 확보하면 된다.

보안

출판사는 저작권자의 권리를 보호하기 위해 전자책 파일 보안에 신경 써야 한다. 따라서 유통사와 거래할 때에도 계약서에 파일 보안에 대한 조항이 있는지 살펴야 한다. 통상적으로 출판사가 제공한 콘텐츠가 타인의 저작권을 침해하는 등 저작권의 문제가 생기면 이를 출판사가 해결하고 유통사의 손해가 발생할 시 이를 배상할 책임이 있다. 한편, 저작권자는 본인이 창작한 내용에 대해 책임을 가지며 제3자의 권리를 침해하지 않을 의무가 있으므로, 출판사는 계약 사항에 따라 저작권자에게 구상권을 행사할 수 있다. 따라서 저작권자와 출판사는 유통하는 콘텐츠가 타인의 저작권을 침해하지 않았는지, 내용 자체에 문제가 없는지를 잘 살펴야 한다.

유통사는 파일 보안을 지켜야 하며, 해킹이나 불법 복제 등으로 전자책 파일이 무단 유포되지 않도록 기술적인 조치를 취해야 한다. 따라서 유통사와 계약 시에 파일 보안을 위해 노력해야 한다는 내용과 유통사의 귀책으로 파일이 무단 배포 및 이용되었을 때 이를 유통사가 해결하고 출판사에 손해가 발생할 시 이를 배상할 책임이 있다는 내용을 삽입해야 한다.

외부로부터 서버가 해킹되어 파일이 유포되는 경우도 있겠지만 관련 업무를 하는 사람의 부주의나 개인적인 파일 보관 등으로 유출되는 경우가 생길 수 있으므로 관련자의 보안 의식을 높이는 것 또한 병행되어야 한다.

독점 여부

해당 유통사를 통해 독점 판매되는 사항이 없는지를 살펴보자. 통상적인 경우 전자책 판매를 비독점적으로 다양한 유통사에 공급해야 하므로, 특별히 합의된 사항이 없다면 독점 조항을 삭제해야 한다.

정산

판매 수익 지급 방식에 대해 점검해야 한다. 통상적으로 전자책 판매 수익은 매달 판매분을 익월에 정산하여 익월 말 또는 익익월에 현금으로 지급한다(유통사에 따라 1~2개월의 차이는 있을 수 있다). 정기적으로 수익 정산이 이루어지는지를 살피자. 또한, SCM 등에서 상세 판매 내역을 공개하는지 살펴야 한다. 실시간으로 판매 데이터가 공유되는 곳일수록 투명하게 정산을 하는 곳이라고 이야기할 수 있다. B2B, B2BC 등 실시간으로 데이터를 제공하기 어려운 경우는 콘텐츠별 판매 내역을 엑셀 파일로 전달받아야 하며, 수량과 판매가, 정산액, 판매처 등의 정보가 기재되는지도 살필 대목이다.

전자책 계약 만료 시 권리 알기

저작물의 배타적발행권 또는 공중송신권이 만료되면 출판사가 전자책을 판매할 수 있는 권리는 소멸한다. 이에 따라 출판사는 해당 전자책의 판매 중지를 유통사에 요청해 더 이상 판매가 되지 않도록 해야 한다. 이 경우 기존에 판매된 전자책에 대해서는 서비스를 중지시키지 않는다. 구매 독자가 계속해서 해당 전자책을 읽을 수 있도록 해야 하기 때문이다. 이를 위해 저작권자와의 배타적발행권 또는 공중송신권 계약서에는 계약 종료 이후에도 기구매 독자가 구매한 전자책에 대해서는 중지시키지 않는다는 내용이 들어가며, 출판사와 유통사가 체결하는 계약서에도 해당 조항이 들어가게 된다.

그럼에도 구매 독자는 자신이 구매한 전자책을 타인에게 양도할 수 없다. 종이책과 전자책의 특성이 다르기 때문이다. 종이책은 유형물로 배포를 하고, 전자책은 무형물로 전송된다. 종이책은 최초 판매의 원칙(권리 소진의 원칙)에 따라 처음 구매한 사람이 책에 대한 소유권을 가진다. 이 경우 책을 다른 사람에게 양도하거나 판매할 수 있는 것이다. 하지만 이 경우에도 저작물 자체에 대한 권리를 취득하는 것이 아니므로 2차적 사용, 2차적 저작물 작성, 저작물의 복제 배포 등이 금지되는 것이다. '책'이라는 물성을 가진 상품을 구매한 것이지, 책 속 저작물의 권리 자체를 취득한 것은 아니기 때문이다. 전자책은 판매 이후에도 최초 판매의 원칙이 적용되지 않는다. 따라서 구매 독자에게 해당 전자책의 소유권이 있는 것이 아니므로 이를 타인에게 양도하거나 판매할 수 없다. 전자책을 구매할 때 독자는 소유권을 이전받는 것이 아니라, 파일에 접속할 수 있는 라이선스를 받는 것이기 때문이다. 따라서 플랫폼에서 전자책 서비스를 중지하면 더 이상 전자책을 볼 수 없게 된다.

또한 출판사가 만든 표지와 전자책 파일에 대한 소유권이 소멸하거나 저작권자에게 이관되는 것은 아니므로, 출판사가 자신의 노력으로 만든 전자책 파일에 대해 저작권자가 권리를 주장하거나 무상으로 인도를 요청할 수는 없다. 파일을 그대로 이용하고자 할 때는 별도의 계약을 통해 이에 대한 양도를 진행할 수 있다.

전자책 계약 만료 전 체크리스트

저작권자와의 계약 만료가 확정되면 체크리스트를 작성하여 문제없이 판매가 종료되도록 해야 한다. 유통사별 판매 중지 요청 여부, 판매 중단 진행 여부, 실제 모니터링을 통한 판매 중지 확인 여부를 스프레드시트에 기록하고 점검하자. B2B, B2BC의 경우 유통 단계가 복잡할 수 있으므로 단순 요청으로 끝내지 말고 철저하게 확인할 필요가 있다. 단순 요청으로 끝난 경우 판매 중지 처리가 누락되어 계속 판매되는 경우가 생길 수 있다.

4

오디오북

오디오북 권리 계약하기

오디오북을 제작해 유통하기 위해서는 저작권자와 오디오북 형태의 공중송신권 또는 배타적발행권 설정계약이 되어 있는지 확인해야 한다.

오디오북은 제작 형태에 따라 완독본(저작물의 내용을 처음부터 끝까지 읽는 형태)과 축약본(저작물의 내용을 편집하여 축약해 녹음한 형태)으로 나뉜다. 완독본의 경우 저작물의 내용 변형이 없으므로 공중송신권과 배타적발행권 설정이 되어 있다면 오디오북 형태로 제작해 유통할 수 있다. 축약본의 경우 저작물의 내용을 변형하는 것이므로 2차적 저작물에 해당한다. 따라서 축약본 오디오북을 제작하기 위해서는 저작권자에게 이에 대한 별도 안내와 허락을 구해야 한다.

다만 좀 더 명확한 권리관계 설정을 위해서 전송물의 범위를 규정해 주는 것이 좋다. 공중송신권 또는 배타적발행권에 대해 정의할 때 오디오북을 포함하여 규정하면 좀 더 명확하게 할 수 있다.

신간 외서를 계약하는 경우 전자책 외에도 오디오북을 포함하여 외서 출판계약을 체결하는 것이 좋다. 단, 이 경우 오디오북을 반드시 출간해야 하므로 오디오북 출간 계획이 없다면 이를 제외해 계약상 출간 의무 조항을 위배하지 않도록 주의해야 한다.

오디오북 수익 분배는 어떻게 책정하는 것이 적합할까? 오디오북은 자사에서 직접 제작해 유통하는 경우와 타사에 오디오북 제작 및 유통에 대한 권한을 부여하여 진행하는 경우로 나뉜다.

자사에서 완독본 형태로 고품질 오디오북을 직접 제작하는 경우 인건비를 포함해 최소 500만 원 이상의 제작비가 투자된다. 따라서 해당 도서의 오디오북 예상 매출액을 토대로 수익 분배율을 정할 필요가 있다. 오디오북 수익 분배율을 순매출의 25%로 책정한다고 가정했을 때 최소 약 700만 원 이상 오디오북 매출이 발생해야 손익분기점에 도달할 수 있다.

오디오북은 저작물인가, 2차적 저작물인가

이렇게 제작한 오디오북은 저작물로 볼 것인가, 2차적 저작물로 볼 것인가? 오디오북은 음원의 근간이 되는 저작물을 기반으로 한 부차적인 파일로 보는 것이 적절하다고 본다. 저작권자와의 계약을 통해 일정 기간 오디오북 형태로 제작하고 판매하는 권한을 얻는 것이다. 따라서 출판사에서는 타 오디오북 사업자와 계약하여 오디오북을 제작 및 유통할 때, 해당 업체가 제작한 오디오북의 권리에 대해 주의 깊게 살펴볼 필요가 있다. 계약 기간이 종료되면 해당 오디오북을 공중송신 및 복제배포, 판매할 수 있는 권리가 회수되어야 하며, 타 오디오북 사업자가 제작한 오디오북 파일을 사용 및 판매할 수 없도록 계약서에 명시되어 있어야 한다.

오디오북 사업을 위한 저작권자와의 계약

기존 출판권 및 배타적발행권 설정계약 내에 오디오북 사업을 영위할 수 있는 근거 조항이 있다면 별도의 계약을 체결할 필요가 없다. 단, 오디오북으로 제작하려는 저작물이 출판권만 설정되어 있다면 별도의 배타적발행권 설정계약을 체결해야 한다. 기존 배타적발행권 설정계약 내용이 오디오북 사업에 대해 애매하게 기술하고 있다면, 안전하게 사업을 진행할 수 있도록 저작권자와 별도의 오디오북 제작 및 판매에 대한 부속 합의 계약을 체결하는 것이 좋다.

외서의 경우 저작권사마다 계약 정책은 상이하지만 대체로 기계약 출판물에 대해서는 별도의 오디오북 계약을 체결해야 한다. 이 경우 저작권사에서는 대체로 별도의 오디오북 선인세를 요구하는 편이다. 외서 오디오북 제작 전에는 에이전시를 통해 오디오북 계약 진행 여부를 꼭 점검해야 한다는 점을 기억하자.

오디오북 제작 시 성우와의 권리관계

오디오북을 제작할 때 북 내레이터와 계약을 체결하여 녹음을 진행하게 된다. 작업에 든 시간으로 녹음 단가를 계산해 비용을 지급할 수도 있고, 완성된 오디오북의 총 재생 시간을 기반으로 비용을 지급할 수도 있다. 1권당 비용으로 책정하여 지급할 수도 있겠다. 또는 오디오북 수익 일부를 지급하는 러닝 개런티(running guarantee) 형태로 계약을 체결할 수도 있다. 계약 방식은 사전에 해당 북 내레이터와 합의하여 결정할 사항이다. 자사 오디오북 정책을 수립하여 별도의 계약서를 준비하도록 하자.

이때 중요한 점은 해당 북 내레이터가 저작권에 관한 권리를 행사하지 않도록, 외주 용역 계약의 형태로 진행해야 한다는 것이다. 또한 오디오북을 디지털 음원으로 해석하여 연기, 낭독, 웅변 등을 통한 실연권을 주장할 여지가 있으므로, 계약서에 이에 대해 정확하게 정리해야 할 것이다.

오디오북 제작 시 저작권 체크리스트

앞서 우리는 저작물의 오디오북 제작·유통 권리와 북 내레이이터와의 계약 사항에서 점검해야 할 사항을 살펴보았다. 오디오북 제작 시 앞서의 사항 외에 또 어떤 부분을 점검해야 할지 살펴보자.

배경음악

오디오북 구성에 따라 배경음악을 삽입할 수 있다. 이때 사용되는 음원은 상업적 사용에 문제가 없는 무료 음원이거나 오디오북 탑재를 위해 구매한 파일이어야 한다. 직접 오디오북을 제작할 때에는 이러한 부분을 살펴 저작권에 문제가 없는 음원만을 사용해야 하며, 외부 제작을 할 때에는 해당 제작사에 사용 음원의 라이선스 문서를 요구하거나 계약서에 저작권 문제가 없는 음원을 사용하거나, 제작사가 저작권 문제를 해결해야 한다는 내용을 기재해야 할 것이다.

재수록

타 저작물을 재수록한 경우는 어떠할까? 이는 전자책의 경우와 같다. 다른 저작물을 인용한 부분이 많은 도서의 경우 재수록의 범위가 종이책 또는 전자책에 한정하는지 반드시 확인해야 한다. 일부 저자나 출판사의 경우 오디오북에 수록 및 낭독을 거부하거나 추가 비용을 청구할 수 있다. 교재, 문학작품, 서평집 등의 책을 오디오북으로 만든다면 특별히 주의할 필요가 있다.

가격

외서 전자책의 경우와 마찬가지로 오디오북의 정가 또는 정산액을 종이책 정가의 일정 비율 이상으로 책정하도록 하는 특약 사항이 있을 수 있다. 따라서 오디오북 가격을 설정하기 전에 외서 계약에 가격 설정 또는 정산액 수령에 대한 제한 사항이 있는지 점검해야 한다. 특히 오디오북을 직접 제작할 때 전자책과 대비하여 더 큰 비용이 드는 데 비해, 아직 오디오북 시장이 활성화되지는 않은 상태이므로 너무 염가로 정가를 책정하는 것은 피해야 한다. 예상 판매량을 고려해서 적절한 수준의 가격을 책정해야 한다.

발행 기한

종이책 및 전자책과 마찬가지로 오디오북도 발행 기한을 설정할 수 있다. 허가된 오디오북 판매 기간을 확인하여

기한 내에 발행할 수 있도록 점검하자. 발행 기한을 넘기면 원저작권사의 신뢰를 잃을 수 있을 뿐 아니라 재계약을 하여 불필요한 계약금을 추가로 내는 불상사가 생길 수 있다.

유통 제한 사항

오디오북을 유통하는 형태를 주의 깊게 살펴봐야 한다. 원저작사, 에이전시에 따라 유통 형태에 대한 제한 사항이 있을 수 있다. 할인, 대여, 분권, 정액제 등 각종 오디오북 서비스 진행에서 문제가 되는 사항이 없는지를 사전에 점검하자.

한국어판을 서비스할 수 있는 국가가 지정되어 있는지도 살펴봐야 할 대목이다. 한국어판에 대해 전 세계 지역으로 서비스할 수 있는 권리가 있는지, 한국 내에 한정하고 있는지를 살펴보아야 한다. 만약 한국 영토로 서비스할 수 있는 국가를 한정하고 있다면, 구글 플레이북스 등 글로벌 오디오북 플랫폼을 통해 판매할 때 국가 설정을 국내로 한정해야 한다.

사전 보고 의무

원저작권사에 따라 오디오북을 발행하기 전 가격, 유통처, 파일 등을 요청하기도 한다. 출간 전 사전 보고 의무가 있는지 점검하도록 하자.

기타 특약 사항

기타 오디오북 제작과 유통에 제한되는 사항이 있는지 점검한다.

6장

저작권 침해와 구제

Copyright

1

저작권 침해에 대한 대응

절도나 상해와 같이 형법에 위반되는 행위에 대해서는 징역이나 벌금과 같은 형사처벌에 관한 규정이 적용되고, 불법행위에 대한 손해배상 등에는 민법이 적용되는 구조를 가지고 있다. 형사처벌의 대상이 되는 행위와 손해배상청구의 대상이 되는 행위는 구분되는 것이 원칙이다.

그런데 저작권법은 특이하게 저작권 침해 시 금지청구나 손해배상과 같은 민사상의 청구권이 성립하고, 이와 동시에 형사처벌이 가능하도록 정하고 있다. 이에 따라 침해를 당한 입장이건 그 반대의 입장이건 복잡한 분쟁에 휘말리게 될 수도 있고, 침해를 당한 입장에서는 유효적절한 권리행사를 선택해야 할 필요성이 발생한다.

침해를 당한 입장에서는 민형사를 모두 진행하고, 민사 청구도 가처분과 금지소송, 손해배상청구소송 모두를 진행하고 싶겠지만 ① 진행하는 절차가 많아질수록 법무비용이 많이 든다는 점, ② 형사처벌은 고의가 있는 경우에만 성립하는 점 등을 모두 고려해야 한다.

상대방 입장에서는 침해를 당했다고 주장하는 측에서 어떤 청구를 하려고 하는지 정확히 파악해야 대응 방향이 정해지므로 저작권 침해를 주장하는 내용증명이 날아오면 일단 변호사 등에게 바로 문의할 필요가 있다. 침해를 당했다고 주장하는 측은 처음부터 바로 고소하는 경우보다는 내용증명을 통해 주의를 주거나 협의를 시도한 후에야 고소하는 경우가 많다.

저작권 침해 여부 자체가 쟁점이 되거나 합의가 안 되면 법적 분쟁으로 가겠지만, 객관적으로 저작권 침해 사실이 인정될 수 있는 경우라면 양측 모두 협의로 사건을 종결짓는 것이 비용이나 노력, 시간 면에서 가장 효율적이다. 다만 합의를 하는 경우라도 기존 침해에 대한 정리만 할 것인지, 혹은 앞으로의 저작권 이용에 대해서도 합의할 것인지 여하에 따라 구체적인 합의 문구의 조율이 필요하므로 합의서 작성은 추가적인 분쟁의 소지가 없도록 전문가의 도움을 받을 필요가 있다.

2

금지청구와 손해배상(민사소송)

침해의 성립 요건(형사와 공통)

의거성: 드라마 선덕여왕 VS 뮤지컬 선덕여왕

저작권 침해 행위가 성립하기 위해서는 기존 저작물에 대한 의거성이 필요하다. 달리 말하면 기존 저작물에 의거하지 않은 독립적인(independently) 창작을 한 경우 저작권 침해는 인정되지 않는다.

다만 기존 창작물에 의거했는지를 객관적으로 밝히는 것은 어려우므로 ① 기존 저작물에 대한 접근가능성, ② 기존 저작물과의 현저한 유사성(독립적 창작가능성을 배제할 수 있어야 함, 저작권 침해의 요건 중 하나인 실질적 유사성과는 다른 개념)이 있는 경우에는 의거성이 있는 것으로 추정한다.

따라서 침해를 주장하는 측으로서는 우선 접근가능성과 현저한 유사성을 입증해야 하고, 만약 접근가능성과 현저한 유사성이 인정되지 않는 경우 다른 방법으로 의거성을 입증해야 하는 부담이 생기게 된다.

선덕여왕은 역사 속에 등장하는 인물의 이야기이므로 A가 만든 작품과 B가 만든 작품이 우연히 비슷할 수 있다. 그것이 역사서 어딘가에 나오는 이야기나 에피소드 혹은 등장인물이라면 A와 B가 만든 작품에서 우연히 같은 부분이 나올 수도 있다. 이와 같이 우연히 결과물이 같은데도 저작권 침해라고 손해배상청구가 되고 고소를 당한다면 상대방 입장에서는 억울할 수도 있을 것이다. 그러나 반대로 A가 B의 작품을 보고 작품을 만든 것이라면 결과적으로 우연히 같아지게 된 것이라고는 주장할 수 없을 것인데, 이런 경우 정말 우연히 동일하게 된 것인지 혹은 다른 작품을 보고 만든 것인지, 즉 의거성이 있는지 여부에 대해 법원은 어떻게 판단할까?

선덕여왕 TV드라마 극본이 기존 뮤지컬(The Rose of Sharon, '무궁화의 여왕 선덕')의 대본에 대한 저작권을 침해했다고 주장된 사건이 있었다(대법원 2014. 7. 24. 선고 2013다8984 판결). 이 사건에서 법원은, "저작권법이 보호하는 복제권이나 2차적 저작물 작성권의 침해가 성립되기 위해서는 대비

대상이 되는 저작물이 침해되었다고 주장하는 기존의 저작물에 의거하여 작성되었다는 점이 인정되어야 한다. 이와 같은 의거관계는 기존의 저작물에 대한 접근가능성, 대상 저작물과 기존의 저작물 사이의 유사성이 인정되면 추정할 수 있고, 특히 대상 저작물과 기존의 저작물이 독립적으로 작성되어 같은 결과에 이르렀을 가능성을 배제할 수 있을 정도의 현저한 유사성이 인정되는 경우에는 그러한 사정만으로도 의거관계를 추정할 수 있다. 그리고 두 저작물 사이에 의거관계가 인정되는지 여부와 실질적 유사성이 있는지 여부는 서로 별개의 판단으로서, 전자의 판단에는 후자의 판단과 달리 저작권법에 의해 보호받는 표현뿐만 아니라 저작권법에 의해 보호받지 못하는 표현 등이 유사한지 여부도 함께 참작될 수 있다"라고 판시하면서 드라마 극본이 뮤지컬 대본에 대해 의거성이 있는지를 판단하였다.

즉, ① 기존 저작물에 대한 접근가능성 ② 저작물 사이의 유사성, 두 가지가 있으면 의거한 것이라고 추정할 수 있는데, 접근가능성을 입증하는 것이 어려운 경우도 있다. 이런 경우 유사성이 현저한 것을 입증해도 의거성이 추정될 수 있는데 유사성이 현저하다는 것은 독립적으로 저작물이 만들어졌는데 우연히 유사하게 되었다고 볼 가능성을 배제할 정도로 유사해야 한다는 것이다. 그리고 저작물 복제권 침해 여부를 판단할 때에는 저작권에 의해 보호받는 표현만을 가지고 비교하는 것이 원칙이지만, 의거성에서의 유사성 판단을 할 때는 의거한 것인지 여부를 사실 판단하기 위한 것이니 저작권에 의해서 보호받지 못하는 표현(기능적 표현, originality가 없는 표현)도 비교 대상이 된다.

선덕여왕 사건에서는 접근가능했었는지에 대해서 원고는 드라마 극본 완성 전에 피고들이 정상적인 방법으로 드라마 대본을 입수하거나 그 구체적인 내용을 알 수 없는 등 대본에 접근할 수 있었던 상태라는 점을 입증하지 못하였다. 심지어는 원고가 갈라쇼에서 일부 내용을 공개하거나 피고 측에 사업 제안을 한 사실이 있었음에도 법원은 접근가능성을 인정하지 않았다. 그만큼 접근가능성은 입증하기가 어려운 요건이다.

그래서 유사성이 현저한지 여부로 판단이 넘어갔는데, 현저한 유사성 요건과 관련하여 이 사건에서는, 뮤지컬 대본이나 드라마 극본 모두 역사적 사실로부터는 유추하기 매우 어려운 원고의 독창적인 창작의 산물인 '덕만공주의 서역 사막에서의 고난, 금관의 꽃 또는 동로마 등 서역의 문화와 사상의 습득, 덕만공주와 미실의 정치적 대립 구도, 덕만공주와 김유신의 애정관계, 미실 세력으로 인한 진평왕의 무력함'과 같은 역사적 오류 등 우연의 일치나 공통의 소재만으로는 설명되기 어렵고 오직 이 사건 드라마가 이 사건 대본에 의거한 것에 의해서만 설명될 수 있을 정도의 유사성이라 할 것인지가 문제되었다.

이에 관하여 대법원은, 덕만공주의 서역 사막에서의 고

난, 금관의 꽃 또는 동로마 등 서역의 문화와 사상의 습득, 덕만공주와 미실의 정치적 대립 구도, 덕만공주와 김유신의 애정관계, 미실 세력으로 인한 진평왕의 무력함은 뮤지컬 대본과 드라마 극본에서의 내용이 상이한 부분이 있고, 미실에 관한 부분은 『화랑세기』에 실제로 등장하는 내용이어서 뮤지컬 대본만의 독특한 특징이라거나 뮤지컬 대본과 드라마 극본이 독립적으로 작성되어 같은 결과에 이르렀을 가능성을 배제할 수 있을 정도로 현저히 유사한 부분이라고 보기 어렵다고 보아 현저한 유사성 역시 인정하지 않았다.

결국 접근가능성과 현저한 유사성이 모두 인정되지 않아 드라마 극본에 의한 저작권 침해가 인정되지 않은 사례이다.

침해를 당한 입장에서 가장 먼저 생각하는 것은 침해 행위 전에 제작이나 투자 등을 위해 만나고 협의하거나 이메일, PT 등을 하면서 내용을 제공했으니 저작권 침해(구체적으로는 의거성)가 있는 것이 아니냐고 생각하는 경우가 많지만, 아이디어와 표현 이분법에 의해 아이디어 제공만으로 저작권 침해가 성립하는 것은 아니고, 의거성이 인정되기 위해서는 저작물 자체에 대한 구체적인 접근가능성과 독립적인 창작가능성을 배제할 정도의 현저한 유사성이 필요하며 현저한 유사성도 입증에 굉장히 신경을 써야 하는 부분이라는 사실을 알고 있어야 할 것이다.

실질적 유사성: 석굴암 논문 VS 석굴암 소설

저작권 침해가 인정되기 위해서는 침해한 저작물이 원저작물과 실질적 유사성을 가지고 있어야 한다.

실질적으로 유사한지 여부를 판단함에 있어서 우선 유의해야 할 점은, 저작권의 보호대상은 인간의 사상 또는 감정을 말, 문자, 음, 색 등에 의해 구체적으로 외부에 표현한 창작적인 표현 형식이고, 거기에 표현되어 있는 내용, 즉 아이디어나 이론 등의 사상 또는 감정 그 자체는 원칙적으로 저작권의 보호대상이 아니므로, 저작권의 침해 여부를 가리기 위하여 두 저작물 사이에 실질적인 유사성이 있는지 여부를 판단함에 있어서도 창작적인 표현 형식에 해당하는 것만을 가지고 대비해 보아야 하고, 표현 형식이 아닌 사상 또는 감정 그 자체에 독창성·신규성이 있는지를 고려해서는 안 된다는 점이다. 이를 아이디어-표현 이분법이라 한다. 따라서 아이디어나 내포되어 있는 의미가 같아도 그 표현이 다르다면 실질적 유사성이 있다고 주장할 수 없다.

콘텐츠는 실질적으로 같다고 볼 수 있는 요약서가 대상 저작물의 저작권을 침해한 것인지, 유사성 판단의 기준이 문제된 사안이 있다. 원저작물의 2차적 저작물 작성권을 침해했는지 여부가 문제된 것인데, 판례는 요약물이 그 원저작물과 사이에 실질적인 유사성이 있는지 여부는, 요약물이 원저작물의 기본이 되는 개요, 구조, 주된 구성 등을 그대로 유지하고 있는지 여부, 요약물이 원저작물을 이루는 문장들 중 일부만을 선택하여 발췌한 것이거나 발췌한 문장들의 표현을 단순히 단축한 정도에 불과한지 여부, 원저작물과 비교한 요약물의 상대적인 분량, 요약물의 원저작물에 대한 대체가능성 여부 등을 종합적으로 고려하여 판단해야 한다고 하여 요약물에 의한 저작권 침해를 인정하였다(대법원 2013. 8. 22. 선고 2011도3599 판결).

동일 대상에 대한 연구서를 같은 소재의 소설이 저작권 침해한 것인지가 문제가 된 사례도 있다. 『석굴암 그 이념과 미학』이라는 연구서가 있었는데 그 이후 이 연구서에 있는 김대성의 석굴암 창건에 대한 아이디어를 모티브로 하여 소설로 만든 『재상의 꿈 석굴암 창건의 비밀』이라는 책자가 출판되었는데, 연구서 저자가 소설에 대해 저작권 침해를 주장하였다.

법원은 아이디어에 해당하는 부분과 표현에 해당하는 부분을 구분하여, 김대성 설화에 나오는 곰을 백제 유민으로 해석하고, 김대성이 반란을 일으킨 백제 유민을 죽인 후 죄책감에 시달리면서 곰이 나오는 꿈을 꾸게 되고 백제 유민을 죽인 것을 참회하면서 그 원혼을 달래기 위해 석굴암을 창건하였으며, 깨진 천개석은 대립하는 삼국의 모습을 의미한다는 서술, 토함산 근처에 축성공사에 동원된 백제 유민의 거류지가 있을지 모른다는 서술, 퇴임한 김대성이 왕실 및 조정과 일정한 거리를 두고 토함산에 은둔하다시피 사찰 건립에만 매진하였다는 서술, 김대성이 서역을 다녀온 자로부터 돔형 지붕에 관한 지식을 얻어 돔형 지붕을 설계하게 된다는 서술 등을 역사적 사실과 설화에 대한 새로운 해석으로서 아이디어의 영역에 속하는 것으로 보고, 그럼에도 불구하고 이들 내용을 기재한 연구서와 소설 속에서 각 서술된 표현은 주어와 술어의 선택, 문장의 완결성 및 구체적인 내용이 서로 달라 실질적 유사성이 있다고 보기 어렵다고 보았다(대법원 2014. 6. 12. 선고 2014다14375 판결). 결국 연구서에 있는 독특한 아이디어는 소설에서도 공유되기는 했지만 이를 표현한 방법이 달라 저작권 침해가 인정되지 아니한 것이다.

한편, 구체적 표현이 아닌 포괄적 표현이 같다는 이유로 실질적 유사성이 인정된 사례가 있어 유의할 필요가 있다. 동성애를 소재로 한 유명 소설인 〈the dead of winter(데오윈)〉의 저작권을 〈현기증〉이라는 소설이 침해한 것인지 여부를 다투는 사건에서 법원은, 〈데오윈〉과 〈현기증〉은 장르와 분량 및 등장인물의 수와 성격, 사건 전개의 복잡성 등 여러 부분에서 차이점이 보이나, 이는 두 소설의 장르와 분량의 차이에 따른 당연한 결과이거나 사건 전개에 있어 지엽적인 부분의 차이에 불과하며, 오히려 두 소설은 사건 전개에 중핵이 되는 등장인물과 그들 사이의 갈등 관계 및 그

갈등이 해소되는 과정, 그 과정에서 드러난 구체적인 줄거리와 특징적인 에피소드에서 상당 부분 창작성을 공유하고 있고, 이와 같은 유사성은 두 소설 전체에서 상당한 비중을 차지하고 있어 위와 같은 차이점을 양적, 질적으로 압도하므로, 두 소설 사이에 포괄적·비문언적 유사성이 인정된다고 판단하였다(대법원 2015. 3. 12. 선고 2013다14378 판결).

보통 표현이 같은지를 판단할 때에는 구체적인 문장, 서술 등 구체적 표현을 기준으로 하지만, 〈현기증〉 사안을 비롯한 몇 개의 사례에서는 구체적 표현뿐만 아니라 갈등 관계, 갈등의 해소 과정과 줄거리 및 특징적 에피소드와 같은 포괄적, 비문언적 유사성을 기준으로 제시하기도 하여 표현의 영역을 넓히고 있다는 점이 주목되고 있다. 다만 위 〈현기증〉 사안에서는 포괄적, 비문언적 유사성이 두 작품의 지엽적인 차이점을 양적, 질적으로 압도할 정도였다는 점은 유의할 필요가 있다.

저작물의 인용과 공정이용 항변: 동영상 강의 사건

저작물의 통상적인 이용 방법과 충돌하지 아니하고 저작자의 정당한 이익을 부당하게 해치지 아니하는 경우에는 저작물을 이용할 수 있다(저작권법 제35조의 5). 이를 저작물의 공정이용(fair use)이라 하며, 저작물의 공정이용 개념은 저작권 이용에서 사적인 영역과 공적인 영역을 구분하고, 창작으로 인한 독점권을 제한하는 일반원칙으로 작용하고 있다.

한편, 공표된 저작물은 보도·비평·교육·연구 등을 위해서는 정당한 범위 안에서 공정한 관행에 합치되게 이를 인용할 수 있다(저작권법 제28조).

저작권 침해가 인정되는 경우나 혹은 이를 대비하여 주장되는 가장 대표적인 방어책이 저작물의 인용이나 공정이용의 항변이다. 저작물의 인용에 해당하여 면책이 될 수 있으려면 다음과 같은 면에 대한 검토가 필요하다.

① 공표된 저작물을 대상으로 한다. 따라서 공표되지 않은 저작물을 인용했다면 이는 이 규정에 의한 면책 대상이 될 수 없다.

② 목적－인용을 한 목적이 보도·비평·교육·연구에 한정되는 것은 아니다. 영리성 여부가 가장 문제가 될 수 있는데, 영리성이 있다고 하여 면책이 안 되는 것은 아니고, 다만 영리적인 목적을 위한 인용의 경우에는 허용되는 범위가 보다 엄격해질 수밖에 없다.

③ 인용의 '정당한 범위'－인용저작물의 표현 형식상 피인용저작물이 보족, 부연, 예증, 참고자료 등으로 이용되어 인용저작물에 대해 부종적 성질을 가지는 관계(즉, 인용저작물이 주이고, 피인용저작물이 종인 관계)에 있다고 인정되어야

한다. 따라서 인용되는 저작물이 본 저작물과 구분되어 표시되고 인용한 것이라는 점을 독자들이 알 수 있게 표시해야 한다. 실제로 저작권 침해가 인정된 사례들은 인용된 저작물이 침해한 저작물을 양적 혹은 질적으로 대부분 차지한 경우들이다.

④ 정당한 범위 안에서 공정한 관행에 합치되게 인용한 것인지 여부는 인용의 목적, 저작물의 성질, 인용된 내용과 분량, 피인용저작물을 수록한 방법과 형태, 독자의 일반적 관념, 원저작물에 대한 수요를 대체하는지 여부 등을 종합적으로 고려하여 판단해야 한다(대법원 2013. 2. 15. 선고 2011도 5835 판결).

미국 판례법에 의하여 형성된 공정이용(fair use)의 법리는 인용에 의해 허용되는 범위를 넘어 보다 다양한 경우에 적용될 수 있는 원칙이다. 우리나라 저작권법이 공정이용의 법리를 법률에 반영한 것이 2011년이고 이 법리를 기초로 면책을 시킨 사례는 아직 축적되지 않은 상태라 예로 들 수 있는 것이 별로 없는 상태이다.

다만 저작권법이 저작재산권의 제한 유형으로 규정한 조항들, 예를 들어 재판 등에서의 복제, 정치적 연설 등의 이용, 공공저작물의 자유이용, 학교교육 목적 등에의 이용, 시사보도를 위한 이용, 시사적인 기사 및 논설의 복제, 영리를 목적으로 하지 아니하는 공연·방송, 사적 이용을 위한 복제, 도서관 등에서의 복제, 시험문제를 위한 복제 등은 공정이용의 구체적인 사례들을 법률 규정에 반영한 것이다.

저작물 이용 행위가 공정이용에 해당하는지를 판단할 때에는, 이용의 목적과 성격, 저작물의 종류와 용도, 이용된 부분이 저작물 전체에서 차지하는 비중과 그 중요성, 저작물의 이용이 그 저작물의 현재 시장 또는 가치나 잠재적인 시장 또는 가치에 미치는 영향을 고려해야 한다.

온라인 강의 시장이 커지면서 온라인 강의로 인한 저작권 침해 사례가 많이 발생하고 있는데 실제로 타인이 작성한 국어 교재를 이용해 낭독하거나 판서하는 방식으로 동영상 강의를 온라인으로 하여 저작권 침해가 문제된 사안이 있다(서울중앙지방법원 2015. 2. 12. 선고 2012가합541175 판결). 동영상 강의를 제공한 측에서는 공표된 저작물의 인용에 불과하다거나, 온라인 강의도 교육이라며 공정이용의 항변을 하였다.

그러나 법원은, ① 고등학교 국어 교과의 교육 목적이 있기는 하지만, 동영상 강의를 수강생들에게 유료로 제공하여 이용의 근본적인 성격은 상업적·영리적이어서 자유이용이 허락되는 범위는 상당히 좁아진다고 하고, ② 교재의 거의 전 부분을 강의 대상으로 삼고 있고, 국어 교과의 특성상 지문 등 내용 자체가 강의에 있어서 중요한 의의와 역할을 갖게 된다는 양적·질적 인용의 범위가 많다고 보았으며, ③ 동영상 강의는 교재의 표현을 주된 요소로 하여 이에 해당 강사의 설명이 그와 비슷한 비중을 차지하며 더하여진 것으로서 단순한 보족, 부연, 예증, 참고자료로서 부종적 성질을 가지는 관계에 그친다고 평가하기는 어렵고, ④ 수요 대체성의 관점에서, 동영상 강의가 영리적·상업적으로 이용됨에 따라 교재의 저작권자들이 온라인 강의 시장에서 누릴 수 있는 잠재적 가치가 상당히 훼손될 가능성이 있다고 보아 정당한 인용으로서 면책될 수 없다고 판단하였다.

면책을 인정받지 못한 사유는 상업적 목적이라는 점이 가장 크겠지만, 강의를 위해 인용한 교재의 범위가 넓다는 것도 고려되었다는 점은 유의할 필요가 있다.

이 사안에서는 공정이용 여부도 쟁점이 되었는데, 법원은 ① 동영상 강의 제공의 목적 및 영리성, ② 동영상 강의와 교재의 종류 및 용도, ③ 동영상 강의에서 교재가 인용된 부분이 차지하는 비중과 그 중요성, ④ 동영상 강의의 제공에 따른 교재의 잠재적 시장 가치 훼손 가능성 등에 비추어, 동영상 강의를 수강생들에게 유료로 제공한 행위가 저작물의 통상적인 이용 방법과 충돌하지 아니하고 저작자의 정당한 이익을 부당하게 해치지 아니하는 경우로서 저작권법이 정하고 있는 저작물의 공정한 이용에 해당한다고 볼 수는 없다고 보았다.

침해금지청구

저작권 침해금지

① 금지, 예방, 폐기의 청구

저작권을 침해당한 자는 침해한 저작물에 대해 각종 금지청구를 할 수 있다. 저작권자는 침해의 정지를 청구할 수 있으며, 그 권리를 침해할 우려가 있는 자에 대해서는 침해의 예방 또는 손해배상의 담보를 청구할 수 있다. 이와는 별도로 침해 행위에 의해 만들어진 물건의 폐기나 그 밖의 필요한 조치도 청구할 수 있다(저작권법 제123조 제1항, 제2항).

육아 관련 서적의 저작권 침해를 당한 측에서 저작권 침해를 주장하며 인쇄, 배포 등 금지, 서적의 폐기, 서적의 광고금지를 청구하였다. 그런데 복제권 침해가 인정되는 것은 서적의 일부분에 불과하다는 사실이 확인되었다. 그러자 법원은, ① 침해한 부분을 삭제하지 아니하고는 출판, 인쇄, 복제, 제본, 판매, 배포하여서는 아니된다는 금지, ② 침해 부분이 포함된 서적의 완제품, 반제품, 인쇄용 필름 및 기타 출판자료 등을 폐기하도록 명령하였다. 그러나 서적의 광고금지청구에 대해서는, 일부 복제권 침해가 인정되지 않는 부분도 있어 별도의 저작물이 될 수 있다는 이유로 광고금지는 인정되지 않았다(서울지방법원 서부지원 2002. 3. 27. 선고 2001가합3917 판결).

② 저작권등록말소청구

저작권등록이 되어 있으면 등록된 저작권자에게는 저작자로 추정되고, 양도나 처분 시 대항력이 인정되며, 법정손해배상청구까지 인정되므로 타인이 저작권자로 등록했다면 원래의 권리자 입장에서는 자신의 권리행사를 방해당하는 결과가 되므로 등록된 저작권에 대한 등록말소청구를 하는 것은 침해를 배제하기 위한 목적으로 유용하다.

실제로 발레공연 기획자가 안무에 대해 저작권등록을 한 안무가를 상대로 저작권등록말소를 청구한 사안이 있다. 이 사안에서 법원은 저작권 침해에 따른 저작권등록말소청구권 자체는 가능하다고 보았지만, 기획자의 저작권 자체를 문제 삼아서 기획자가 발레의 완성에 창작적으로 기여하지 않았다는 이유로 저작권을 부인하였다(서울고등법원 2016. 12. 1. 선고 2016나2020914 판결).

③ 동일성유지권 침해 금지

저작자는 저작인격권의 일환으로 저작물의 내용·형식 및 제호의 동일성을 유지할 권리인 동일성유지권을 갖는다(저작권법 제13조 제1항).

따라서 저작물에 대한 출판계약을 통해 이용할 것이 허용된 출판사라도 사소한 범위를 넘어 저작물을 수정할 수 없으며 이를 위반할 경우 침해금지의 대상이 된다. 다만 저작자가 명시적 또는 묵시적으로 동의한 범위 내에서 저작물을 변경한 경우에는 저작자의 위와 같은 동일성유지권 침해에 해당하지 아니한다. 따라서 출판하면서 저작물의 내용이나 표현에 변경이 불가피하게 되는 경우에는 출판사와 저자가 명시적으로 의사소통을 하여 그 변경에 대해 동의하는 과정을 남길 필요가 있다.

교과서용 저작물에 대해 검정신청 과정에서 나온 교육과학기술부장관의 수정 지시를 출판사가 그대로 따라 수정된 교과서를 발행, 배포하자 저작권자들이 출판사에 대해 저작권에 대한 동일성유지권 침해 금지를 구한 사안에서 법원은 출판계약서의 내용이나 동의서의 작성 등을 통해 그간 저작권자들이 수정 지시를 명시적 혹은 묵시적으로 용인한 사실을 이유로 침해금지청구를 받아들이지 않은 사례가 있다(대법원 2013. 4. 26. 선고 2010다79923 판결).

채무부존재확인의 소

저작권 침해로 인한 분쟁은 저작권자가 침해한 자를 상대로 하여 제기하는 소송의 형태로만 진행되지는 않는다. 반대로 저작권 침해 여부가 법정 외에서 쟁점화되고 합의에 이르지 못한 상태에서 오히려 저작권 침해를 했다고 주장되는 상대방이 자신이 저작권을 침해하지 않았음을 확인하기 위해 선제적으로 법원에 제기할 수 있는 소송의 형태가 저작권 침해로 인한 채무가 없다는 취지의 채무부존재확인소송이다. 혹은 저작권 침해로 형사고소가 된 상황에서 검찰이 아닌 법원에서 우선적으로 판단을 받기 위한 목적으로 채무부존재확인소송을 먼저 제기하게 될 수도 있다.

화면 캡처 기능을 제공하는 프로그램을 무료로 제공하다가 업데이트 버전부터는 상업적 이용의 경우 유료화하는 조건을 추가하기로 한 후, 실제 업데이트 버전을 다운로드 받아 실행시킬 때 일단 하드디스크에 업데이트 프로그램이 설치된 후 라이선스 약관이 뜨며 이 약관에서 비업무용으로 확인 단추를 누르면 사용할 수 있게 되어 있는 프로그램과 관련하여 프로그램업체가 상업적 목적으로 이용하고 있다며 저작권(특히 복제권) 침해를 주장하자 오히려 문제 제기의 상대방인 회사들이 저작권 침해를 부인하며 채무부존재확인소송을 먼저 제기한 사안이 있다.

이 사안에서 법원은, 저작재산권자로부터 컴퓨터프로그램의 설치에 의한 복제를 허락받은 자가 위 프로그램을 컴퓨터 하드디스크에 설치하여 사용하는 것은 저작물의 이용을 허락받은 자가 허락받은 이용 방법 및 조건의 범위 안에서 그 저작물을 이용하는 것으로서 저작권법 제46조 제2항(저작재산권자로부터 저작물의 이용을 허락받은 자는 허락받은 이용 방법 및 조건의 범위 안에서 그 저작물을 이용할 수 있다)에 따라 이용할 수 있는 것이고, 일단 복제를 허락받은 사용자가 프로그램의 사용 방법이나 조건을 위반하였다고 하더라도 이는 복제권을 침해한 것이 아니라고 하여 채무부존재를 인정하였다(계약위반으로 인한 책임은 별도, 대법원 2017. 11. 23. 선고 2015다1017, 1024, 1031, 1048, 판결).

이와 같이 적극적, 선제적으로 채무부존재확인소송을 제기하여 문제를 해결한 경우도 있는 반면에 오히려 역으로 공격(반소청구)을 당하는 경우도 있으니 먼저 채무부존재확인소송을 제기하는 것에는 주의를 기울여야 한다.

앞서 본 동영상 강의의 사안(2012가합541175)도 동영상 강의를 한 업체가 먼저 채무부존재확인소송을 제기한 경우였는데 이 경우에는 소송을 제기한 업체의 의도와는 달리 오히려 저작권 침해가 인정된 사안이다.

따라서 채무부존재확인소송을 제기할 만한 근거와 실익이 있을지를 미리 검토하여 소송 제기 여부를 신중히 결정할 필요가 있다.

손해배상의 청구

권리자

저작권 침해를 이유로 하여 금전적 청구인 손해배상청구를 할 수 있는 주체는 저작재산권자, 저작인격권자 외에 배타적발행권자나 출판권자도 독립된 손해가 발생할 수 있으므로 배타적발행권이나 출판권의 침해로 인한 손해배상 청구가 가능하다.

일실수익의 산정

저작권 침해로 인한 손해배상에서는 일실수익, 즉 권리자가 침해 행위가 없었다면 얻었을 이익의 상실에 대한 배상액이 보통 문제된다.

일실수익은 '감소된 판매수량×단위당 이득액'으로 계산할 수 있을 것인데, 감소된 판매수량은 평년 대비 감소된 수량으로 계산할 수 있고, 단위당 이득액은 '단위당 판매금액-비용'으로 계산하는 것이 일반적이다. 그러나 판매량이 일정하지도 않고, 판매량을 결정하는 데 복제품의 존재 외에도 시기나 독자들 수요의 증감 등 다양한 원인이 존재하기 때문에 감소된 이익이 100% 침해한 저작물로 인한 것이라고 인정받는 것은 현실적으로 어렵다.

그렇기 때문에 저작권법은 손해액을 법원이 인정할 수 있는 다양한 방법들을 강구해 놓고 있다.

손해액의 추정 등

① 이익액의 손해액 추정

저작재산권자에 대해서는 상대방이 고의 또는 과실로 권리를 침해한 경우 그 권리를 침해한 자가 그 침해 행위에 의해 이익을 받은 때에는 그 이익의 액을 저작재산권자 등이 받은 손해의 액으로 추정한다(저작권법 제125조 제1항).

이 경우 침해한 자의 이익액은 '판매액-소요 경비'로 계산한다.

이는 추정규정일 뿐이므로 상대방으로서는 손해가 더 적다는 점을 입증할 수도 있고, 저작권자는 추가적인 손해를 주장할 수도 있다.

이렇게 이익액을 기준으로 추정할 때, 이익액이 저작권 침해와 100% 인과관계가 있지 않은 경우, 저작권 침해 부분이 일부분일 경우에는 당해 저작재산권의 침해 행위에 관계된 부분의 기여율(기여도)을 산정하여 그에 따라 침해 행위에 의한 이익액을 산출한다.

복제권이 침해된 경우 무단전재된 비율을 형식적으로 결정하여 기여도를 산정하는 경우도 있으나 이러한 양적 평가 외에 질적 평가도 하여 그 비중을 고려하는 것이 최근 경향이다.

② 통상 받을 수 있는 금액

저작재산권자 등이 고의 또는 과실로 그 권리를 침해한 자에 대해 그 침해 행위에 의해 자기가 받은 손해의 배상을 청구하는 경우에 그 권리의 행사로 통상 받을 수 있는 금액에 상당하는 액을 저작재산권자 등이 받은 손해의 액으로 하여 그 손해배상을 청구할 수 있다(저작권법 제125조 제2항).

저작권자가 당해 저작물에 관하여 사용계약을 체결하거

나 사용료를 받은 적이 전혀 없는 경우라면 일응 그 업계에서 일반화되어 있는 사용료를 저작권 침해로 인한 손해액 산정에 있어서 기준으로 삼을 수 있고, 저작권자가 침해 행위와 유사한 형태의 저작물 사용과 관련하여 저작물사용계약을 맺고 사용료를 받은 사례가 있는 경우라면, 그 사용료가 기준이 될 수 있다.

다만 사정이 있어 이례적으로 높게 책정된 것이라거나 저작권 침해로 인한 손해배상청구소송에 영향을 미치기 위하여 상대방과 통모하여 비정상적으로 고액으로 정한 경우에는 예외가 된다.

저작권자가 침해 행위와 유사한 형태의 저작물 사용과 관련하여 저작물사용계약을 맺고 사용료를 받은 사례가 반드시 저작권 침해 행위의 이전의 것이어야 하거나 2회 이상 있어야 되는 것은 아니다(대법원 2013. 6. 27. 선고 2012다104137 판결). 이 사안은 피고들이 받는 인세보다 원고가 받는 인세가 더 높았지만 원고들이 받는 인세가 이례적으로 높게 책정된 것이라고 볼 수 없다고 하여 원고들이 받는 인세를 기준으로 인정한 사례이다.

한편, 서적의 출판에 있어서 서적의 저작재산권자는 통상적으로 이용허락계약에 의해 해당 서적의 판매 부수에 따른 인세 상당의 금액을 받을 수 있는 것으로 봄이 상당하고, 이는 외국 서적을 한국어로 번역하여 출판하는 경우에도 마찬가지이다.

이와 같이 판매 부수에 따라 손해배상액이 달라지므로 기왕의 판매실적이 우연히 좋거나 나쁜 경우 그 영향을 받을 수밖에 없는 것이 현실이다.

판례 역시, 우수한 광고 및 판매전략으로 인하여 판매 부수가 증가하였다 하더라도 이를 인세의 감액 사유로 삼을 수 없다고 하고 있다(서울중앙지법 2008. 6. 20. 선고 2007가합43936 판결).

법정손해배상

저작재산권자 등은 고의 또는 과실로 권리를 침해한 자에 대해 실제 손해액이나 제125조 또는 제126조에 따라 정해지는 손해액을 갈음하여 침해된 각 저작물 등마다 1000만 원(영리를 목적으로 고의로 권리를 침해한 경우에는 5000만 원) 이하의 범위에서 상당한 금액의 배상을 청구할 수 있다. 다만 이와 같은 법정손해배상액을 인정받기 위해서는 침해행위가 발생하기 전에 저작권등록(배타적발행권 설정 등록, 출판권 설정 등록 포함)이 되어 있어야 한다(저작권법 제125조의 2).

다만 법원이 아래에서 보는 손해액의 인정 규정에 의해 손해액을 인정하는 경우가 많고, 잘 몰라서인지 혹은 저작권등록이 많지 않아서인지는 모르겠으나 아직까지는 당사자들이 별로 활용하지 않고 있는 제도이다. 그러나 손해액을 입증하기 어려운 경우 저작권등록이 되어 있다면 유용하게 활용할 수 있는 제도이기도 하다.

손해액 입증: 『살아있는 동안 꼭 해야 할 49가지』 사건

법원은 손해가 발생한 사실은 인정되나 제125조의 규정에 따른 손해액을 산정하기 어려운 때에는 변론의 취지 및 증거조사의 결과를 참작하여 상당한 손해액을 인정할 수 있다(저작권법 제126조).

앞서 본 손해액의 추정이나 법정손해배상액 규정에도 불구하고 손해액을 계산하기 어려운 경우 법원이 많이 애용하는 규정이다. 특히 저작권 침해 행위가 일부분에 그치거나 저작권을 침해한 자의 홍보로 인한 매출 확대가 있는 등 손해와의 상당인과관계를 형식적으로 판단하기 어려운 경우가 많아 궁극적으로는 위 조항을 근거로 한 손해배상액의 인정이 많이 발생한다.

피고 출판사가 『일생요주적99건사』라는 중국 서적에 실린 이야기 중 몇 가지를 번역하고 네 가지 이야기를 추가하여 『살아있는 동안 꼭 해야 할 49가지』라는 책 제목으로 판매하자 저작권자가 그 침해에 따른 손해배상을 청구한 사안에서, 법원은 번역 서적의 총 매출액이 11,139,217,015원인 점, 외국 서적의 국내 번역·출판계약에서 인세율이 일반적으로 7% 내외인 점, 번역 서적에 실린 이야기 49개 중 창작성이 부인되는 이야기를 제외하고 23개의 이야기에 관한 저작재산권 침해만 인정하면서 그중 본문에 해당하는 부분은 6개에 불과한 점, 침해가 인정된 감상 부분이 이야기 본문과 비교하여 볼 때 그 양과 질에 있어서 비중이 상대적으로 아주 적은 점 등을 고려하여 손해배상액을 정하였다(2억 원만 인정, 서울고등법원 2013. 1. 23. 선고 2012나24622 판결).

입증

감정평가, 전문심리위원 활용

저작권 침해의 내용을 밝히는 것은 침해를 주장하는 자의 책임이므로 저작권 침해의 요건인 창작성, 의거성, 실질적 유사성에 해당하는 침해 부분에 대해 감정신청을 하게 된다. 감정을 신청하는 측은 실질적 유사성이 문제되는 부분을 특정하여 제시해야 하고, 침해를 주장하는 권리가 복제권이나 2차적 저작물 작성권 등 어떤 권리인지를 특정해야 한다. 물론 침해되었다고 주장하는 구체적인 부분들도 특정해서 제출해야 한다.

감정 절차나 비용상의 부담이 있는 사건의 경우에는 법원에서 지정하는 전문심리위원에 의한 심리를 통해 간이하게 평가를 받아보는 방법도 고려해 볼 수 있다. 다만 전문심리위원에 의해 평가할지 여부는 법원의 재량이라는 점은 고려해야 할 것이다.

정보제공명령 등

침해를 주장하는 자로서는 상대방에 대한 정보가 부족한 경우가 많기 때문에 소송 과정에서 금지청구를 하는 내용을 특정하거나 혹은 손해배상액의 산정을 위하여 침해한 자에 대한 정보를 얻어야 할 수가 있다.

통상적으로는 상대방에 대한 구석명신청, 세무서에 대한 과세정보제출명령을 통해 판매액을 확인해 볼 수도 있고 공공기관에 대한 사실 조회를 해볼 수도 있다.

또한 저작권법에 특수하게 규정한 정보제공명령을 통해 상대방에게 침해저작물과 관련한 정보의 제공을 요구할 수도 있다.

법원은 저작권, 그 밖에 이 법에 따라 보호되는 권리의 침해에 관한 소송에서 증거를 수집하기 위해 필요하다고 인정되는 경우에는 다른 당사자에 대해 침해 행위나 불법복제물의 생산 및 유통에 관련된 자를 특정할 수 있는 정보, 불법복제물의 생산 및 유통 경로에 관한 정보 등에 대해 제공하도록 명할 수 있다(저작권법 제129조의 2 제1항).

만약 법원의 정보제공명령에도 불구하고 상대방이 정당한 이유 없이 정보제공명령에 따르지 아니한 경우에는 법원은 정보에 관한 당사자의 주장을 진실한 것으로 인정할 수 있다(저작권법 제129조의 2 제3항).

명예회복 등 청구: 벽화 사건

저작자 또는 실연자는 고의 또는 과실로 저작인격권 또는 실연자의 인격권을 침해한 자에 대해 손해배상에 갈음하거나 손해배상과 함께 명예회복을 위하여 필요한 조치를 청구할 수 있다(저작권법 제127조).

저작권 침해를 주장하면서 명예회복을 위하여 필요한 조치까지 요구하여 인정된 사례는 많지 않는데 이름으로 표시하도록 명한 판례가 있다.

자신의 그림을 동의 없이 지하철 장식벽에 벽화로 시공한 도시철도공사를 상대로 하여 저작권자가 저작권 침해를 주장한 사건에서 법원은, 성명표시권과 동일성유지권 침해를 인정하고, 원고로서는 이 사건 원화 또는 그 복제물에 자신의 성명을 표시함으로써 저작물에 주어지는 사회적 평가를 저작자인 원고에게 귀속시킬 권리가 있다고 할 것이므로 피고 도시철도공사는 저작권법 제95조에 의해 명예회복을 위하여 필요한 조치로서 이 사건 벽화 우측 하단에 원고의 이름, 약력, 벽화 제호를 표시할 의무가 있다고 하여 명예회복의 방법으로서 이름 등을 표시하도록 한 바 있다(일간신문에의 공고도 청구되었으나 기각되었다, 서울중앙지방법원 2006. 5. 10. 선고 2004가합67627 판결).

3

가처분

본 소송을 통해 저작권 침해에 따른 금지나 손해배상청구를 할 수도 있지만, 발행 등 침해가 임박한 상태이거나 침해가 중대하여 일단 이루어지고 나면 회복이 어려운 경우의 손해가 있다면(금전적 보상으로도 해결이 어려운 손해) 심문을 통해 임시조치를 취하는 가처분결정을 신청하는 것을 고려해 볼 수 있다.

가처분이나 가압류는 본 소송과는 별도로 진행되는 절차이며, 본 소송과는 다른 재판부가 담당하게 된다.

일단 신청이 이루어지면 심문을 하는 경우에는 몇 주 혹은 1개월 내에는 심문기일이 잡히며 복잡한 쟁점이 있는 사안이 아니라면 1회나 2회 정도의 심문으로 심문을 마치고 재판부가 결정하게 되므로 저작권 침해물이 시중에서 판매되고 있어 손해를 가중시키고 있거나 판매 예정이어서 시급을 요하는 사안에서는 가처분을 신속하게 받는 것이 유효적절한 경우가 많다.

금지청구 및 압류

역사 교사가 만든 강의용 교재를 학원 강사가 자신의 서적에 가져다 쓴 부분이 복제권 침해가 인정된 사안에서 법원은 침해한 서적과 그 e-book의 인쇄, 제본, 제작, 복제, 판매, 전송, 배포를 금지하고, 이 서적을 일반 강의, 인터넷 동영상 강의 및 방송 강의용 교재로 사용하는 것을 금지하였으며, 침해자의 주거 및 사무실에 보관 중인 서적과 인쇄용 필름에 대해서는 점유를 해제하고 집행관에게 인도하도록 하였다(서울고등법원 2018라20664 결정).

프랑스 동화책 시리즈를 무단으로 발행한 출판사들에 대해 법원은 대상 서적들의 인쇄, 제본, 판매 및 배포 행위를 금지하고, 사무실에 보관 중인 서적들과 인쇄용 필름, 소스파일에 대한 점유를 풀고 집행관에게 보관시키도록 하는 압류 및 보관명령을 하였다(서울중앙지방법원 2017카합475 결정).

침해가 일부분에 한정된 경우에는 범위를 특정하여 금지를 명하게 된다. 즉, "~~ 기재 부분을 삭제하지 아니하고는 인쇄, 제본, 제작, 복제, 판매, 전송, 배포하여서는 아니된다"라는 식이다(서울고등법원 2018라20664 결정).

간접강제

간접강제는 부동산 경매와 같이 직접 강제를 할 수 없는 의무의 이행을 강제하기 위하여 위반 행위당 얼마씩의 배상을 하도록 함으로써 의무의 이행을 간접적으로 강제할 수 있는 제도이다. 가처분 단계에서는 금지를 명하는 가처분 결정만을 하고, 나중에 상대방이 이를 위반할 경우에는 다시 법원에 간접강제결정 등을 신청하여 위반에 대한 제재를 가하는 것이 통상적이다.

교과서를 무단으로 인용한 문제집을 제작 판매한 자들에 대해 저작재산권 침해를 인정하여 인쇄 및 판매금지를 인정하면서 법원은 가처분 사건이 진행 중임에도 불구하고 계속하여 문제집을 판매하고 있는 사정을 고려하여 위반행위 1일당 200만 원의 간접강제를 명한 사례가 있다(서울중앙지방법원 2018카합21173 결정 등).

가처분결정 이후 위반행위가 실제로 발생했을 때 간접

강제 등 집행에 대한 결정을 하는 것이 통상적이나 이 사안은 상대방이 그전부터 계속하여 위반 행위를 하고 있어 가처분결정을 해도 위반 행위를 할 것이 뻔하다 싶은 상당한 사정이 있어 바로 간접강제결정을 동시에 한 독특한 사안이다.

4

고소

저작권 침해는 민사적인 권리구제의 대상도 되지만 동시에 형사처벌의 대상도 될 수 있다. 저작권법은 아래와 같은 행위들을 형사처벌 대상으로 규정하고 있다.

저작재산권침해죄

저작재산권을 복제, 공연, 공중송신, 전시, 배포, 대여, 2차적 저작물 작성의 방법으로 침해(저작권법 제136조 제1항 제1호).

저작인격권침해죄

저작인격권 또는 실연자의 인격권을 침해하여 저작자 또는 실연자의 명예를 훼손(저작권법 제136조 제2항 제1호).

부정발행등 죄

저작자 아닌 자를 저작자로 하여 실명·이명을 표시하여 저작물을 공표(저작권법 제137조 제1항 제1호).

출처명시의무위반죄

인용 등 저작물을 이용하는 자가 출처를 명시해야 할 의무위반(저작권법 제138조 제2호).

저작권 침해 중 공표행위: 표지갈이 사건

공표는 저작물을 공연, 공중송신 또는 전시 그 밖의 방법으로 공중에게 공개하는 것과 저작물을 발행하는 것을 의미하는데, 저작물의 "발행"은 '복제+배포'로 구성되므로, '복제하여 배포하는 행위'가 있어야 저작물의 발행이라고 볼 수 있고, 저작물을 복제한 것만으로는 저작물의 발행이라고 볼 수 없다는 것이 판례이다(대법원 2018. 1. 24. 선고 2017도18230 판결).

2쇄, 3쇄도 새로운 공표행위에 해당한다. 공표의 문언적 의미와 자신의 의사에 반하여 타인의 저작물에 저작자로 표시된 저작자 아닌 자와 자신의 의사에 반하여 자신의 저작물에 저작자 아닌 자가 저작자로 표시된 실제 저작자의 인격적 권리뿐만 아니라 저작자 명의에 관한 사회 일반의 신뢰도 보호하려는 저작권법 제137조 제1항 제1호의 입법 취지 등에 비추어 보면, 저작자를 허위로 표시하는 대상이 되는 저작물이 이전에 공표된 적이 있다고 하더라도 재발행 행위를 할 때에도 저작자 아닌 자를 저작자로 하여 표시해서는 안 된다는 것이 판례이다(일명 표지갈이 사건, 대법원 2017. 10. 26. 선고 2016도16031 판결).

2차적 저작물 작성권 침해죄: 드라마 <김수로> 사건

저작권자가 갖는 2차적 저작물 작성권은 저작인격권의 하나로서 그 침해는 저작권법 제136조 제2항 제1호에 의한 형사처벌 대상이 된다.

이와 관련하여, 작가가 드라마 극본 일부를 완성한 상태에서 계약이 해지되고 해지의 적법성 여부에 관한 분쟁이 있는 상태에서(나중에는 해지의 적법성이 인정되지 않아 외주업체의 손해배상책임을 인정하는 민사판결이 선고됨), 방송국 제작, 기획자와 외주업체가 나머지를 다른 작가를 통해 작성하게 하고, 각색 후 극본에 기초한 소설을 출판하게 한 일명 드라마 〈김수로〉 사건에서 법원은 이들이 원래의 드라마 극본 작가에 의한 2차적 저작물 작성권을 침해한 것으로 보아 유죄를 인정하였다(대법원 2016. 7. 29. 선고 2014도16517 판결).

친고죄

저작권법 위반으로 인한 형사처벌 대상 행위는 고소가 있어야 기소가 가능한 친고죄(저작권법 제140조)인 것이 원칙이다. 따라서 고소를 했다가 고소취하되는 경우 기소가 안 되거나 일단 기소된 이후라도 고소가 취하되면 공소기각 사유가 된다. 이와 같은 이유로 저작권법 위반에 따른 고소는 합의를 위한 목적을 위해 많이 이용된다.

다만 영리를 목적으로 또는 상습적으로 저작재산권을 복제, 공연, 공중송신, 전시, 배포, 대여, 2차적 저작물 작성의 방법으로 침해하는 경우는 친고죄의 예외가 인정되므로 고소를 했다가 합의를 했는데도 불구하고 영리성이나 상습성이 인정되어 기소되거나 유죄로 처벌받는 경우가 있을 수 있으니 고소를 한 측이나 상대방은 해당 죄가 저작재산권에 대한 복제, 공연, 공중송신, 전시, 배포, 대여, 2차적 저작물 작성 행위로서 영리성이나 상습성이 인정될 위험성이 있는지를 미리 검토할 필요가 있다. 특히 합의를 하기 전에 이와 같은 확인 없이 무턱대고 합의를 한 경우 위반자는 예상 외의 처벌까지 당할 수 있으니 유의할 필요가 있다.

양벌규정

법인의 대표자나 법인 또는 개인의 대리인·사용인 그 밖의 종업원이 그 법인 또는 개인의 업무에 관하여 사업주인 법인 또는 개인에 대해서도 해당 벌금형을 부과한다. 이를 양벌규정(저작권법 제141조)이라 한다. 따라서 직원의 과실이라고 주장하더라도 법인이나 사업주인 개인의 책임을 면할 수는 없다. 다만 법인 또는 개인이 그 위반 행위를 방지하기 위해 해당 업무에 관하여 상당한 주의와 감독을 게을리하지 아니한 경우에는 면책이 가능하므로 저작권 침해 방지를 위한 평소의 교육과 주의 조치를 수시로 하며 이를 메일이나 공문 등을 통해 증거를 남기도록 유의할 필요가 있다.

5

제호의 보호

- 신기한 스쿨버스 사건, ○○로 ○○하기 사건

서적의 제호만으로는 저작권의 보호대상이 될 수 없는 것이 원칙이다. 이로 인해 제호를 보호하기 위한 방법으로 생각해 볼 수 있는 것이 상표법에 의한 보호이다.

상표권자는 지정상품에 관하여 그 등록상표를 사용할 권리를 독점할 권리를 가지므로(상표법 제89조) 상표권 침해가 성립하기 위해서는 지정 상품에 대해 상표를 사용해야 하며, 사용된 상표가 유사해야 한다.

실제로 제호를 상표권으로 등록한 사례가 있는데, 상표권으로 등록된 출판물 제호에 대해 상표권 침해가 문제된 사안(대법원 2013. 1. 24. 선고 2011다76778 판결)은 녹음·녹화테

이프, 서적, 학습지를 지정 상품으로 하여 "스쿨버스100"을 상표로 등록한 원고가 "신기한 스쿨버스", "The Magic School Bus"를 출판물 상표로 사용하고 있는 피고들에 대해 상표권 침해 금지를 구하였다. 이 사안은 '스쿨버스' 부분만이 중복되므로 스쿨버스가 포함된 상표를 사용하지 못하게 할 수 있는지가 쟁점이 되었다.

이에 대해, 법원은 "신기한 스쿨버스", "The Magic School Bus"를 출판물 등의 상품에 표시하여 그 호칭 전체로서 홍보, 광고 및 판매해 왔고, 일반 수요자나 거래자들도 일반적으로 전체로서 호칭해 오고 있어 등록된 상표인 '스쿨버스' 또는 'School Bus' 부분만으로 분리 인식될 가능성은 희박하므로, "스쿨버스100"과 명확히 출처의 혼동을 피할 수 있어 서로 유사하다고 할 수 없다고 판단하여 상표권 침해를 인정하지 않았다.

응용미술저작권과 부정경쟁방지 및 영업비밀보호에 관한 법률상 영업주체 및 상품주체 혼동행위를 주장한 사례

A출판기획사는 2000원으로 요리하기 등 시리즈로 "○○○원으로 ○○○ 하기"라는 제목의 책을 B출판사를 통해 출판했는데, B출판사가 단독으로 그 개정판을 출판하였다.

이에 A기획사는 표지와 제호 디자인(응용미술저작권) 침해를 주장했으나 법원은 서적 표지라는 실용적인 기능과 분리 인식되어 독립적으로 존재할 수 없으며, 그 문자, 그림의 형태나 배열 등의 형식적 요소 자체만으로는 하나의 미술저작물이라고 할 수 있을 정도의 독자적인 실체가 인정되지 않으므로, 표지·제호 디자인이 저작권법의 보호대상이 되는 응용미술저작물이 아니라고 하여 응용미술저작물에 대한 주장은 받아들여지지 않았다.

A기획사는 비슷한 제목을 사용한 것이 부정경쟁방지 및 영업비밀보호에 관한 법률에 정한 영업주체 혹은 상품주체 혼동 행위에 해당한다고도 주장하였다. 그러나 A기획사가 'A'라는 상호 대신 '○○○원으로 ○○○하기'라는 제호 또는 제호·표지 디자인을 A기획사의 영업을 표시하는 표지로 독립하여 이용한 적이 없어 시리즈물에 반복되는 제호·표지 디자인이 A의 영업표지라고 할 수 없다고 판단하였고, '○○○원으로 ○○○하기'라는 형태의 제호가 A에 의해 장기간 계속적·독점적·배타적으로 사용되었거나, 위 표지·제호 디자인의 차별적 특징이 거래자 또는 수요자에게 특정한 출처의 상품임을 연상시킬 정도로 현저하게 개별화되어 그것들이 주지성을 갖는 A의 상품표지에 이르렀다거나, A의 상품표지로서의 주지성을 갖게 되었다고 인정하기 부족하다고 판단하여 부정경쟁방지 및 영업비밀보호에 관한 법률의 적용도 받아들여지지 않았다(대법원 2013. 4. 25. 선고 2012다41410 판결).

제호에 대한 부정경쟁행위를 인정한 사례: 〈별이 빛나는 밤에〉 사건

MBC 라디오 프로그램인 〈별이 빛나는 밤에〉라는 제호를 이용하여 뮤지컬 공연을 개최하려는 회사에 대해 부정경쟁방지 및 영업비밀보호에 관한 법률상 영업주체 혼동 행위에 해당한다며 공연금지가처분을 구한 사안에서는, 〈별이 빛나는 밤에〉는 그 거래자 또는 수요자에게 MBC의 방송 프로그램 제작·방송업을 연상시킬 정도로 현저하게 개별화되기에 이르러 MBC의 라디오 음악방송 프로그램 제작·방송업을 표시하는 표지에 해당하고, MBC의 영업표지로서 국내에 널리 알려져 있다고 하면서, 영업주체 혼동 행위에 해당하려면 영업표지 자체가 동일하다고 오인하게 하는 경우뿐만 아니라 국내에 널리 인식된 타인의 영업표지와 동일 또는 유사한 표지를 사용함으로써 일반 수요자나 거래자로 하여금 당해 영업표지의 주체와 동일·유사한 표지의 사용자 사이에 자본, 조직 등에 밀접한 관계가 있다고 잘못 믿게 하는 경우도 포함하므로 위 공연업체가 제호에 '별이 빛나는 밤에'라는 문구를 사용하여 공연을 개최할 경우, 일반 수요자들이 이를 MBC의 영업으로 오인하거나 MBC와 공연기획사 사이에 자본, 조직 등에 밀접한 관계가 있다고 잘못 믿을 우려가 있다고 하여 영업주체 혼동행위인 점을 인정했다[이 사안에서는 공연의 제호에 '별이 빛나는 밤에'라는 문구를 사용해서는 안 된다는 금지를 하면서, '별이 빛나는 밤에'라는 문구를 표시한 신문, 방송, 잡지, 포스터, 현수막, 전단, 팸플릿, 인터넷을 통한 광고도 금지하였다(서울서부지방법원 2016. 5. 3. 자, 2016카합50133 결정)].

제호에 대해 영업주체 표지성을 인정한 대표적인 사례는 뮤지컬 〈CATS〉이다. 뮤지컬 〈CATS〉를 다년간 제작, 공연해 온 설앤컴퍼니가 〈어린이 캣츠〉 제작사를 상대로 제호를 사용하지 말라며 부정경쟁행위금지를 청구한 사안에서 법원은 뮤지컬 〈CATS〉가 단순히 그 뮤지컬의 내용을 표시하는 명칭에 머무르지 않고, 거래자 또는 수요자에게 뮤지컬 〈CATS〉의 공연이 갖는 차별적 특징을 표상함으로써 특정인인 설앤컴퍼니의 뮤지컬 제작·공연임을 연상시킬 정도로 현저하게 개별화되기에 이르러 부정경쟁방지법에 정한 '타인의 영업임을 표시한 표지'에 해당한다고 판단하여 금지청구를 받아들였다(대법원 2015. 1. 29. 선고 2012다13507 판결).

6

저작권 침해와 표절

저작권과 관련하여 가장 혼동을 주는 개념은 표절이다. 표절은 법률상의 용어가 아니므로 저작권 침해 여부를 검토함에 있어 표절이라는 개념은 배제할 필요가 있다.

사전적 의미로 표절(剽竊)은 "시나 글, 노래 따위를 지을 때에 남의 작품의 일부를 몰래 따다 쓰는 행위"를 의미한다. 그 개념을 저작권법상의 개념으로 분석해 본다면 복제나 2차적 저작물 작성 등 저작권 침해를 하면서 타인의 저작물임을 알리지 않는, 즉 출처명시를 하지 않는 경우를 의미하므로 '표절=저작권 침해'라는 등식은 성립하지 않는다.

저작권 침해와 가장 구분될 수 있는 용례가 '자기표절'

이다. 자기표절이 문제된 사안으로 타인의 논문뿐만 아니라 자기 논문에 대한 표절도 이루어진 논문을 이유로 해고를 당한 근로자가 해고무효확인소송을 제기한 사건(대법원 2016. 10. 27. 선고 2015다5170 판결)이 있다.

이 사안에서는 연구부정행위로서의 표절이 무엇인지가 문제되었고 타인의 논문 출처를 밝히지 않는 행위가 전형적인 표절로서 연구부정행위가 됨은 물론이고, 학문이나 사상의 심화·발전 과정에서 저자 자신의 선행 연구물의 일부를 이용하는 것은 학문의 속성상 당연하고, 저자가 자신의 선행 저술을 이용하여 새로운 저술을 하면서 선행 저술의 존재를 출처로 표시할 때는 타인의 저술을 인용하는 경우에 비하여 요구되는 출처표시의 수준이 완화된다고 볼 수 있겠으나, 자신의 선행 저술의 존재를 아예 밝히지 아니하는 경우에는 학계, 독자 등이 그 선행 저술 부분까지도 후행 저술의 연구 성과인 것처럼 기만당하게 되어 후행 저술의 연구업적에 대한 과장된 평가가 이루어지고, 후행 저술에 대한 적정한 검증이 이루어질 수 없게 되고, 저자 자신의 선행 저술을 이용하여 새로운 저술을 하면서 선행 저술의 존재를 일정한 출처표시를 통해 밝혔더라도 후행 저술에 새롭게 가미된 부분이 독창성이 없거나 새로운 것으로 인정받기 어려워 해당 학문 분야에의 기여도가 없는 경우에는 후행 저술을 새로운 저작물로 인식한 독자들의 기대를 저버리는 것이 된다고 보아 이러한 '자기표절'은 비전형적 표절 내지 표절에 준하는 연구부정행위로 평가할 수 있다고 판단하였다.

다만 대법원은 위와 같은 연구부정행위 평가의 기준을 판단함에 있어 뒤늦게 검토가 이루어지거나 만들어진 학계의 연구자료나 대학교의 윤리규정들을 참조함으로써 법률외적 해석을 하기도 하였다.

결국 표절은 법률적 개념인 저작권 침해와 달리 윤리적 개념에 속하고 그것이 위와 같은 고용관계나 계약관계 등을 통해 반영되는 경우 해석의 문제를 야기할 수밖에 없게 된다. 따라서 출판계약 등 저작권이 정면으로 다루어지는 계약을 하거나 규정을 제·개정함에 있어서는 표절이라는 개념을 사용하는 것은 지양할 필요가 있다.

찾아보기